世界首创曲线管幕+水平控制冻结组合支护双层公路隧道

KEY TECHNIQUES OF HORIZONTAL
FREEZING CONSTRUCTION
IN GONGBEI TUNNEL

拱北隧道
水平冻结施工关键技术

王启铜 程 勇 著

人民交通出版社股份有限公司

北京

内 容 提 要

港珠澳大桥珠海连接线拱北隧道创新性地采用了业内首创的长距离"曲线管幕+水平控制冻结"组合工法。本书系统地总结了拱北隧道水平冻结施工关键技术管理与创新经验。全书共12章,主要包括人工冻土物理力学参数、管幕冻结方案、临海环境下超长距离水平冻结止水工艺、管幕冻结方案原型试验、管幕间止水帷幕冻结范围动态控制技术研究、管幕冻土组合体抗渗及力学性能研究、管幕冻结融沉与管间土体预处理技术、管幕冻结温度监控量测技术等内容,以及依托项目开展的管幕冻结定额研究成果。

全书内容丰富、资料翔实、重点突出,可供城市高风险工程、重难点工程和相关工程的建设、设计、科研、施工、监理等相关人员学习借鉴,也可供相关院校隧道工程专业师生参考使用。

图书在版编目(CIP)数据

拱北隧道水平冻结施工关键技术 / 王啟铜,程勇著. — 北京:人民交通出版社股份有限公司,2021.12
ISBN 978-7-114-17558-9

Ⅰ.①拱… Ⅱ.①王… ②程… Ⅲ.①水下隧道—隧道施工—冻结法施工 Ⅳ.① U459.5

中国版本图书馆 CIP 数据核字 (2021) 第 159868 号

Gongbei Suidao Shuiping Dongjie Shigong Guanjian Jishu

书　　名:	拱北隧道水平冻结施工关键技术
著 作 者:	王啟铜　程　勇
责任编辑:	王　丹
责任校对:	席少楠
责任印制:	张　凯
出版发行:	人民交通出版社股份有限公司
地　　址:	(100011)北京市朝阳区安定门外外馆斜街3号
网　　址:	http://www.ccpcl.com.cn
销售电话:	(010) 59757973
总 经 销:	人民交通出版社股份有限公司发行部
经　　销:	各地新华书店
印　　刷:	北京盛通印刷股份有限公司
开　　本:	787×1092　1/16
印　　张:	22
字　　数:	384千
版　　次:	2021年12月　第1版
印　　次:	2021年12月　第1次印刷
书　　号:	ISBN 978-7-114-17558-9
定　　价:	188.00元

(有印刷、装订质量问题的图书由本公司负责调换)

PREFACE 序言

　　创新是引领发展的第一动力。

　　顶管与定向钻、盾构并列为当今三大非开挖技术。因其施工对环境影响小、周期短、成本低，被广泛地应用于穿越公路、铁道、河川、地面建筑物、地下构筑物以及各种地下管线等施工中。随着工程建设的发展，在单管顶进的基础上发展了管幕法，并在国内外涌现出一大批经典工程。

　　港珠澳大桥珠海连接线项目作为港珠澳大桥五大独立建设主体之一，是港珠澳大桥海中桥隧主体与国家高速公路网连接的"唯一通道"。拱北隧道作为该项目的关键控制性工程，在国际上首创"曲线管幕+水平控制冻结"组合工法，穿越国内第一大陆路口岸——拱北口岸；隧址区位于珠海与澳门分界处，地理位置特殊，政治意义敏感，地质条件复杂多变。因此其设计和施工难度极大。

　　项目在充分调研的基础上，通过理论分析、数值模拟、模型和现场试验、技术研发等手段，解决了复合地层长距离组合曲线顶管及管幕形成精准控制、临海环境高水压下超长水平控制冻结止水和冻胀融沉控制、复杂环境下浅埋超大断面隧道暗挖变形控制、临海环境下隧道结构防水、异形结构隧道通风及防灾救援等技术难题。形成了包括创新理论、重大技术、新型装备和材料的"曲线管幕+水平控制冻结法的浅埋超大断面暗挖隧道成套建设技术"成果。这些成果大幅度提升了我国软弱富水地层浅埋超大断面隧道暗挖工法的科技含量和设计施工水平，为今后类似工程提供了借鉴，同时为环境要求苛刻的地下空间开发利用提出了新的思路和解决方案，社会与经济效益显著，推广应用前景广阔。

建设方案在极大创新的同时,给项目建设管理带来了前所未有的难度与挑战。本丛书从技术管理、设计方案、曲线顶管管幕设计与施工、管幕控制冻结设计与施工、超大断面软土隧道暗挖设计与施工、异形结构隧道通风及防灾救援等关键技术方面,对工程建设近十年的技术管理经验进行了全面总结与提升,展示了技术上的突破及设计、施工与管理中的创新思维方式与方法,可为今后创新工程管理及"精品工程"创建提供借鉴。

拱北隧道的顺利建成是我国隧道建设又一项具有里程碑意义的重要成果,标志着"曲线管幕+水平控制冻结"工法的技术创新突破,为中国隧道在这一领域领跑增添了光彩,做出了巨大贡献。我衷心希望隧道建设行业的同仁们戒骄戒躁,进一步提炼总结科技成果,形成行业技术及装备制造标准,同时深度参与国际隧道施工技术规则与标准制定,大力推动人才交流输出,为"交通强国"战略提供技术人才支撑,更进一步提升我国交通建设国际话语权。

国家最高科学技术奖获得者 钱七虎 **院士**
2019 年 10 月 28 日于北京

PREFACE 前言

　　港珠澳大桥全长 55km，由海中主体工程、三地连接线（香港、珠海、澳门）及珠澳口岸人工岛组成，其关键控制性工程为穿越澳门关闸口岸与珠海拱北口岸之间的拱北隧道及长 6.7km 的海底沉管隧道。拱北隧道全长 2741m，按照"先分离并行，再上下重叠，最后又分离并行"的形式设置，包括海域人工岛明挖段、口岸暗挖段及陆域明挖段等不同结构形式和施工工法。其中，口岸暗挖段采用 255m 曲线管幕＋水平控制冻结法施工，是世界上首座采用该工法施工的公路隧道，其顶管管幕长度和水平冻结规模均创造了业内纪录。

　　拱北隧道堪称"地质博物馆"和"隧道施工技术博物馆"，地质复杂多变，外部干扰极大，施工风险极高。由于口岸特殊的地理位置和地质环境所限，该隧道口岸暗挖段设计为大断面双层浅埋暗挖隧道，是目前业内高速公路断面最大的双层曲线隧道（隧道开挖面积 $336.8m^2$）。几乎所有传统隧道施工工法，如盾构法、钻爆法、浅埋暗挖法、沉管法、明挖暗盖法等均无法适用该隧道。经前后 3 年多的调研，对单双层隧道结构、明暗挖方案以及不同线位、不同工法等 10 多个设计方案进行深度技术论证和比选后，最终确定采用业界首创的曲线管幕＋水平控制冻结法施工。即先从口岸两端施工现场开挖工作井，然后通过工作井，水平顶入 36 根直径为 1.62m 的曲线钢管，形成高宽分别为 24m 和 22m 的超前支护管幕群，再通过冷冻法将管幕周围的土体冻结形成冻土止水帷幕。在确保管幕四周土体中地下水完全封闭的情况下，采用五台阶十四部法，分层、分块开挖隧道。

由于拱北隧道周边建筑密集，地下管线众多，地质条件复杂，要在确保口岸正常通关的同时，顺利完成该隧道的建设任务，其设计和施工难度极大，对技术风险、施工风险以及安全风险的控制均提出了极高的要求。

拱北隧道的曲线管幕工程处在澳门关闸口岸与珠海拱北口岸之间仅30多米宽的狭长地带，两侧建筑桩基和地下管线"星罗棋布"。面临土层软弱、饱和含水、渗透性强、承载力低等十几种复杂不良地质，顶管施工像穿越"潘多拉魔盒"一样。管幕顶部覆盖土层厚度不足5m，其上即为我国第一大陆路口岸——拱北口岸（日均客流超40万人次、车流超1万车次）；管幕左侧距澳门联检大楼桩基仅1.5m，右侧距拱北海关出入境风雨廊桩基最近处仅0.46m。顶管施工精度要求控制在50mm范围内，不亚于在地下用绣花针穿线。

冻结工程中水平冻结长度达255m，其规模为业内之最。冻结管路布置在顶管管幕内，冷量通过顶管传递至周围土体，使顶管周围土体冷冻形成冻土，将顶管管幕包裹形成2.0~2.6m厚的冻结圈，利用顶管管幕+冻土将隧道开挖区域完全封闭，阻止顶管外侧地下水在隧道开挖期间进入隧道。由于水结冰形成冻土时会挤压周围土体，对周围环境影响较大。积极冻结既要达到封水的目的，又不能影响周边环境，因此，对精准控制冻结的要求极高。

在顶管管幕+冻结止水帷幕的支护下，如何实施超大断面暗挖施工，同样具有极大的挑战性。

拱北隧道暗挖段拱顶埋深仅4~5m。隧道掌子面基本上处于表层海相、海陆交互相沉积层，地质条件复杂。该段穿越的土层主要有人工填土、中砂、粉质黏土、砾砂、淤泥质粉质黏土、粉质黏土、粉土、砾质黏性土等，层厚为28~35m。

经过反复比选，采用五台阶十四部开挖法。开挖宽度为18.8m、高度为21.0m，开挖断面面积为336.8m²（顶管管幕扰动面积为412.3m²），三次复合衬砌支护。各台阶以机械开挖为主,人工开挖为辅;初期支护与二次衬砌紧跟掌子面,其中二次衬砌第1台阶为喷射混凝土,以下台阶为模筑混凝土。待第5台阶二次衬砌达到设计强度后,开始自下而上依次施作三次衬砌(仰拱、侧墙、中板、拱顶)。

经过近10年艰苦卓绝的技术攻关,港珠澳大桥珠海连接线项目率先完成建设任务。与此同时,取得了诸多技术成果,成功解决了复合地层长距离组合曲线顶管施工及管幕形成控制技术、临海环境高水压下超长冻结止水帷幕施工关键技术、复杂环境下浅埋超大断面隧道施工变形控制技术、临海环境下隧道结构防水技术及其应用、高风险公路建设项目施工阶段安全风险管控研究、异形结构隧道通风及防灾救援关键技术等世界性技术难题。

本书系统总结了拱北隧道水平冻结施工关键技术管理与创新经验。长距离大断面管幕冻结止水,须解决三方面的问题:首先,需要验证能否形成冻土帷幕;其次,需评估在隧道开挖过程中引起的热扰动作用下,冻土帷幕是否能够保持良好的止水状态;第三,还须严格控制冻土体积以限定冻胀融沉量,确保口岸地表及建筑物变形不影响正常通关。为此,确定管幕顶管由"实顶管"和"空顶管"交替布置,并确立"冻起来、抗弱化、控冻胀"的理念,提出了在管幕钢管内部布置"圆形主力冻结管""异形加强冻结管"和"升温盐水限位管"3种特殊钢管的国内外前所未有的冻结方案。通过数值模拟、大型物理模型试验以及现场原位试验等多种手段,验证了冻结方案的可行性,顺利完成了长距离大断面管幕冻结止水工程。

全书共12章,主要包括人工冻土物理力学参数、管幕冻结方案、临海环境下超长距离水平冻结止水工艺、管幕冻结方案原型试验、管幕间止水帷幕冻结范围动态控制技术研究、管幕冻土组合体抗渗及力学性能研究、管幕冻结融沉与管间土体预处理技术、管幕冻结温度监控量测技术,以及依托项目开展的管幕冻结定额研究成果。

全书内容丰富、资料翔实、重点突出，可供城市高风险工程、重难点工程和相关工程的建设、设计、科研、施工、监理等相关人员学习借鉴，也可供相关院校隧道工程专业师生参考使用。

参与本书编写的还有：胡向东、王文州、张军、刘志刚、任辉、李史华、周先平、赖洪江、熊昊翔、许晴爽等。

王啟铜

2020 年 12 月于广州

CONTENTS 目录

CHAPTER 1
第 1 章　绪论 / 1

　　1.1　工程背景 / 1

　　1.2　技术特色和创新点 / 3

CHAPTER 2
第 2 章　国内外研究现状 / 7

　　2.1　国内外冻结法技术应用现状 / 7

　　2.2　国内外管幕冻结技术应用现状 / 8

CHAPTER 3
第 3 章　拱北隧道建设条件 / 11

　　3.1　工程地质 / 11

　　3.2　工程水文地质与不良地质条件 / 13

CHAPTER 4
第 4 章　拱北口岸人工冻土物理力学参数 / 15

　　4.1　土的比热容试验 / 15

　　4.2　冻土、融土导热系数试验 / 16

　　4.3　冻结温度试验 / 18

4.4 冻土冻胀试验 / 21

4.5 冻土融沉试验 / 27

4.6 冻土单轴抗压强度试验 / 30

4.7 冻土单轴蠕变试验 / 42

4.8 冻土三轴强度试验 / 52

4.9 冻土抗折强度试验 / 66

4.10 本章小结 / 68

CHAPTER 5
第 5 章 拱北隧道管幕冻结方案介绍 / 71

5.1 10 根 ϕ1800mm 大管幕 +30 根 ϕ1440mm 管幕冻结方案 / 71

5.2 36 根 ϕ1620mm 管幕冻结方案 / 76

CHAPTER 6
第 6 章 临海环境下超长距离水平冻结止水工艺 / 83

6.1 ANSYS 数值模拟研究 / 83

6.2 大型物理模型试验研究 / 100

6.3 COMSOL 数值模拟研究 / 106

6.4 小结 / 158

CHAPTER 7
第 7 章 管幕冻结方案原型试验 / 161

7.1 管幕冻结原型试验的设计与实施 / 161

7.2　管幕冻结法积极冻结方案试验研究 / 175

7.3　空顶管内部保温对冻结效果影响研究 / 194

CHAPTER 8
第 8 章　管幕间止水帷幕冻结范围动态控制技术研究 / 201

8.1　冻土热控限位研究 / 201

8.2　冻土冷控限位研究 / 218

8.3　动态控制在节约冻结能耗中的作用 / 239

CHAPTER 9
第 9 章　管幕冻土组合体抗渗及力学性能研究 / 241

9.1　概述 / 241

9.2　钢顶管 - 冻土复合结构的模型试验研究 / 242

9.3　钢管 - 冻土复合结构接触面剪切试验研究 / 257

9.4　钢管 - 冻土复合结构力学特性的有限元分析 / 266

9.5　小结 / 279

CHAPTER 10
第 10 章　管幕冻结融沉与管间土体预处理技术 / 281

10.1　冻结前地层预注浆处理 / 281

10.2　解冻规律研究 / 287

10.3　融沉控制措施 / 299

10.4　现场实测沉降数据分析 / 301

CHAPTER 11
第 11 章　管幕冻结温度监控量测技术 / 303

11.1　土体、管壁温度监测方案 / 303

11.2　盐水温度、流量监测方案 / 307

11.3　数据分析及止水效果评价 / 307

CHAPTER 12
第 12 章　管幕冻结定额研究 / 315

12.1　冻结工法定额的编制原则与依据 / 315

12.2　冻结工程定额项目成果 / 316

12.3　冻结工程定额与煤炭建设特殊凿井工程消耗量定额对比 / 330

参考文献 / 333

第 1 章 绪论

1.1 工程背景

1.1.1 工程概况

拱北隧道是港珠澳大桥珠海连接线的关键性控制工程，起点位于拱北湾海域，西接与珠澳口岸人工岛相连的拱北湾大桥，向东穿越拱北口岸限定区域，终点位于边防部队茂盛围管理区，平面布置如图 1-1 所示。隧道起讫里程桩号左线 ZK1+150~ZK3+891（长 2741m），右线 YK1+515~YK3+890（长 2375m），设计速度 80km/h，净空 14.25m×5.1m。隧道沿线途经珠海连接线人工岛、军事管制区、拱北口岸、界河等，涉及边检、边防、海关等部门，且与城市道路多次交叉，需要协调的部门众多，协调难度极大，其中下穿拱北口岸段的协调及施工难度尤为突出。

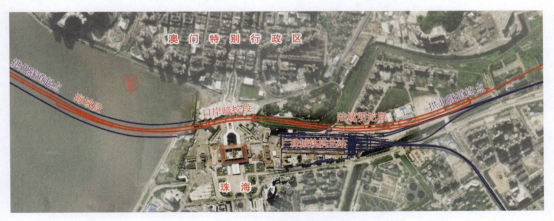

图 1-1 拱北隧道平面示意图

拱北口岸为国内第一大陆路出入境口岸，每天出入境车辆超1万辆，出入境人流超40万人次，高峰期接近50万人次。其地理位置独特，政治地位敏感。该口岸范围内的地下管线繁杂，地表建筑众多，且均属功能性建筑，安全风险等级极高，需要重点保护。

拱北隧道按照"先分离并行，再上下重叠，最后又分离并行"的形式设置，涉及海域人工岛明挖段、口岸暗挖段及陆域明挖段等不同结构形式和施工工法。其中口岸暗挖段采用255m曲线管幕+水平控制冻结法施工，是世界首座采用该工法施作的公路隧道，其管幕长度和冻结规模均创造了业内纪录。

拱北隧道工程地理位置特殊，隧址沿线地面建筑物、地下管线权属较多，涉及多家单位，包括珠海市政府、珠海市口岸局、珠海出入境边防检查总站、拱北海关、珠海出入境检验检疫局、国家海洋局南海分局、珠海海洋管理处、珠海市国土资源局、珠海市水务管理局等。

1.1.2 研究内容

顶管管幕法施工无须大范围开挖和管道改接（指地面下5m以内的各种管线移位、复位等），也无须加固房屋地基和桩基，不影响城市道路正常运行；而且，施工时无噪声、无振动，可以24h连续施工。同时，施工过程中可以有效控制地面沉降以及对周围环境的影响，有利于环境保护和可持续发展。采用管幕冻结法形成止水帷幕替代注浆止水，一方面可以形成有效封水的地下空间，其可控性和可监测性大大降低了施工风险；另一方面，具有对周围土体扰动小、泥浆污染少等优点。

总结起来，主要研究内容包括如下几个方面：

（1）临海环境下超长距离水平冻结止水工艺研究

结合实际工程，管幕冻结可以分为多种模式，其中需要细化的参数包括：加强冻结开始时间、限位冻结开始时间或间歇冻结的频率。另需要比较全段冻结与分段冻结的合理性。还需要通过调查研究、现场试验和实测研究确定满足多种冻结模式并具有灵活调节能力的冻结系统设备和控制装置。

（2）高水压下管幕冻土组合体抗渗及力学性能研究

影响管幕冻结温度场及冻土帷幕发展规律的因素主要有：冻结模式（连续冻结、加强冻结、限位冻结和间歇冻结等）和工况（开挖前积极冻结、开挖热扰动、施作初衬时的水化热侵蚀）。其中，开挖时不同的空气温度、不同的空气对流程度、施作初衬时不同的水化热都应加以讨论。对"管幕-冻土帷幕"复合结构进行简化，再使用相关复合结构的理论进行分析。根据冻结法相关理论，分析不同条件（冻土温度场、管幕的顶管间距、荷载与约束条件）在各种工况（开挖、初衬施作）下，"管幕-冻土帷幕"系统结构封水路径及封水能力，分析可能的透水形式，确定冻土帷幕最小安全厚度及最佳温度。

（3）管幕冻结法动态控制技术与系统研究

通过现场试验，考察不同冻结模式、不同工况下，冻土帷幕厚度相对于冻结模式调整的滞后性以及地表变形相对冻土帷幕厚度变化的滞后性。通过调查研究及综合分析，确定系统功能及动态控制方案，优化现有冻结法监控系统的传感器、信号传输系统和主控系统的硬件，完善系统功能。

（4）敏感地质条件下冻胀融沉控制措施及处理技术研究

根据冻胀融沉相关理论及地表建筑物情况，确定冻胀融沉控制指标，如地表最大隆起量、地表最大水平位移、最大差异沉降等。

根据冻胀融沉和融沉注浆相关理论，结合已有的冻土帷幕解冻规律研究，确定融沉注浆方法及注浆工艺与参数。

1.2 技术特色和创新点

创立了由常规冻结管、异形加强冻结管和限位冻结管构成的"管幕冻结法"冻结体系，揭示了水平长距离曲线顶管管幕超大断面冻结发展规律、结构形态和特征，发明了"长距离曲线大管幕冻结止水与开挖协同的分段冻结新技术"，在工程中控制了曲线大管幕间冻结止水重大安全风险。

1.2.1 基于加强管与限位管的管幕冻结法冻结控制技术

管幕冻结法冻结体系提出了"冻起来、抗弱化、防冻胀"的管幕冻结法理念。在常规冻结管的基础上，采用加强管保证冻结的有效性，同时，采用限位管控制冻土变形过度发展。通过工程应用验证了该理念的有效性，为管幕冻结法的设计与实施提供了理论基础。局部区域常规冻结管、异形加强冻结管和限位管布置如图1-2所示。

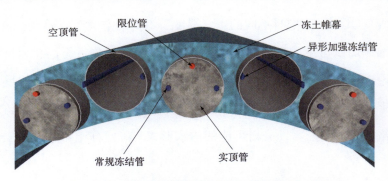

图 1-2　常规冻结管、异形加强冻结管和限位管布置示意图

1.2.2　管幕冻结法冻土帷幕性状及控制方法

通过大型物理模型试验(图 1-3)、现场试验的研究,深入研究了三种类型冻结管的作用规律,验证了管幕冻结法冻结方案的正确性,并建立了适应不同工况的冻结模式。使用拱北隧道全断面模型,通过耦合多物理场偏微分方程组,采用 comsol 建模软件,模拟管幕内空气流动对冻结效果的影响,总结了管幕冻结法冻土帷幕的形成规律,并将结果应用于管幕间水平动态控制性冻结止水法的相关设计。

图 1-3　管幕冻结法大型物理模型试验

1.2.3　敏感地质条件下冻胀融沉控制措施及处理技术

通过理论研究和数值模拟研究,揭示了管幕冻结的冻胀融沉环境效应规律,明确了将限制冻土体积作为控制冻胀根本途径的思想,并制定了控制标准。针对可能发生的冻胀融沉,提出相应的控制方法。此外,对解冻规律进行研究,提出相应的应急措施。

揭示了管幕冻结法对地表的影响规律,可以根据地面建筑物的允许差异变形值得出保障建筑物安全的冻土壁最大允许厚度,为管幕冻结法的设计实施提供了技术支持。

在国内外首次采用管幕内限位管限制冻土发展，掌握了管幕冻结法中限制冻胀发展的可靠手段，揭示出限位管是否开启对冻结效果具有的显著影响。

1.2.4 管幕-冻土复合结构力学性能

通过实验室相似模型试验和考虑钢管-冻土接触面强度的数值模拟，首次研究揭示了管幕-冻土复合结构的力学性能和破坏特征，掌握了冻土相对钢管的变形跟随性规律，论证了管幕-冻土复合结构在工程实际条件下的安全性。

通过实验室相似模型试验，得到了空心钢管、实心钢管以及管间冻土三者位移随荷载变化的曲线。分析表明，工程实际荷载不足以使冻土与管幕脱离。

冻土跟随钢管变形的能力明显与温度有关。冻土跟随钢管变形的能力存在一个最佳温度范围（$-15 \sim -10$℃），此时冻土跟随钢管变形的能力最强。

通过钢管-冻土接触面剪切试验，得到不同温度下接触面剪切强度的包络线，给出了剪切强度包络线的拟合公式，表明温度对复合结构接触面上两种材料间的摩擦角影响较小，黏聚力随温度降低线性增加。

1.2.5 基于BIM的冻结法温度监测技术应用

针对拱北隧道管幕冻结监控的需求，开发管幕冻结温度监控系统，建立了冻结管和监测点的BIM模型（图1-4），对监测点进行编号，将温度采集数据与BIM模型构件进行关联，实现温度数据关联、温度变化查询、温度预警以及风险定位等功能，满足了拱北隧道管幕精细化控制冻结的监测要求，其温度监测云图如图1-5所示。相对于传统模式，采用BIM技术的管幕温度监控系统可以结合三维模型对历史数据、监测点位置等多方面进行综合分析，能更加准确、及时定位风险的位置，提高项目的安全与质量管理水平。

图1-4 监测管与温度监测点BIM模型

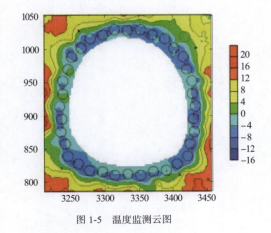

图1-5 温度监测云图

管幕冻结法的实施在我国属于首次。与全断面冻结施工方法相比，该方法可有效控制变形。通过本项目的研究证实了其有效性，为富水地区既有构筑物下方暗挖施工开创了一种全新的方法。

第 2 章
CHAPTER 2
国内外研究现状

2.1 国内外冻结法技术应用现状

人工地层冻结法的应用开始于 19 世纪，在 1862 年第一次被应用于英国威尔士的建筑基础工程，加固土体以防止软弱透水层坍塌。1880 年德国工程师 Poetch 首先提出人工冻结法原理，并于 1883 年在德国阿尔巴里德煤矿成功运用该工法建造了 103m 深的竖井。人工土冻结在城市土木工程中的应用始于 1886 年，瑞典人在市政隧道工程中首次采用冻结法修建了一条斯德哥尔摩的人行隧道，施工总长 24m。随后一些国家亦陆续采用冻结法施工，1906 年法国用于横穿河床的地铁工程，1933 年苏联用于地铁工程的竖井，1942 年巴西用于 26 层高楼不均匀沉陷纠偏，1960 年加拿大用于铁道隧道隔墙拆除工程，1962 年日本用于大阪守口市横跨河床水道敷设工程，1968 年日本用于东京金杉桥工程及大阪市金里工区横跨河床地铁工程等。

我国于 1955 年在开滦煤矿林西风井工程中首次使用冻结工法凿井。该井筒净直径 5m，冻结深度 105m。经过 60 多年的迅速发展，我国采用冻结法的矿山凿井已超过 1000 个，最深冻结深度达到 955m（核桃峪副立井井筒）。人工冻结法在我国城市土木工程的应用始于 20 世纪 60 年代末 70 年代初的北京地铁建设工程，冻结段长度 90m，垂直深度 28m，采用明槽开挖。1975 年，沈阳地铁 2 号井采用冻结法施工，井筒净直径 7m，冲积层 31.4m，冻结深度 51m。1993 年，煤炭科学研究总院北京建井研究所在上海地铁 1 号线工程中用冻结法完成了 1 个泵站和 3 个隧道与连通道结合部死角的施工任务。1996 年，上海杨树浦水厂水池泵站基坑采用冻结法围护施工，成为城市软弱淤泥和流砂地层基坑围护结构施工的一个新范例。

1997年，在北京地铁复八线热—八区间隧道施工中，拱顶遇到饱和含水的粉细砂层，国内首次成功地实施了隧道内水平冻结加固，加固长度45m。长距离的水平孔钻进和冻结器铺设技术为地层冻结技术的应用拓展到市政工程奠定了基础。1998年，上海地铁2号线5个区间联络通道中有4个采用冻结法施工。其中，河南中路—陆家嘴区间的联络通道拱顶距黄浦江底仅8m。2001年，广州地铁2号线中山纪念堂—越秀公园区间隧道采用矿山法施工，穿越清泉街断裂破碎带（145m）时以全断面水平冻结法作为辅助施工工法，冻结设计总长度115m，单根冻结管的长度最长达62m。2008年，广州地铁3号线天河客运站折返线工程一次性水平冻结长度达138.8m，冻结断面86m^2，单孔冻结最深71.9m。

不仅如此，冻结技术在隧道事故处理方面也有成功应用，并且效果显著，成为目前隧道事故处理方案中的常用工法，如上海轨道交通4号线董家渡段冻结法原位修复工程、南京地铁2号线和新村—元通站冻结法修复工程、常熟电厂发电有限公司2×1000MW机组扩建工程F标段江底盾构隧道东线冻结法修复工程等。

2.2 国内外管幕冻结技术应用现状

随着国内外城市隧道、地铁等工程的快速发展，城市内工程项目施工环境越来越复杂，无论是管幕法还是人工地层冻结法成功应用案例越来越多，其理论研究在此基础上也有较大提升。

但"顶管管幕工法＋人工地层冻结法"相结合的大断面浅埋暗挖隧道超前预支护体系，即"管幕冻结法"，在港珠澳大桥珠海连接线拱北隧道项目中的应用，属于业内首次在公路隧道中采用该工法。在此之前国内尚无案例，国际上也仅在日本有过"钢管＋冻结"工法的设想与研究，在德国柏林地铁勃兰登堡门站（Brandenburger Tor，U55，Berlin）暗挖施工中有应用实例。

日本学者关于"钢管＋冻结"工法的研究，主要集中在"钢管＋冻结"这一复合结构的力学性能方面。上田保司、生赖孝博等进行了钢管与冻土间的冻着力室内试验，研究了冻土中加入小尺寸的钢管后所形成复合结构的弯曲性能；森内浩史、上田保司和生赖孝博通过试验，研究砂性冻土与钢管复合结构在不同温度下钢管变形时冻土跟随变形的能力，并指出"钢管＋冻结"复合结构维持冻土止水效果较为重要的一点是防止冻土本身的破坏和冻土与钢管间的冻着断裂；隅谷大作、上田保司和生赖孝博通过对曲线形冻土与半圆柱钢管接触的冻着面进行竖向及水平向的加载，发现在冻着面上安全性能最低；森内浩史、上田保司和生赖孝博通过室内试验考察了冻土与钢管所组成的复合结构之间的黏聚力。

但是"钢管+冻结"工法与管幕冻结工法还是有区别的。"钢管+冻结"工法中将冻土作为结构体考虑，钢管只是为了提高冻土结构的整体承载性能而存在；而管幕冻结工法中，主要是由顶管形成的管幕作为结构体，冻结形成的冻土帷幕只是替代顶管间锁口起到封水作用。

第 3 章
CHAPTER 3
拱北隧道建设条件

3.1 工程地质

拱北隧道穿越区域自上至下依次分布有人工填土、淤泥、淤泥质土、砂(含淤泥质)、粉质黏土、粉砂、细砂、中砂、粗砂、砾砂、卵石、砾石、全风化—强风化黑云母斑状花岗岩等土层,详见表3-1,其左、右线地质纵断面图详见图3-1、图3-2。其中,地质勘察揭露表层海相、海陆交互沉积层厚度为28~35m,中层砂(砾)质黏土层0.5~8.2m,下伏全风化—强风化黑云母斑状花岗岩,层厚超过20m。

拱北隧道工程地质分层表　　　　　表 3-1

层号	岩土名称	层号	岩土名称	层号	岩土名称
①	填土(Q_4^{me})	④-1	粗、砾砂(Q_4^{mc})	⑥-1-b	粉质黏土(Q_3^{al+pl})
③-1-a	淤泥(Q_4^m)	④-2-a	黏土(Q_4^{mc})	⑥-1-c	粉土(Q_3^{al+pl})
③-1-b	淤泥质土(Q_4^m)	④-2-b	粉质黏土(Q_4^{mc})	⑥-2-a	粉、细砂(Q_3^{al+pl})
③-1-c	含淤泥质砂	④-2-c	粉土(Q_4^{mc})	⑥-2-b	中砂(Q_3^{al+pl})
③-2-a	黏土(Q_4^m)	④-3-a	淤泥质土(Q_4^m)	⑥-2-c	粗、砾砂(Q_3^{al+pl})
③-2-b	粉质黏土(Q_4^m)	④-3-b	黏土、粉质黏土(Q_4^m)	⑥-3	卵、砾石(Q_3^{al+pl})
③-2-c	粉土(Q_4^{mc})	④-3-c	粉土(Q_4^m)	⑦-1	砂质黏性土(Q_3^{el})
③-3-a	粉、细砂(Q_4^{mc})	⑤-1-a	黏土(Q_3^{mc})	⑦-2	砾质黏性土(Q_3^{el})
③-3-b	中砂(Q_4^{mc})	⑤-1-b	粉质黏土(Q_3^{mc})	⑦-3	黏性土(Q_3^{el})
③-3-c	粗、砾砂(Q_4^{mc})	⑤-1-c	粉土(Q_3^{mc})	⑧-1	全风化黑云母斑状花岗岩
⑤-2-a	粉、细砂(Q_3^{mc})	⑤-3-a	淤泥质土(Q_3^{mc})	⑧-2	强风化黑云母斑状花岗岩(砂砾状)
⑤-2-b	中砂(Q_3^{mc})	⑤-3-b	黏土(含较多腐殖质)(Q_3^{mc})	⑧-3	强风化黑云母斑状花岗岩(碎块状)
⑤-2-c	粗、砾砂(Q_3^{mc})	⑤-3-c	粉土(含较多腐殖质)(Q_3^{mc})	⑧-4	中风化黑云母斑状花岗岩
⑤-2-d	卵、砾石(Q_3^{mc})	⑥-1-a	黏土(Q_3^{al+pl})	⑧-6	石英岩(花岗岩岩脉)

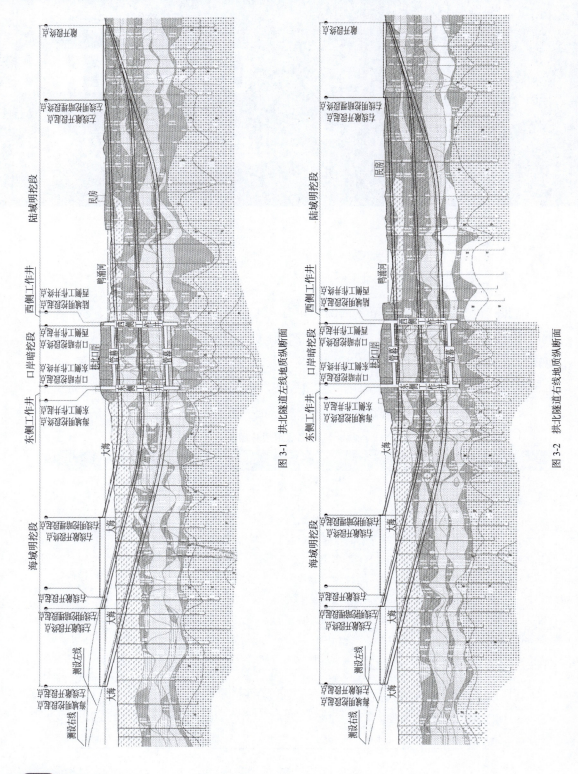

图 3-1 拱北隧道左线地质纵断面

图 3-2 拱北隧道右线地质纵断面

3.2 工程水文地质与不良地质条件

3.2.1 地下水

隧址所在区域气候湿润，雨量充沛，降水时间长。隧址区域内地表水主要是海水，地下水主要赋存于③-1软土层、③-3砂层，其次为④-1粗砂、砾砂层，再次为③-2、④-3黏性土或黏性土夹砂及更新统残积层等土层和基岩裂隙中。其中砂类土，特别是相对松散的粗粒类砂土，为强透水层；其次，如淤泥或淤泥质土、一般性黏性土、残积土，为相对弱透水层。场区周边水位受潮汐影响而变化，水面高程最高2.51m，最低-1.28m，变幅约3.8m，但场区水文专题研究成果显示，同期地下水位变幅较小。

通过在口岸段、鸭涌河段和茂盛围段等布设4个潜水水位和7个承压水水位监测井，经过观测和测算得到以下结论：

（1）茂盛围段地表潜水位受潮汐影响较小，水位变化为1~2cm；

（2）地下水位易受潮汐影响，随着涨落潮水位高度有一定波动，茂盛围段一天的最大变化值在6~8cm，整体最大变化值在13~14cm；

（3）地下水观测孔间最大水头差为-0.23m（由口岸流向海域），以砾砂的平均渗透系数值进行测算，地下水流速为3.12×10^{-4}cm/s，即0.27m/d。

3.2.2 地下水的腐蚀性评价

场区地下水化学成分与海水相似，为氯钙镁型水（Cl^-—$Ca^{2+} \cdot Mg^{2+}$）或氯镁钙型水（Cl^-—$Mg^{2+} \cdot Ca^{2+}$）。海域部分地下水对混凝土结构具有微腐蚀性。在干湿交替环境下，对混凝土结构中的钢筋有强腐蚀性；在长期浸水条件下，对混凝土结构中的钢筋则具有弱腐蚀性。陆域部分地下水按环境类别和地层渗透性评价对混凝土结构具有微腐蚀性。在长期浸水环境下，对混凝土结构中的钢筋具有微腐蚀性；在干湿交替环境下，对混凝土结构中的钢筋具有强腐蚀性。主要腐蚀介质为SO_4^{2-}、Cl^-及侵蚀性CO_2。

3.2.3 土对混凝土结构的腐蚀性评价

根据拱北隧道详勘阶段海域段5个地质孔和陆域段9个地质孔的土壤易溶盐分析成果，按干湿交替及Ⅱ类场地环境考虑，土体对建筑材料的腐蚀性评价如下：

（1）海域部分

SO_4^{2-}、Mg^{2+}和Cl^-含量最大值分别为331mg/kg、69mg/kg和682mg/kg。综合评价，本场地土对混凝土结构具有微腐蚀性，对混凝土结构中的钢筋则具有中等腐蚀性。

（2）陆域部分

SO_4^{2-}含量最大值为595mg/kg，Mg^{2+}含量最大值为91mg/kg，Cl^-含量最大值为690mg/kg。综合评价，本场地土对混凝土结构具有弱腐蚀性，对混凝土结构中的钢筋则具有中等腐蚀性。

3.2.4　不良地质条件

根据详勘报告，分析认为隧址区存在以下不良地质现象：

①局部基岩面起伏较大，花岗岩风化不均，有局部隆起及风化深槽。

②表层分布较厚的全新统海相沉积的淤泥和淤泥质土等软土，具高压缩性、高灵敏度，均为欠固结土，稳定性极差，地基承载力低。场地海床表层分布的淤泥层存在震陷可能。

③在表层淤泥层之下，分布有厚度不等的软弱土层，主要为淤泥质土，局部相变较大含淤泥质的粉土或粉细砂，有时呈透镜体状发育。

④场区砂层密实度变化较大。一般海床上部10m内以稍密—中密为主，部分呈松散—稍密状，偶有密实状；10m以下特别是15m以下一般均为中密—密实状。根据砂土液化判别，可液化砂层主要是上部10m以内松散—稍密状态的砂层。

⑤场区分布的花岗岩残积土和全风化—强风化层水理性较差，具有浸水崩解、失水干裂等特性。

第 4 章
CHAPTER 4
拱北口岸人工冻土物理力学参数

4.1 土的比热容试验

4.1.1 试验方法

为获取土体的热容量,进行了各组土样的比热容试验。比热容试验在 BRR 比热容测试仪中测定,测试仪器如图 4-1 所示。

图 4-1 BRR 比热容测试仪

4.1.2 试验结果

冻土、融土比热容试验测定成果分别如表 4-1 和表 4-2 所示。

冻土比热容试验测定成果　　表 4-1

土层编号	土样编号	岩　性	土的比热容 [J/(g·K)]	容积比热容 [kJ/(m³·K)]
①	D1	人工填土	1.36	2558
③-3	D2	中砾砂	1.34	2680

续上表

土层编号	土样编号	岩　性	土的比热容 [J/(g·K)]	容积比热容 [kJ/(m³·K)]
④-3	D3	淤泥质粉质黏土	1.45	2639
⑤-1	D4	粉质黏土	1.48	2975
⑤-2	D5	细砂	1.36	2652
⑤-3	D6	淤泥质粉质黏土	1.56	2933
⑥-2	D7	中砂	1.36	2747
⑦-1	D8	砂砾质黏性土	1.47	2778
⑧-1	D9	全风化花岗岩	1.38	2815
⑧-2	D10	强风化花岗岩	1.47	2910

融土比热容试验测定成果　　表 4-2

土层编号	土样编号	岩　性	融土的比热容 [J/(g·K)]	容积比热容 [kJ/(m³·K)]
①	D1	人工填土	1.42	1931
③-3	D2	中砾砂	1.41	1889
④-3	D3	淤泥质粉质黏土	1.51	2189
⑤-1	D4	粉质黏土	1.57	2323
⑤-2	D5	细砂	1.42	1931
⑤-3	D6	淤泥质粉质黏土	1.63	2542
⑥-2	D7	中砂	1.43	1945
⑦-1	D8	砂砾质黏性土	1.58	2322
⑧-1	D9	全风化花岗岩	1.47	2028
⑧-2	D10	强风化花岗岩	1.54	2263

4.2　冻土、融土导热系数试验

4.2.1　试验方法

试验目的：用于确定土层的导热性质，掌握冻结的发展速率，为确定冻结时间和计算冻土帷幕厚度提供基本参数。

试验仪器：XT5201HCC 型导热系数测定仪（图 4-2）。

试样尺寸：长 × 宽 × 高 =200mm × 200mm × 50mm。

试验温度水平：土的导热系数与温度有关，分别对 20℃、10℃、结冰点温度、-10℃ 和 -20℃共 5 个温度水平的导热系数进行测定。

图 4-2　XT5201HCC 型冻土导热系数测定仪

4.2.2　试验步骤

冻土、融土导过系数试验的步骤如下所述。

①按所需含水率和有关要求制备土样。将试样制成 200mm × 200mm × 50mm 的长方体。

②装配制好的土样。按要求的密度装入试样盒，盖上盒盖。将 2 支热电偶（铂电阻）的测温端安装在试样两侧铜板内壁的中心位置上，并确保在同一直线位置上。

③另一个试样盒装入石蜡，作为标准试样。装石蜡时按同样的方法装入 2 支测温热电偶（铂电阻）。

④装好试样盒后，使试样盒与恒温箱的各铜板面紧密接触，其余部分用石棉保温材料填满。

⑤接通测温系统。

⑥开动循环冷溶液，设定循环冷溶液温度。

⑦循环冷溶液达到要求温度再运行 1h 后开始测温，每隔 10min 测定一次标准试样和土壤试样两侧壁面的温度并记录。当各点温度连续 3 次测量得到的差值均小于 0.1℃时，认为达到平衡稳定状态。

⑧读取该温度下试样的导热系数。

⑨试验温度分别为 20℃、10℃、结冰点温度、-10℃和 -20℃时，循环步骤⑥ ~ ⑧，

完毕后，则试验结束。

4.2.3 试验结果

不同温度下土样的导热系数如表 4-3 所示。

不同温度下土样的导热系数　　　　表 4-3

土样编号	不同温度导热系数 [kCal/(m·h·℃)]					结冰点温度 (℃)
	−20℃	−10℃	冰点温度	10℃	20℃	
D1	1.962	1.690	1.511	1.398	1.109	−0.5
D2	1.925	1.758	1.538	1.217	1.066	−0.4
D3	2.047	1.772	1.614	1.485	1.206	−1.1
D4	2.060	1.824	1.676	1.537	1.287	−1.6
D5	2.019	1.775	1.719	1.497	1.266	−1.6
D6	1.994	1.893	1.643	1.402	1.344	−1.5
D7	2.002	1.756	1.608	1.439	1.177	−1.5
D8	2.030	1.790	1.623	1.442	1.319	−1.5
D9	1.961	1.887	1.591	1.317	1.211	−1.8
D10	1.948	1.887	1.568	1.397	1.286	−1.7

注：1 kCal/(m·h·℃)=1.163W/(m·℃)。

可以看出，常温下土的导热系数小于负温下冻土的导热系数，所测土体的导热系数与温度有较好的线性相关性，并随温度的降低而有所增大。

4.3 冻结温度试验

4.3.1 试验方法

试验按照《土工试验方法标准》(GB/T 50123—1999) 执行。试验在低温瓶与零温瓶间进行，低温瓶温度为 −7.6℃，零温瓶温度为 (0±0.1)℃。试验杯用黄铜制成，直径 3.5cm、高 5cm，带有杯盖。试验装置如图 4-3 所示。

图 4-3　XT5201FST 型冻土冻结温度测定仪

4.3.2 冻结温度计算

地层的冻结温度可用下式表示：

$$T = \frac{V}{K} \tag{4-1}$$

式中：T——冻结温度（℃）；

V——热电势跳跃后的稳定值（μV）；

K——热电偶的标定系数（℃/μV）。

4.3.3 冻结温度与时间的关系曲线

冻结温度与时间的关系曲线如图 4-4 所示。

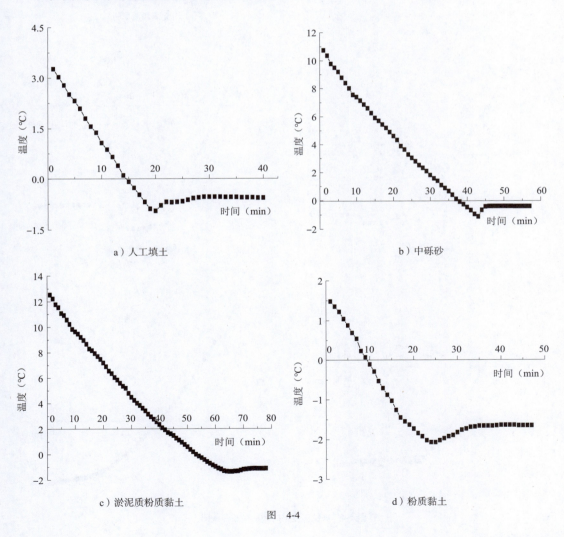

a) 人工填土

b) 中砾砂

c) 淤泥质粉质黏土

d) 粉质黏土

图 4-4

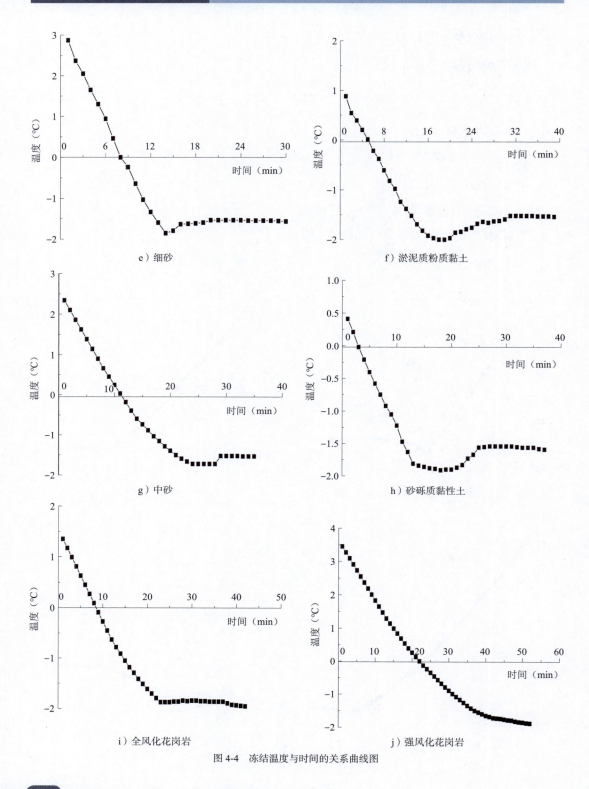

图 4-4 冻结温度与时间的关系曲线图

4.3.4 试验结果

通过试验可以得到各土层的冻结温度，如表4-4所示。

表4-4 试验所得各土层的冻结温度

土样编号	土层编号	土 性	冻结温度（℃）
D1	①	人工填土	−0.5
D2	③-3	中砾砂	−0.4
D3	④-3	淤泥质粉质黏土	−1.1
D4	⑤-1	粉质黏土	−1.6
D5	⑤-2	细砂	−1.6
D6	⑤-2	淤泥质粉质黏土	−1.5
D7	⑥-2	中砂	−1.5
D8	⑦-1	砂砾质黏性土	−1.5
D9	⑧-1	全风化花岗岩	−1.8
D10	⑧-2	强风化花岗岩	−1.7

4.4 冻土冻胀试验

4.4.1 试验方法

试验依照《人工冻土物理力学性能试验 第2部分：土壤冻胀试验方法》（MT/T 593.2—2011）执行。试验采用重塑土，样品制备满足《土工试验方法标准》（GB/T 50123—1999）的规定。冻胀试验采用如图4-5所示的测试设备完成。

冻胀试验中土样制备采用分层（3层）压样法。根据试样筒容积、要求干密度、含水率，计算出试样的湿土质量，制成直径100mm、高50mm的样品。试样密度与设计密度允许误差±0.1g/m³、含水率允许误差±1%。

在装入土样之前，在试样筒内壁均匀

图4-5 微机控制冻胀试验设备

涂抹一薄层凡士林，将试样筒放在垫有一张薄型滤纸的底板（冷板）上，然后将直径100mm、高50mm的圆柱状土样装入试样筒内。整个试样筒放置在一个自制的试验木箱内，并将其放入1℃的恒温箱内。将6个温度传感器通过试样筒侧边的预留小孔插入土样（一侧3个，由下而上的顺序分别为1、3、5和2、4、6）。同样在样品的顶面加上一张薄型滤纸和透水石，稍稍加力以使土样上下面与装置各部分紧密接触，安装补水装置，在试样筒顶端安装位移计或测力计。

试验步骤：①开启恒温箱、试样顶板和底板冷浴，设定恒温箱冷浴温度为−15℃，箱内温度为1℃，顶、底板冷浴温度为1℃；②试样恒温6h，待试样初始温度均匀达到1℃以后，开始测定；③底板温度调节到−15℃并持续0.5h，让试样迅速从底面冻结；④将底板温度调节到−2℃；⑤以0.3℃/h的速率降低底板温度，试验持续72h。在此期间，箱体温度和顶板温度均保持在1℃，在第④步骤结束时打开补水阀门进行第一次补水，随后试验过程中保证有充足的补给水源。

冻胀率试验（自由冻胀试验）：轴向无约束冻胀试验，即样品在轴向可以自由膨胀。在试验过程中，按规定要求的时间测量样品轴向位移与时间的关系，并得到样品的最大冻胀量δ_{max}。样品的最大冻胀量δ_{max}与样品原长的比值为样品的冻胀率。

冻胀力试验（有约束冻胀试验）：即样品在零位移约束下进行的冻土冻胀力的试验。在样品的顶端施加有纵向约束，并用荷载传感器量测冻土的冻胀约束力，同时记录试验过程中冻土的冻胀约束力发展与时间的关系，得到冻土最大冻胀约束力σ_{max}。冻土的冻胀力试验由微机控制，试验操作界面见图4-6。

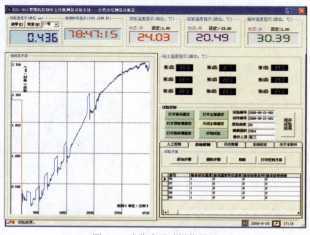

图4-6 冻胀力试验操作界面

4.4.2 试验结果

本次冻胀试验样品的长径比采用0.5∶1,即样品尺寸为 $\phi100mm \times 50mm$。各组冻土的冻胀率与时间关系曲线见图4-7,冻胀力与时间关系曲线见图4-8。

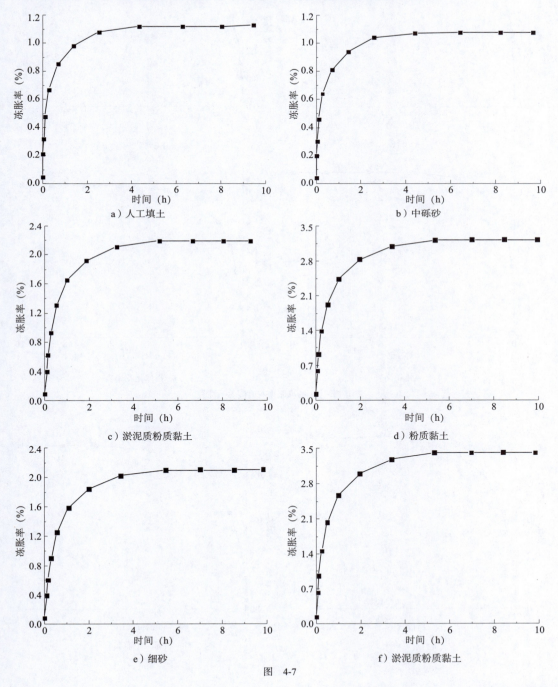

图 4-7

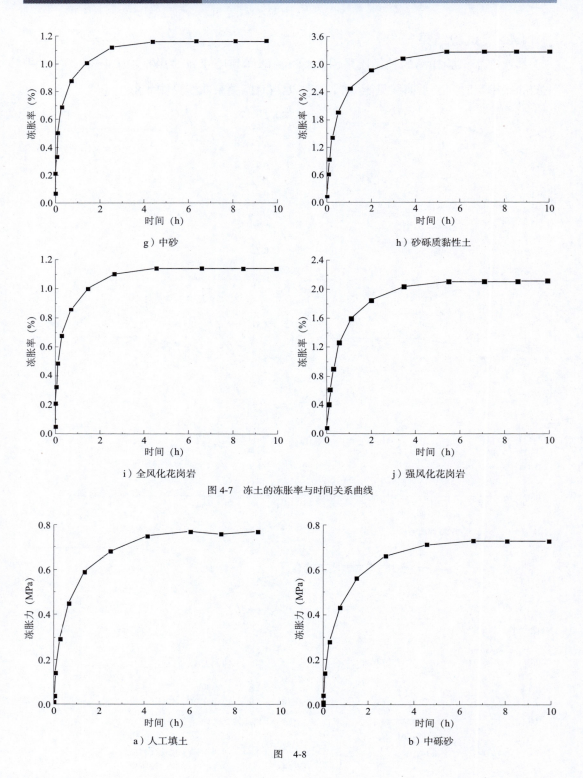

g）中砂
h）砂砾质黏性土
i）全风化花岗岩
j）强风化花岗岩

图 4-7 冻土的冻胀率与时间关系曲线

a）人工填土
b）中砾砂

图 4-8

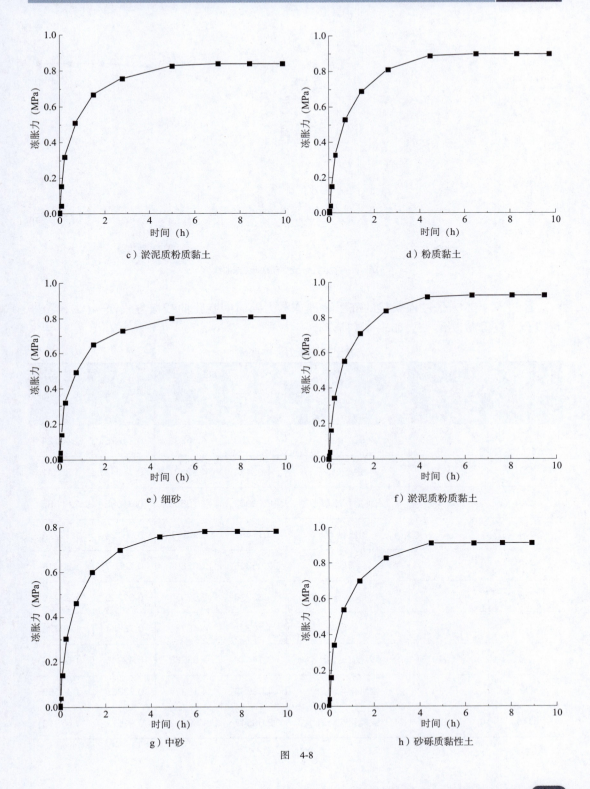

c）淤泥质粉质黏土　　　　　　　　　　　d）粉质黏土

e）细砂　　　　　　　　　　　　　　　　f）淤泥质粉质黏土

g）中砂　　　　　　　　　　　　　　　　h）砂砾质黏性土

图 4-8

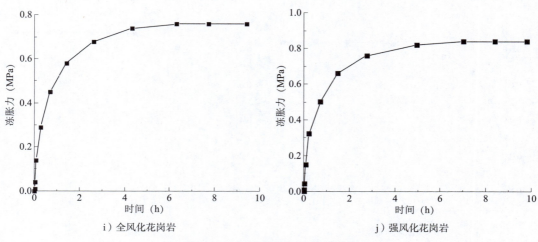

i) 全风化花岗岩　　　　　　　　j) 强风化花岗岩

图 4-8　冻土的冻胀力与时间关系曲线

通过对土体冻胀过程获得的冻胀率、冻胀力随时间变化曲线按方程 $y = a(1 - e^{-bx})$ 进行拟合，获得参数 a、b，如表 4-5 所示。

冻土的冻胀力、冻胀率　　　　　　　表 4-5

土样编号	土层编号	岩　性	冻胀率参数		冻胀力参数	
			a	b	a	b
D1	①	人工填土	1.06708	4.46893	0.74576	1.46124
D2	③-3	中砾砂	1.02424	4.39507	0.71042	1.35041
D3	④-3	淤泥质粉质黏土	2.13902	1.79533	0.81685	1.50585
D4	⑤-1	粉质黏土	3.11493	2.0533	0.88194	1.30724
D5	⑤-2	细砂	2.05305	1.69604	0.78657	1.53418
D6	⑤-3	淤泥质粉质黏土	3.30218	2.07971	0.91209	1.33718
D7	⑥-2	中砂	1.10232	4.48740	0.75854	1.40430
D8	⑦-1	砂砾质黏性土	3.16427	2.05268	0.88945	1.53707
D9	⑧-1	全风化花岗岩	1.08582	4.18374	0.73865	1.41353
D10	⑧-2	强风化花岗岩	2.06347	1.68112	0.81511	1.47613

试验获得的冻土冻胀率和冻胀力结果见表4-6所示。

冻土冻胀率和冻胀力汇总表 表4-6

编　号	土层编号	岩　性	冻胀率（%）	冻胀力（MPa）	备注
D1	①	人工填土	1.13	0.77	
D2	③-3	中砾砂	1.08	0.73	
D3	④-3	淤泥质粉质黏土	2.19	0.84	
D4	⑤-1	粉质黏土	3.23	0.90	按照《冻土地区建筑地基基础设计规范》（JGJ 118—2011）冻土冻胀性分类方法，试验样品均属于弱冻胀土
D5	⑤-2	细砂	2.11	0.81	
D6	⑤-2	淤泥质粉质黏土	3.41	0.93	
D7	⑥-2	中砂	1.16	0.78	
D8	⑦-1	砂砾质黏性土	3.27	0.91	
D9	⑧-1	全风化花岗岩	1.14	0.76	
D10	⑧-2	强风化花岗岩	2.12	0.84	

通过试验可以看出，冻土的冻胀特性具有相同的变化规律，主要表现为：

①冻胀率、冻胀力都在经历最初的快速发展后，逐渐趋于一个常量。

②土的冻胀率、冻胀力规律均可以用下列指数函数描述，即

$$y = a(1 - e^{-bx}) \quad (4\text{-}2)$$

式中：y——冻胀率（%）或冻胀力（MPa）；

　　　x——时间（h）；

a、b——试验常数。

4.5　冻土融沉试验

4.5.1　试验方法

试验按照《土工试验方法标准》（GB/T 50123—1999）执行。本试验的目的是测定冻土的融沉系数，即冻土融化过程中在自重作用下的相对下沉量。试验仪器为融化压缩

仪。加热传压板采用导热性能好的金属材料制成。试样环采用导热性低的非金属材料制成，其尺寸为内径 79.8mm、高 40.0mm。保温外套采用聚苯乙烯或聚氨酯泡沫塑料。变形测量设备为位移传感器（量程为 10mm、分度值为 0.01mm）。在切样和装样过程中不得使试样表面发生融化。试样开始融沉时即开动秒表，分别记录 1min、2min、5min、10min、30min、60min 时的变形量。以后每 2h 观测记录 1 次，直到变形量在 2h 内小于 0.05mm 时为止，并测记最后一次变形量。

4.5.2　试验结果

冻土融沉系数计算公式为：

$$a_0 = \frac{\Delta h_0}{h_0} \times 100 \tag{4-3}$$

式中：a_0——冻土融沉系数（%）；

Δh_0——冻土融化下沉量（cm）；

h_0——冻土试样初始高度（cm）。

冻土的融沉系数测定结果见表 4-7，冻土融沉与时间的关系曲线见图 4-9。

冻土的融沉系数　　表 4-7

土样编号	土层编号	土性	试验初始冻结温度（℃）	初始高度 h_0（mm）	融化下沉量 Δh_0（mm）	融沉系数 a_0（%）
D1	①	人工填土	−10	40.0	0.524	1.31
D2	③-3	中砾砂	−10	40.0	0.124	0.31
D3	④-3	淤泥质粉质黏土	−10	40.0	0.892	2.23
D4	⑤-1	粉质黏土	−10	40.0	1.528	3.82
D5	⑤-2	细砂	−10	40.0	0.832	2.08
D6	⑤-3	淤泥质粉质黏土	−10	40.0	1.412	3.53
D7	⑥-2	中砂	−10	40.0	0.784	1.96
D8	⑦-1	砂砾质黏性土	−10	40.0	1.836	4.59
D9	⑧-1	全风化花岗岩	−10	40.0	0.644	1.61
D10	⑧-2	强风化花岗岩	−10	40.0	0.712	1.78

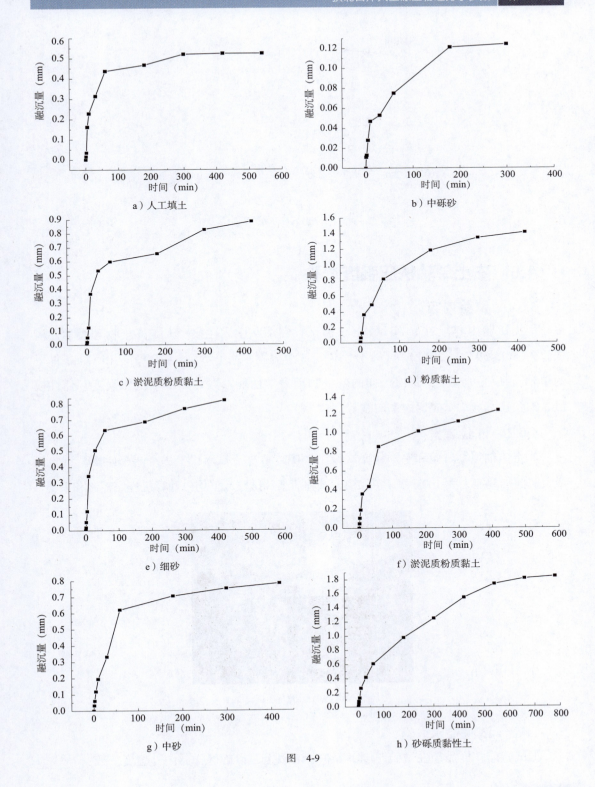

图 4-9

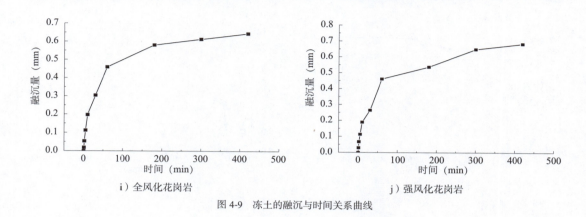

i）全风化花岗岩　　　　　　　　j）强风化花岗岩

图 4-9　冻土的融沉与时间关系曲线

4.6　冻土单轴抗压强度试验

4.6.1　试验内容

根据试验内容，对 10 组试样（试验试样在下文中表述按《人工冻土物理力学性能试验》（MT/7593.4—2011）执行）分别进行 3 个温度水平（−5℃、−10℃、−15℃）条件下的单轴抗压强度试验，获得土样的基本物理力学性能参数，如单轴抗压强度、弹性模量、泊松比和应力 - 应变关系曲线等。

4.6.2　试验装置

冻土单轴强度试验和单轴蠕变试验在 WDT-100 冻土试验机上进行（图 4-10）。试验机最大竖向加载能力为 100kN，精度 1%。试验荷载和试验数据均由计算机程序控制和采集。

图 4-10　WDT-100 冻土试验机

4.6.3　试验要求

①试验前，样品须在试验温度下养护 24h 以上，以确保样品内外温度一致；

②试验按照《人工冻土物理力学性能试验 第4部分：人工冻土单轴抗压强度试验方法》（MT/T 593.4—2011）进行；

③试验按应变控制加载方式进行，应变速率控制在1%，冻土无侧限抗压强度取试样破坏时的加载时间大约等于(30 ± 5)s的强度值；

④竖向位移量测：在试样的竖向两侧对称布置2个位移计，量测试样的轴向变形，并取其平均值计算轴向应变；

⑤径向位移量测：在试样的径向两侧水平对称布置2个位移计，量测试样的径向变形，并取其平均值计算径向应变；

⑥每组制作3~5个试样进行试验；

⑦保证试样轴线与试验机加载轴线基本重合，避免偏心加载。

4.6.4 试验结果分析

4.6.4.1 冻土单轴抗压强度

（1）试验数据处理

①应变按下式计算：

$$\varepsilon_1 = \frac{\Delta h}{h_0} \tag{4-4}$$

式中：ε_1——轴向应变；

Δh——轴向变形（mm）；

h_0——试验前试样高度（mm）。

②试样横截面积按下式作校正计算：

$$A_a = \frac{A_0}{(1-\varepsilon_1)} \tag{4-5}$$

式中：A_a——校正后试样截面积（mm^2）；

A_0——试验前试样截面积（mm^2）。

③应力按下式计算：

$$\sigma = \frac{F}{A_a} \tag{4-6}$$

式中：σ——轴向应力（MPa）；

F——轴向荷载（N）。

④以轴向应力为纵坐标,轴向应变为横坐标,绘制应力-应变曲线。取最大轴向应力作为冻土单轴抗压强度。

(2) 试验结果

试验结果显示,冻土的单轴抗压强度与温度具有线性关系,随着冻土冻结温度的降低,冻土强度呈线性增大,且增幅明显,温度每下降1℃,冻土强度平均增大0.093~0.282MPa。其中人工填土和粉质黏土地层(32.4~60.3m)冻土在-5℃时的单轴抗压强度较小,应加强冻结,保证冻土帷幕平均温度在-10℃以下,以满足冻土帷幕的强度和稳定性。冻土的单轴抗压强度见表4-8。

冻土单轴抗压强度与温度的关系　　　　　　　表4-8

土样编号	土层编号	岩　性	不同温度的单轴抗压强度值(MPa)		
			-5℃	-10℃	-15℃
D1	①	人工填土	1.07	1.76	2.44
			1.05	1.85	2.34
			0.91	1.54	2.76
D2	③-3	中砾砂	3.42	4.65	4.87
			3.52	4.14	4.35
			3.41	4.40	4.47
D3	④-3	淤泥质粉质黏土	1.66	2.14	3.16
			1.67	2.11	3.71
			1.47	2.05	4.47
D4	⑤-1	粉质黏土	1.16	2.31	3.90
			1.25	2.08	1.55
			1.25	2.21	3.38
D5	⑤-2	细砂	1.56	2.41	4.49
			1.96	3.02	3.72
			1.58	2.85	5.15
D6	⑤-3	淤泥质粉质黏土	1.51	2.45	3.72
			1.47	2.63	3.96
			1.33	2.36	3.61

续上表

土样编号	土层编号	岩　　性	不同温度的单轴抗压强度值（MPa）		
			−5℃	−10℃	−15℃
D7	⑥-2	中砂	1.34	2.42	2.54
			1.60	2.26	2.48
			1.26	2.58	2.35
D8	⑦-1	砂砾质黏性土	0.79	1.76	1.34
			0.84	1.36	1.74
			0.69	1.18	1.66
D9	⑧-1	全风化花岗岩	0.38	1.69	1.23
			0.34	1.35	1.14
			0.13	1.29	1.57
D10	⑧-2	强风化花岗岩	0.69	1.11	1.75
			0.72	1.19	1.80
			0.74	1.06	1.99

4.6.4.2　冻土弹性模量

冻土弹性模量取抗压强度一半与其所对应的应变值的比值，即

$$E = \frac{\sigma_s / 2}{\varepsilon_{1/2}} \qquad (4\text{-}7)$$

式中：E——试样弹性模量（MPa）；

σ_s——试样极限抗压强度（MPa）；

$\varepsilon_{1/2}$——试样极限抗压强度值一半所对应的应变值。

试验结果表明，冻土弹性模量总体上随温度的降低而增大，且相关性良好，温度每下降1℃，冻土弹性模量平均增大2.504~9.318MPa。因此，在试验温度区间内可以用插值的方法计算冻土的弹性模量（表4-9）。

从表4-9可以看出，人工填土层及粉质黏土、淤泥质黏土地层（28.3~60.3m）冻土弹性模量较小，冻结变形较大，应严格控制冻结的变形，防止冻结管断裂。

冻土弹性模量与温度的关系 表 4-9

编号	土层编号	土性	试验温度					
			−5℃		−10℃		−15℃	
			弹性模量（MPa）	平均值（MPa）	弹性模量（MPa）	平均值（MPa）	弹性模量（MPa）	平均值（MPa）
D1	①	人工填土	35	33	53	52	76	76
			33		55		74	
			31		49		76	
D2	③-3	中砾砂	96	99	108	111	138	131
			94		111		131	
			106		115		125	
D3	④-3	淤泥质粉质黏土	38	39	64	68	106	105
			40		70		102	
			41		72		106	
D4	⑤-1	粉质黏土	34	31	66	62	111	109
			32		60		108	
			27		59		107	
D5	⑤-2	细砂	45	47	78	83	135	122
			48		85		116	
			47		87		115	
D6	⑤-3	淤泥质粉质黏土	40	38	69	70	99	108
			36		71		111	
			38		68		112	
D7	⑥-2	中砂	40	42	60	68	82	89
			46		69		89	
			40		74		94	
D8	⑦-1	砂砾质黏性土	39	41	44	44	53	53
			42		44		50	
			41		43		56	

续上表

编号	土层编号	土性	试验温度					
			-5℃		-10℃		-15℃	
			弹性模量（MPa）	平均值（MPa）	弹性模量（MPa）	平均值（MPa）	弹性模量（MPa）	平均值（MPa）
D9	⑧-1	全风化花岗岩	35 35 33	35	42 36 44	41	41 46 45	44
D10	⑧-2	强风化花岗岩	31	31	40	40	59	55

4.6.4.3 冻土泊松比

冻土泊松比取冻土在弹性范围内横向与纵向应变的比值，即

$$\mu = \varepsilon_x / \varepsilon_z \tag{4-8}$$

式中：ε_x、ε_z——冻土径向、轴向应变值。

冻土泊松比根据试验测定并结合经验获得的结果见表 4-10。冻土泊松比随温度的降低而减小，基本呈线性相关，但变化不明显。

冻土泊松比与温度的关系 表 4-10

编号	土层编号	土性	试验温度					
			-5℃		-10℃		-15℃	
			泊松比	平均值	泊松比	平均值	泊松比	平均值
D1	①	人工填土	0.27 0.28 0.28	0.28	0.26 0.26 0..25	0.26	0.24 0.24 0.26	0.25
D2	③-3	中砾砂	0.28 0.29 0.29	0.29	0.26 0.26 0.25	0.26	0.25 0.24 0.24	0.24
D3	④-3	淤泥质粉质黏土	0.32 0.3 0.33	0.32	0.28 0.27 0.28	0.28	0.28 0.27 0.27	0.27

续上表

编号	土层编号	土性	试验温度					
			−5℃		−10℃		−15℃	
			泊松比	平均值	泊松比	平均值	泊松比	平均值
D4	⑤-1	粉质黏土	0.34 0.33 0.34	0.34	0.3 0.32 0.31	0.31	0.25 0.27 0.28	0.27
D5	⑤-2	细砂	0.32 0.31 0.31	0.31	0.29 0.28 0.29	0.29	0.28 0.27 0.24	0.26
D6	⑤-3	淤泥质粉质黏土	0.31 0.31 0.33	0.32	0.31 0.3 0.3	0.3	0.26 0.25 0.27	0.26
D7	⑥-2	中砂	0.32 0.3 0.29	0.3	0.3 0.28 0.29	0.29	0.24 0.24 0.28	0.25
D8	⑦-1	砂砾质黏性土	0.33 0.31 0.31	0.32	0.31 0.31 0.29	0.3	0.27 0.3 0.29	0.29
D9	⑧-1	全风化花岗岩	0.32 0.34 0.33	0.33	0.31 0.28 0.3	0.3	0.27 0.31 0.29	0.29
D10	⑧-2	强风化花岗岩	0.32 0.31 0.33	0.32	0.28 0.3 0.3	0.29	0.29 0.3 0.26	0.28

4.6.4.4 冻土单轴条件下的应力-应变关系

通过对试验数据的整理,将实测的应力-应变关系数据还原,可获得冻土在 −5℃、−10℃、−15℃温度下竖向荷载(轴向应力 σ)与竖向压缩应变 ε 的关系曲线,如图 4-11~

图 4-13 所示。

(1) -5℃条件下冻土的应力 - 应变关系曲线(图 4-11)

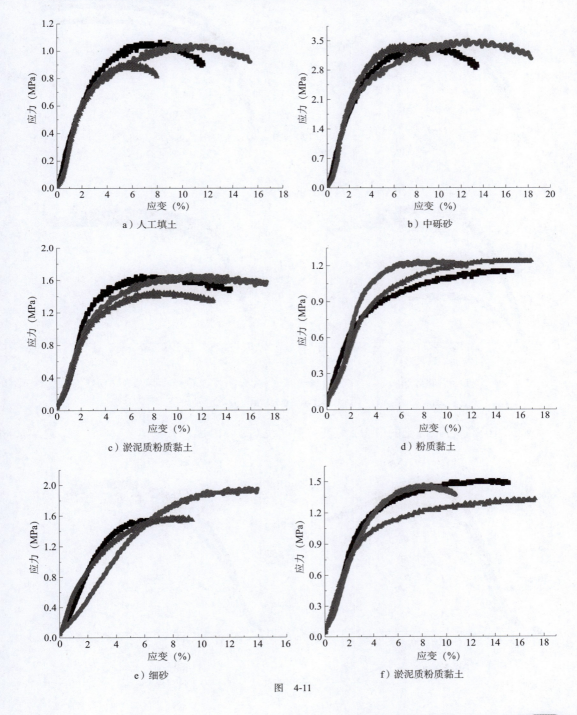

图 4-11

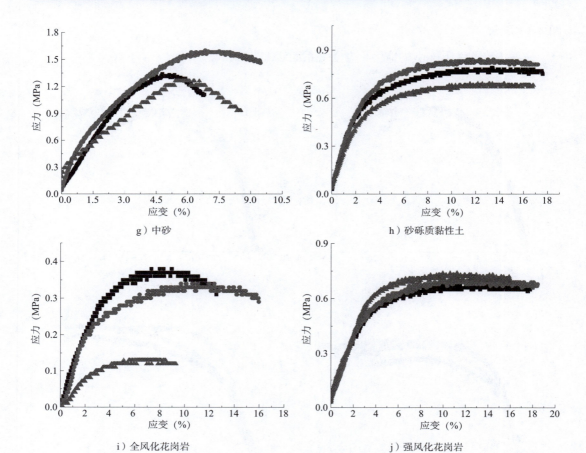

图 4-11 -5℃条件下冻土单轴压缩应力-应变曲线

（2）-10℃条件下冻土的应力-应变关系曲线（图 4-12）

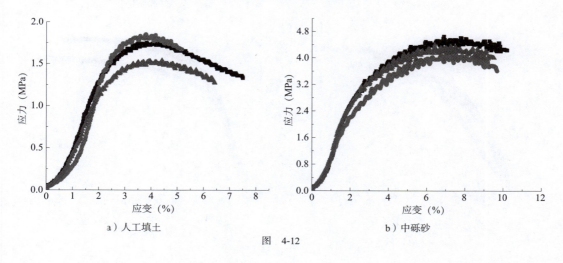

图 4-12

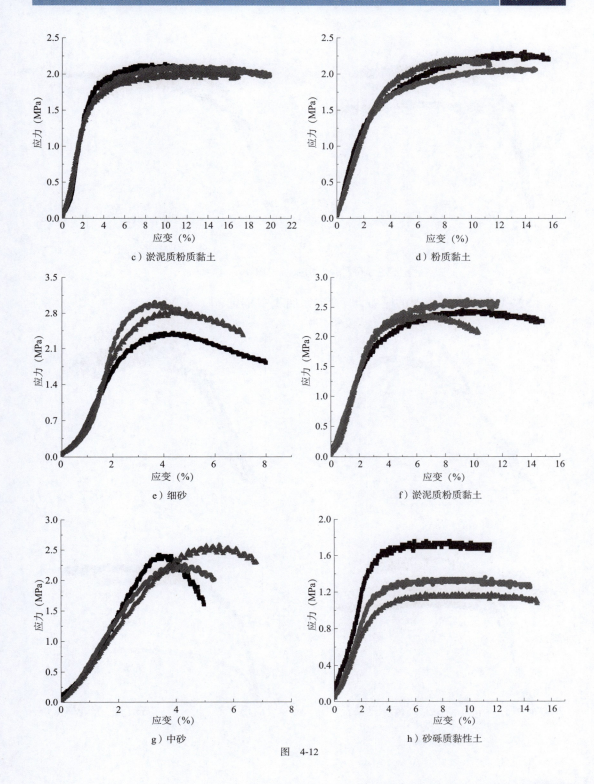

c）淤泥质粉质黏土　　　　　　　　　d）粉质黏土

e）细砂　　　　　　　　　f）淤泥质粉质黏土

g）中砂　　　　　　　　　h）砂砾质黏性土

图 4-12

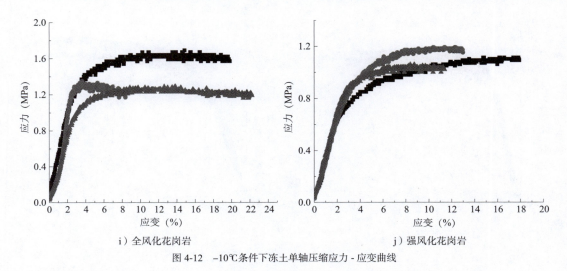

i）全风化花岗岩　　　　　　　j）强风化花岗岩

图 4-12　-10℃条件下冻土单轴压缩应力-应变曲线

（3）-15℃条件下冻土的应力-应变关系曲线（图 4-13）

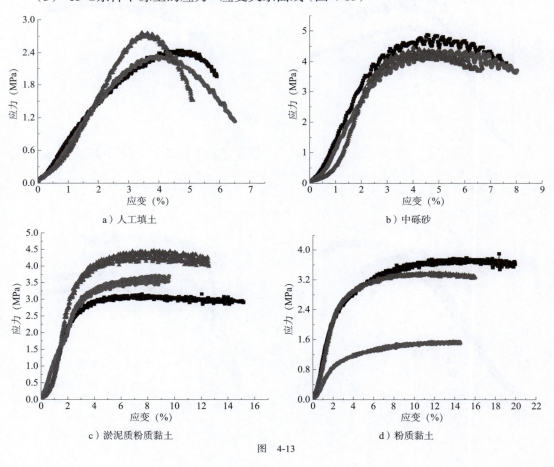

a）人工填土　　　　　　　b）中砾砂

c）淤泥质粉质黏土　　　　　d）粉质黏土

图 4-13

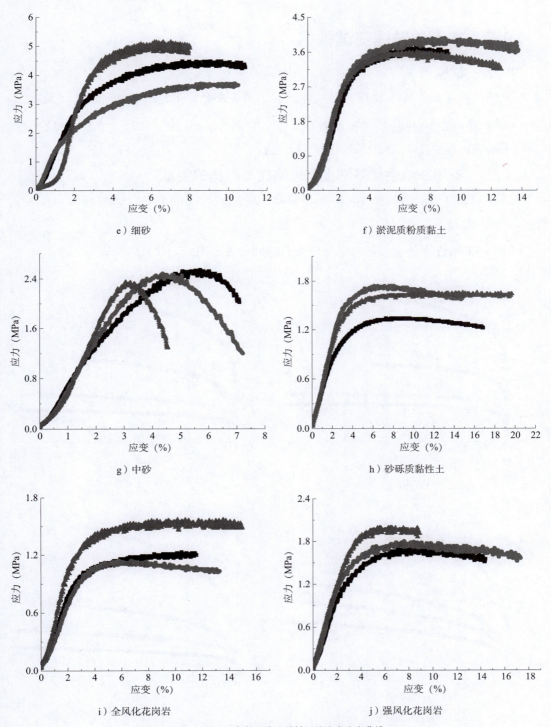

图 4-13 -15℃条件下冻土单轴压缩应力应变曲线

4.7 冻土单轴蠕变试验

4.7.1 试验方法

试验按照《人工冻土物理力学性能试验 第6部分：人工冻土单轴蠕变试验方法》（MT/T 593.6—2011）进行。试验荷载取4级，分别为 $\sigma = 0.2\sigma_s$、$0.3\sigma_s$、$0.5\sigma_s$、$0.7\sigma_s$（σ_s 为冻土瞬时抗压强度）。试验采用多试样法进行。

4.7.2 不同冻结温度下冻土单轴蠕变与时间的关系

试验获得了10组冻土轴向蠕变与温度、应力、时间的关系，试验曲线可用公式 $\varepsilon = at^b$ 拟合实现。

（1）–5℃条件下各土层轴向蠕变应变与时间的关系曲线（图4-14）

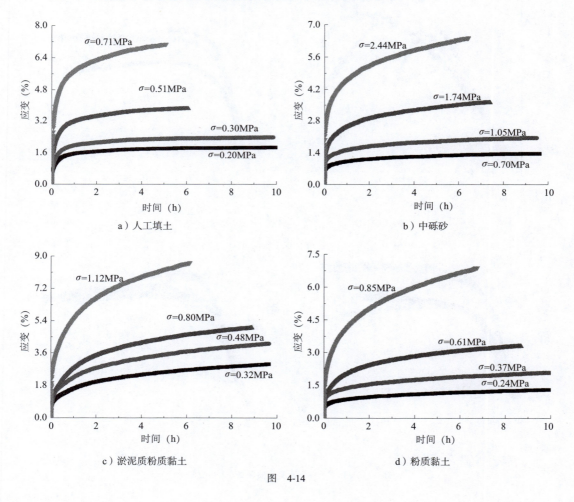

图 4-14

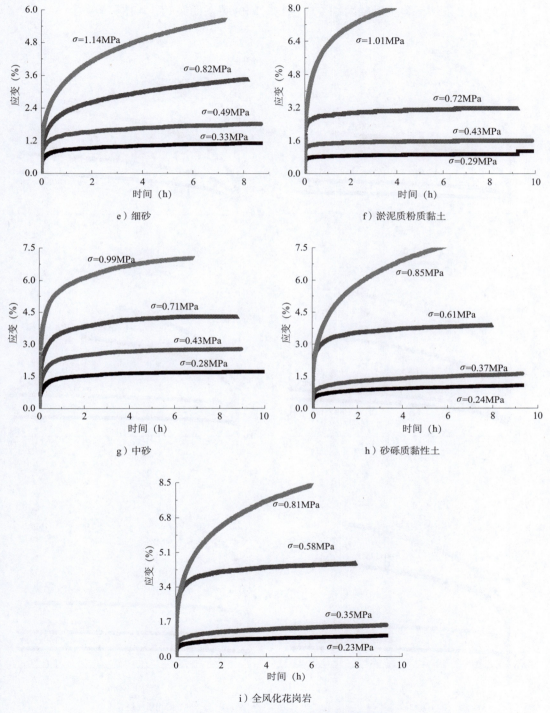

图 4-14 -5℃条件下冻土单轴蠕变应变与时间曲线

（2）-10℃条件下各土层轴向蠕变应变与时间的关系曲线（图4-15）

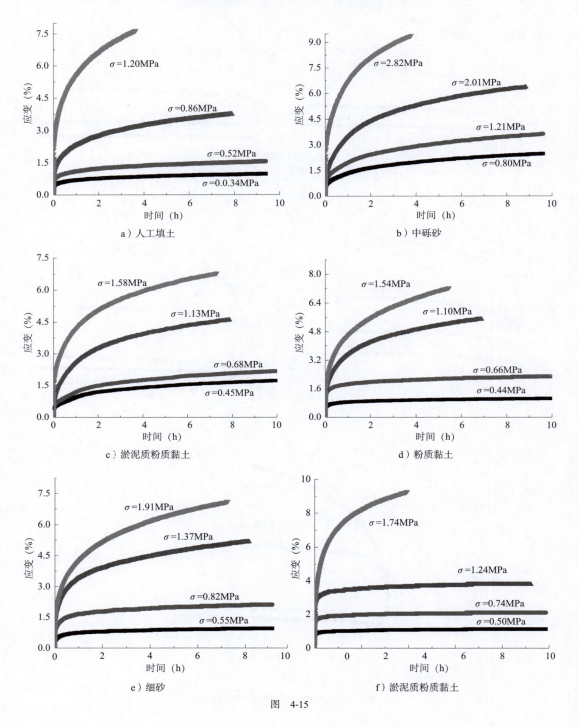

图 4-15

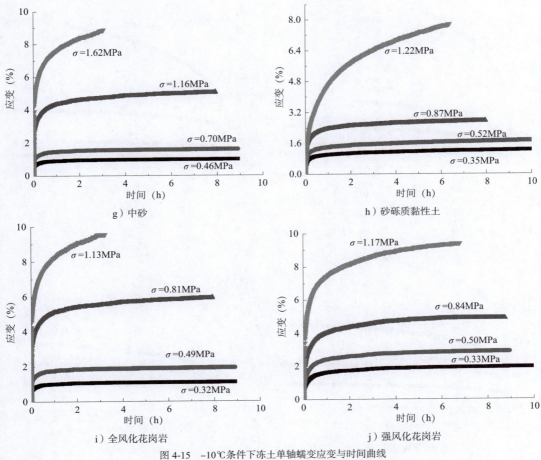

图 4-15 -10℃条件下冻土单轴蠕变应变与时间曲线

(3) -15℃条件下各土层轴向蠕变应变与时间的关系曲线(图 4-16)

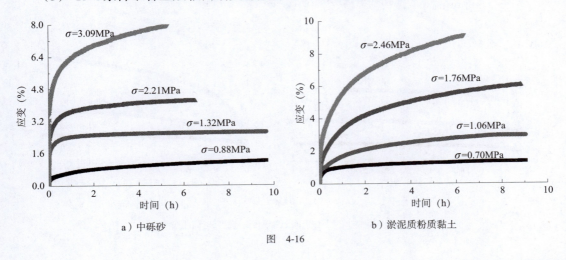

图 4-16

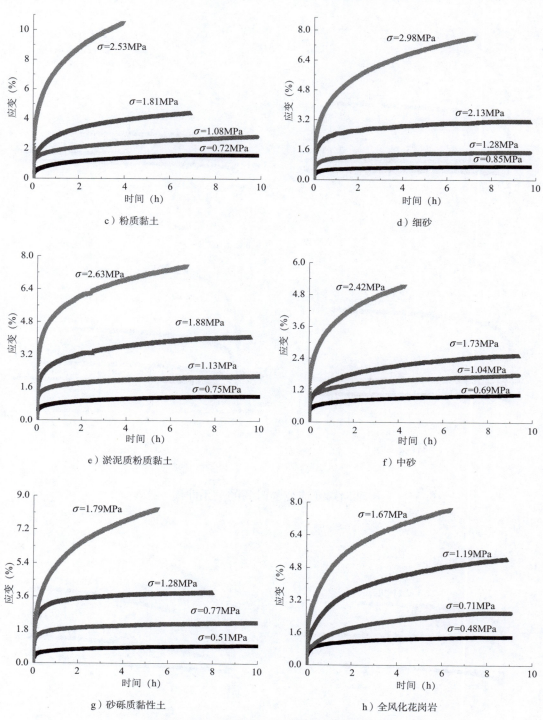

图 4-16 -15℃条件下冻土单轴蠕变应变与时间曲线

4.7.3 冻土单轴蠕变试验经验公式

蠕变参数是反映冻土力学性质的重要参数，冻土蠕变特性可按幂函数描述：

$$\varepsilon = \frac{A}{\left(|T|+1\right)^k}\sigma^B t^C \tag{4-9}$$

式中：ε——蠕变应变（10^{-2}）；
　　　A——通过试验确定的常数；
B、C、k——分别为试验确定的受应力、时间、温度影响的无量纲常数；
　　　σ——蠕变应力（MPa）；
　　　t——蠕变时间（h）；
　　　T——冻结温度（℃）。

采用多元回归方法得出各层冻土的单轴蠕变参数，如表4-11所示。

各层冻土单轴蠕变参数　　　　表4-11

编号	土性	温度（℃）	应力	应变与时间关系		应变与时间、应力关系
				a	b	
D1	人工填土	-5	$0.2\sigma_s$	1.34998	0.17449	$\varepsilon = 7.40681\sigma^{1.16052}t^{0.25032}$
			$0.3\sigma_s$	1.70969	0.1752	
			$0.5\sigma_s$	2.81963	0.20768	
			$0.7\sigma_s$	5.17919	0.23115	
		-10	$0.2\sigma_s$	0.65348	0.1905	$\varepsilon = 3.06108\sigma^{1.42233}t^{0.21409}$
			$0.3\sigma_s$	1.03944	0.1902	
			$0.5\sigma_s$	2.24158	0.25836	
			$0.7\sigma_s$	5.3668	0.2963	
		蠕变总回归方程				$\varepsilon = \dfrac{92.51678}{\left(|T|+1\right)^{1.34285}}\sigma^{1.32587}t^{0.20262}$
D2	中砾砂	-5	$0.2\sigma_s$	0.9554	0.17369	$\varepsilon = 1.49801\sigma^{1.15072}t^{0.16574}$
			$0.3\sigma_s$	1.42762	0.17456	
			$0.5\sigma_s$	2.40802	0.21694	
			$0.7\sigma_s$	4.31466	0.23043	

续上表

编号	土 性	温度（℃）	应力	应变与时间关系 a	应变与时间关系 b	应变与时间、应力关系
D2	中砾砂	−10	$0.2\sigma_s$	1.33262	0.28187	$\varepsilon = 1.67599\sigma^{1.06906}t^{0.31171}$
			$0.3\sigma_s$	1.94817	0.2821	
			$0.5\sigma_s$	3.40931	0.30062	$\varepsilon = 1.67599\sigma^{1.06906}t^{0.31171}$
			$0.7\sigma_s$	6.38832	0.31754	
		−15	$0.2\sigma_s$	0.65279	0.28207	$\varepsilon = 1.117355\sigma^{1.58808}t^{0.10823}$
			$0.3\sigma_s$	2.20378	0.10088	
			$0.5\sigma_s$	3.42386	0.13137	
			$0.7\sigma_s$	6.05659	0.1794	
	蠕变总回归方程					$\varepsilon = \dfrac{1.84062}{(|T|+1)^{0.09951}}\sigma^{1.24582}t^{0.19845}$
D3	淤泥质粉质黏土	−5	$0.2\sigma_s$	1.59955	0.2818	$\varepsilon = 4.02462\sigma^{0.82092}t^{0.29825}$
			$0.3\sigma_s$	2.21356	0.28195	
			$0.5\sigma_s$	2.68526	0.30048	
			$0.7\sigma_s$	5.25089	0.2918	
		−10	$0.2\sigma_s$	0.94374	0.27604	$\varepsilon = 2.28809\sigma^{0.84612}t^{0.33719}$
			$0.3\sigma_s$	1.1859	0.27596	
			$0.5\sigma_s$	2.51866	0.30816	
			$0.7\sigma_s$	3.99569	0.28277	
		−15	$0.2\sigma_s$	0.9196	0.20511	$\varepsilon = 1.56786\sigma^{1.38348}t^{0.25927}$
			$0.3\sigma_s$	1.67978	0.27838	
			$0.5\sigma_s$	3.23872	0.30079	
			$0.7\sigma_s$	5.21855	0.31934	
	蠕变总回归方程					$\varepsilon = \dfrac{26.52745}{(|T|+1)^{0.99769}}\sigma^{0.96846}t^{0.30397}$
D4	粉质黏土	−5	$0.2\sigma_s$	0.82164	0.20289	$\varepsilon = 7.7299\sigma^{2.15882}t^{0.11304}$
			$0.3\sigma_s$	1.31582	0.20317	

续上表

编号	土 性	温度（℃）	应力	应变与时间关系 a	应变与时间关系 b	应变与时间、应力关系
D4	粉质黏土	−5	$0.5\sigma_s$	1.94053	0.25792	$\varepsilon = 7.7299\sigma^{2.15882}t^{0.11304}$
			$0.7\sigma_s$	3.94875	0.30305	
		−10	$0.2\sigma_s$	0.78139	0.14051	$\varepsilon = 2.84319\sigma^{1.03301}t^{0.23649}$
			$0.3\sigma_s$	1.71584	0.14104	
			$0.5\sigma_s$	3.37956	0.26816	
			$0.7\sigma_s$	4.38226	0.31163	
		−15	$0.2\sigma_s$	0.91677	0.26897	$\varepsilon = 1.54976\sigma^{1.40191}t^{0.23121}$
			$0.3\sigma_s$	1.78851	0.20322	
			$0.5\sigma_s$	2.68581	0.26817	
			$0.7\sigma_s$	6.90918	0.32678	
		蠕变总回归方程				$\varepsilon = \dfrac{14.87973}{(|T|+1)^{0.74127}}\sigma^{1.36767}t^{0.20661}$
D5	细砂	−5	$0.2\sigma_s$	0.80434	0.17005	$\varepsilon = 3.06326\sigma^{1.13109}t^{0.1755}$
			$0.3\sigma_s$	1.31291	0.17004	
			$0.5\sigma_s$	2.16577	0.22958	
			$0.7\sigma_s$	3.29729	0.28439	
		−10	$0.2\sigma_s$	0.6811	0.16832	$\varepsilon = 2.03326\sigma^{1.45076}t^{0.15474}$
			$0.3\sigma_s$	1.51435	0.16805	
			$0.5\sigma_s$	3.24674	0.22968	
			$0.7\sigma_s$	4.13773	0.28435	
		−15	$0.2\sigma_s$	0.51575	0.16733	$\varepsilon = 1.30534\sigma^{1.64558}t^{0.12247}$
			$0.3\sigma_s$	1.05539	0.16723	
			$0.5\sigma_s$	2.22296	0.1672	
			$0.7\sigma_s$	4.45149	0.28481	
		蠕变总回归方程				$\varepsilon = \dfrac{52.47149}{(|T|+1)^{1.44779}}\sigma^{1.3882}t^{0.15112}$

续上表

编号	土性	温度（℃）	应力	应变与时间关系 a	应变与时间关系 b	应变与时间、应力关系
D6	淤泥质粉质黏土	−5	$0.2\sigma_s$	0.77241	0.11523	$\varepsilon = 4.92508\sigma^{1.40787}t^{0.07401}$
			$0.3\sigma_s$	1.34232	0.0981	
		−5	$0.5\sigma_s$	2.57616	0.11072	$\varepsilon = 4.92508\sigma^{1.40787}t^{0.07401}$
			$0.7\sigma_s$	5.75358	0.28586	
		−10	$0.2\sigma_s$	0.92363	0.10918	$\varepsilon = 2.74308\sigma^{1.37627}t^{0.07639}$
			$0.3\sigma_s$	1.76542	0.09847	
			$0.5\sigma_s$	3.11827	0.11067	
			$0.7\sigma_s$	6.61672	0.28585	
		−15	$0.2\sigma_s$	0.79584	0.19144	$\varepsilon = 1.35433\sigma^{1.39037}t^{0.13925}$
			$0.3\sigma_s$	1.55259	0.15962	
			$0.5\sigma_s$	2.72604	0.19328	
			$0.7\sigma_s$	5.08201	0.21995	
		蠕变总回归方程				$\varepsilon = \dfrac{45.3314}{(|T|+1)^{1.22864}}\sigma^{1.38049}t^{0.09683}$
D7	中砂	−5	$0.2\sigma_s$	1.23988	0.17491	$\varepsilon = 5.16745\sigma^{1.14921}t^{0.21147}$
			$0.3\sigma_s$	2.01509	0.18183	
			$0.5\sigma_s$	3.12203	0.18261	
			$0.7\sigma_s$	5.00936	0.21292	
		−10	$0.2\sigma_s$	0.81013	0.12575	$\varepsilon = 3.30732\sigma^{1.52138}t^{0.00694}$
			$0.3\sigma_s$	1.30267	0.12557	
			$0.5\sigma_s$	3.92519	0.14735	
			$0.7\sigma_s$	7.26774	0.22035	
		−15	$0.2\sigma_s$	0.68279	0.1908	$\varepsilon = 1.07562\sigma^{1.08731}t^{0.19409}$
			$0.3\sigma_s$	1.18689	0.19052	
			$0.5\sigma_s$	1.47685	0.25155	
			$0.7\sigma_s$	3.4704	0.29037	

续上表

编号	土性	温度（℃）	应力	应变与时间关系 a	应变与时间关系 b	应变与时间、应力关系
D7	中砂	蠕变总回归方程				$\varepsilon = \dfrac{109.94717}{(|T|+1)^{1.61684}}\sigma^{1.20239}t^{0.13348}$
D8	砂砾质黏性土	−5	$0.2\sigma_s$	0.68622	0.21102	$\varepsilon = 6.15429\sigma^{1.41251}t^{0.11367}$
		−5	$0.3\sigma_s$	1.03456	0.21058	
		−5	$0.5\sigma_s$	3.00346	0.14734	
		−5	$0.7\sigma_s$	4.53478	0.30732	
		−10	$0.2\sigma_s$	0.93437	0.14454	$\varepsilon = 3.16724\sigma^{1.17715}t^{0.14166}$
		−10	$0.3\sigma_s$	1.28991	0.14435	
		−10	$0.5\sigma_s$	2.19339	0.12742	
		−10	$0.7\sigma_s$	4.39573	0.32486	
		−15	$0.2\sigma_s$	0.63708	0.19415	$\varepsilon = 2.31815\sigma^{1.5494}t^{0.13706}$
		−15	$0.3\sigma_s$	1.65323	0.1443	
		−15	$0.5\sigma_s$	3.04086	0.12752	
		−15	$0.7\sigma_s$	4.94097	0.32082	
		蠕变总回归方程				$\varepsilon = \dfrac{34.30393}{(|T|+1)^{0.97448}}\sigma^{1.3649}t^{0.13017}$
D9	全风化花岗岩	−5	$0.2\sigma_s$	0.65203	0.21119	$\varepsilon = 7.64835\sigma^{1.52542}t^{0.09623}$
		−5	$0.3\sigma_s$	0.9834	0.21022	
		−5	$0.5\sigma_s$	3.51396	0.1473	
		−5	$0.7\sigma_s$	4.98791	0.30738	
		−10	$0.2\sigma_s$	0.89217	0.1258	$\varepsilon = 6.63003\sigma^{1.55425}t^{0.00635}$
		−10	$0.3\sigma_s$	1.56318	0.12565	
		−10	$0.5\sigma_s$	4.5924	0.14732	
		−10	$0.7\sigma_s$	7.81945	0.21803	
		−15	$0.2\sigma_s$	0.94718	0.20511	$\varepsilon = 2.35948\sigma^{1.24872}t^{0.26799}$
		−15	$0.3\sigma_s$	1.47658	0.27838	

续上表

编号	土性	温度（℃）	应力	应变与时间关系 a	应变与时间关系 b	应变与时间、应力关系
D9	全风化花岗岩	−15	$0.5\sigma_s$	2.8004	0.30079	$\varepsilon = 2.35948\sigma^{1.24872}t^{0.26799}$
			$0.7\sigma_s$	4.39645	0.31934	
		蠕变总回归方程				$\varepsilon = \dfrac{33.22657}{(|T|+1)^{0.85708}}\sigma^{1.37398}t^{0.12043}$
D10	强风化花岗岩	−10	$0.2\sigma_s$	1.41454	0.17484	$\varepsilon = 5.10357\sigma^{1.21694}t^{0.20602}$

4.8 冻土三轴强度试验

4.8.1 试验方法

试验按照《人工冻土物理力学性能试验 第3部分：人工冻土静水压力下固结试验方法》(MT/T 593.3—2011)和《人工冻土物理力学性能试验 第5部分：人工冻土三轴剪切强度试验方法》(MT/T 593.5—2011)执行。

试验在W3Z-200型三轴试验机（图4-17）上进行。试验机由低温箱、自动加载系统、数据采集仪等组成。试验过程中的加载、数据采集及试验结束均由计算机自动控制。

图4-17 W3Z-200型三轴试验机

样品为$\phi 61.8\text{mm} \times 125.0\text{mm}$圆柱体。试验时按轴向0.08%/min应变速率进行剪切加载试验。试样制作时，先将土样进行固结，再冻结，达到设计温度（恒定）不少于24h

后,再进行剪切试验。试验温度水平为 –5℃、–10℃ 和 –15℃,围压为 0.5~1.5MPa。剪切试验数据采集界面见图 4-18。

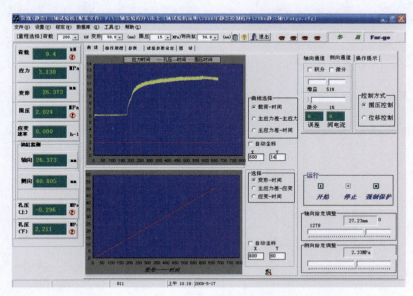

图 4-18　剪切试验数据采集界面

4.8.2　冻土三轴剪切试验结果

研究结果表明,在围压较小时,冻土三轴剪切强度特征可用莫尔强度准则来描述。

$$\tau = \sigma \cdot \tan\varphi + c \qquad (4\text{-}10)$$

式中:τ——三轴抗剪强度(MPa);

　　　σ——剪切面上的正应力(MPa);

　　　φ——内摩擦角;

　　　c——黏聚力。

各土层三轴剪切强度参数如表 4-12 所示。

表 4-12　冻土的抗剪强度指标、内摩擦角与黏聚力

土样编号	土层编号	土 性	温度(℃)	围压(MPa)	峰值强度 $\sigma_1 - \sigma_3$ (MPa)	强度指标 c (MPa)	强度指标 φ (°)
D1	①	人工填土	–5	0.5	2.82	1.21	6.15
				1	2.95		
				1.5	3.06		

续上表

土样编号	土层编号	土性	温度（℃）	围压（MPa）	峰值强度 $\sigma_1-\sigma_3$（MPa）	强度指标 c（MPa）	强度指标 φ（°）
D1	①	人工填土	−10	0.5	3.86	1.73	4.98
				1	3.95		
				1.5	4.05		
			−15	0.5	4.26	2.01	2.47
				1	4.27		
				1.5	4.35		
D2	③-3	中砾砂	−5	0.5	3.42	1.50	5.43
				1	3.5		
				1.5	3.63		
			−10	0.5	4.25	1.86	5.69
				1	4.27		
				1.5	4.47		
			−15	0.5	4.87	2.19	6.15
				1	5.36		
				1.5	5.11		
D3	④-3	淤泥质粉质黏土	−5	0.5	1.54	0.67	4.74
				1	1.64		
				1.5	1.72		
			−10	0.5	2.21	0.99	4.49
				1	2.31		
				1.5	2.38		
			−15	0.5	5.64	2.59	4.23
				1	5.74		
				1.5	5.80		

续上表

土样编号	土层编号	土 性	温度(℃)	围压(MPa)	峰值强度 $\sigma_1-\sigma_3$ (MPa)	强度指标 c (MPa)	强度指标 φ (°)
D4	⑤-1	粉质黏土	−5	0.5	2.03	0.85	6.38
				1	2.15		
				1.5	2.28		
			−10	0.5	4.18	1.77	7.05
				1	4.19		
				1.5	4.46		
			−15	0.5	5.67	2.58	4.49
				1	5.73		
				1.5	5.84		
D5	⑤-2	细砂	−5	0.5	1.80	0.72	6.61
				1	2.12		
				1.5	2.16		
			−10	0.5	3.54	1.49	7.05
				1	3.61		
				1.5	3.82		
			−15	0.5	4.22	1.80	6.83
				1	4.27		
				1.5	4.49		
D6	⑤-3	淤泥质粉质黏土	−5	0.5	2.14	0.82	8.90
				1	2.24		
				1.5	2.51		
			−10	0.5	3.31	1.39	7.11
				1	3.38		
				1.5	3.60		

续上表

土样编号	土层编号	土 性	温度(℃)	围压(MPa)	峰值强度 $\sigma_1-\sigma_3$(MPa)	强度指标 c(MPa)	强度指标 φ(°)
D6	⑤-3	淤泥质粉质黏土	−15	0.5	4.60	2.01	6.36
				1	4.75		
				1.5	4.85		
D7	⑥-2	中砂	−5	0.5	2.12	0.9	6.15
				1	2.25		
				1.5	2.36		
			−10	0.5	4.21	1.91	4.49
				1	4.31		
				1.5	4.38		
			−15	0.5	5.64	2.58	4.25
				1	5.74		
				1.5	5.80		
D8	⑦-1	砂砾质黏性土	−5	0.5	1.54	0.67	4.74
				1	1.64		
				1.5	1.72		
			−10	0.5	3.21	1.45	4.49
				1	3.31		
				1.5	3.38		
			−15	0.5	4.64	2.12	4.25
				1	4.74		
				1.5	4.80		
D9	⑧-1	全风化花岗岩	−5	0.5	1.56	0.66	4.98
				1	1.57		
				1.5	1.75		
			−10	0.5	2.12	0.90	6.83
				1	2.36		

续上表

土样编号	土层编号	土 性	温度（℃）	围压（MPa）	峰值强度 $\sigma_1-\sigma_3$（MPa）	强度指标 c（MPa）	强度指标 φ（°）
D9	⑧-1	全风化花岗岩	-10	1.5	2.39	0.90	6.83
			-15	0.5	5.62	2.56	4.49
				1	5.73		
				1.5	5.79		
D10	⑧-2	强风化花岗岩	-5	0.5	1.72	0.73	5.69
				1	1.84		
				1.5	1.94		
			-10	0.5	2.51	1.05	6.81
				1	2.61		
				1.5	2.78		
			-15	0.5	5.78	2.51	6.38
				1	5.79		
				1.5	6.03		

4.8.3 冻土三轴剪切应力-应变关系曲线

-5℃、-10℃、-15℃条件下冻土的应力-应变关系曲线分别如图4-19～图4-21所示。

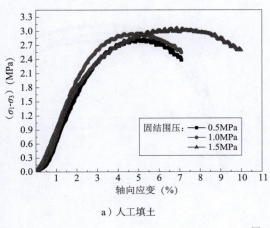
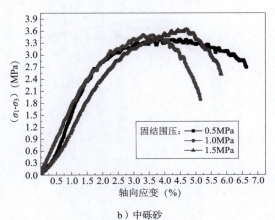

a）人工填土　　　　　　　　　　　b）中砾砂

图 4-19

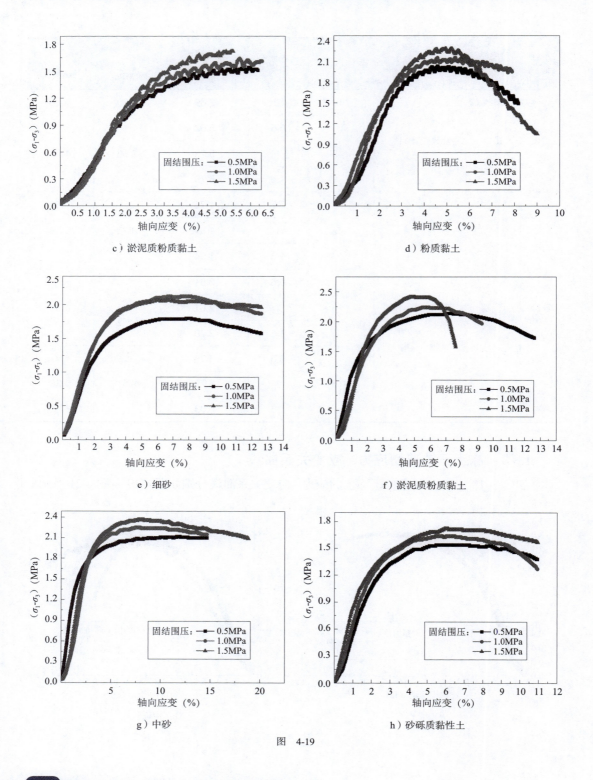

图 4-19

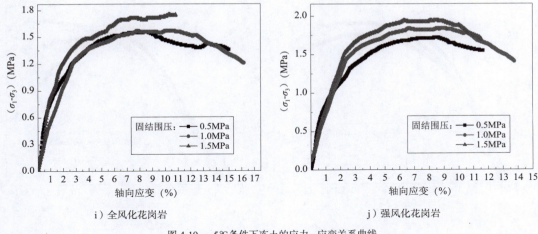

i）全风化花岗岩 j）强风化花岗岩

图 4-19 -5℃条件下冻土的应力-应变关系曲线

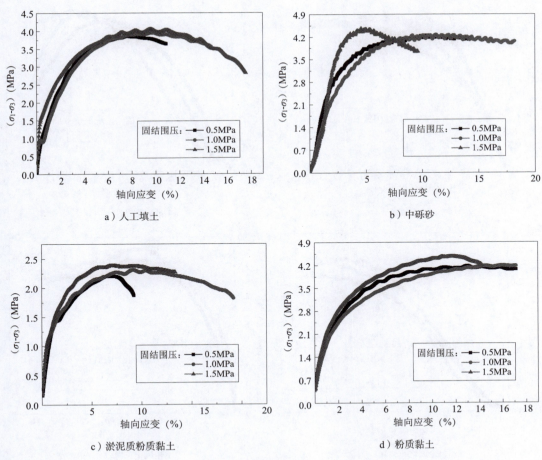

a）人工填土 b）中砾砂

c）淤泥质粉质黏土 d）粉质黏土

图 4-20

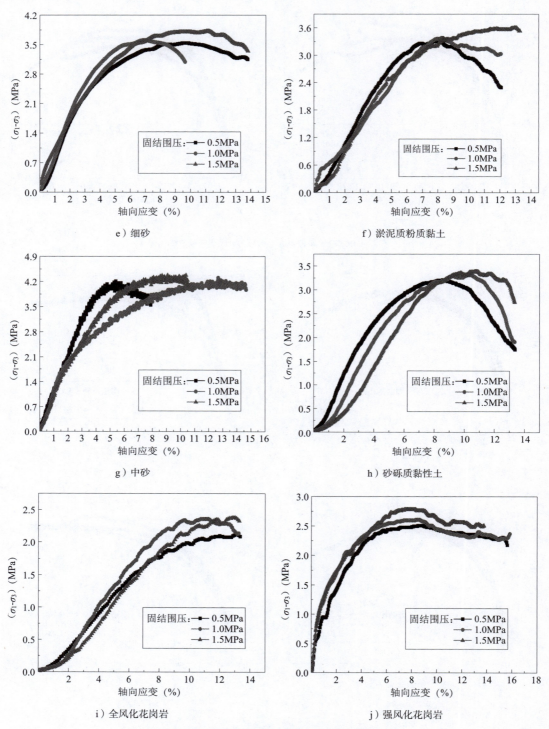

图 4-20 -10℃条件下冻土的应力-应变关系曲线

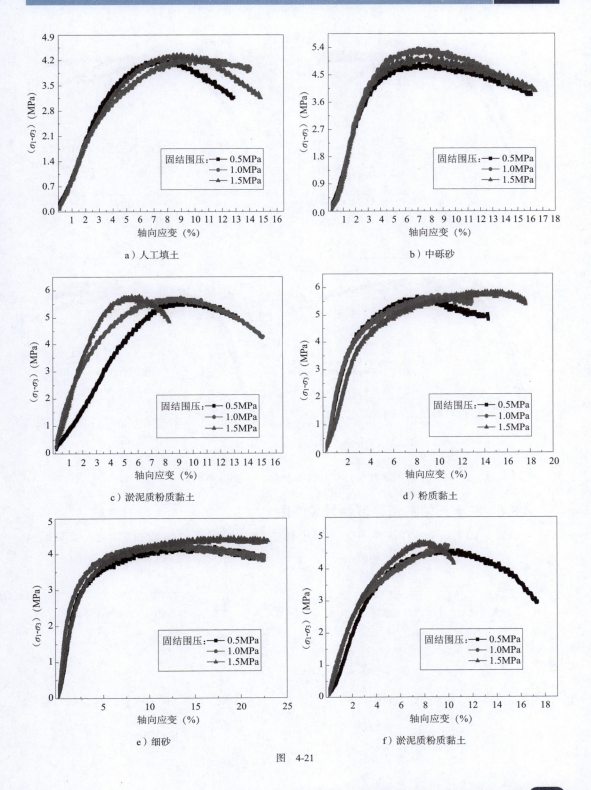

图 4-21

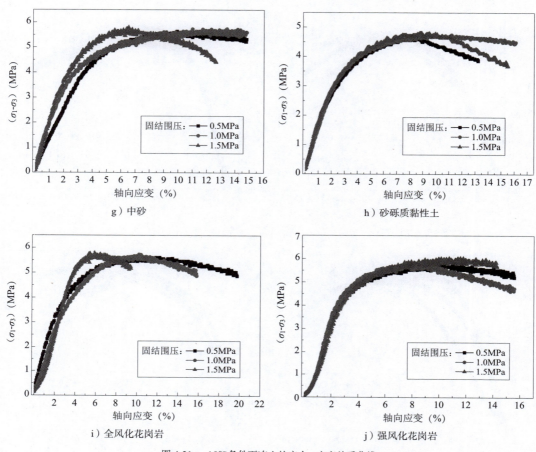

图 4-21 -15℃条件下冻土的应力-应变关系曲线

4.8.4 冻土三轴剪切强度参数包络图

-5℃、-10℃、-15℃条件下,各层土体三轴剪切强度包络线如图 4-22～图 4-24 所示。

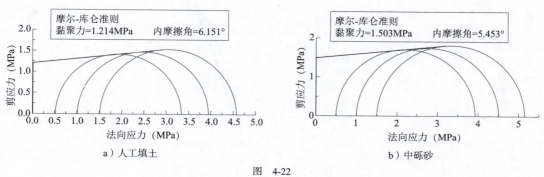

图 4-22

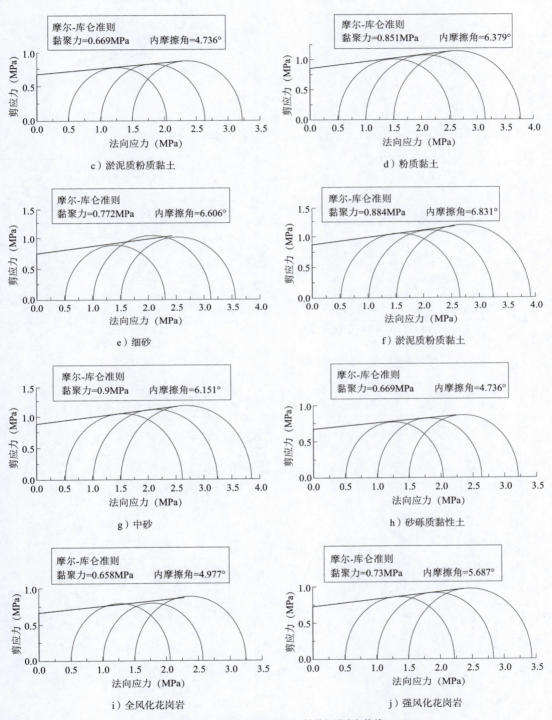

图 4-22 -5℃条件下各层土三轴剪切强度包络线

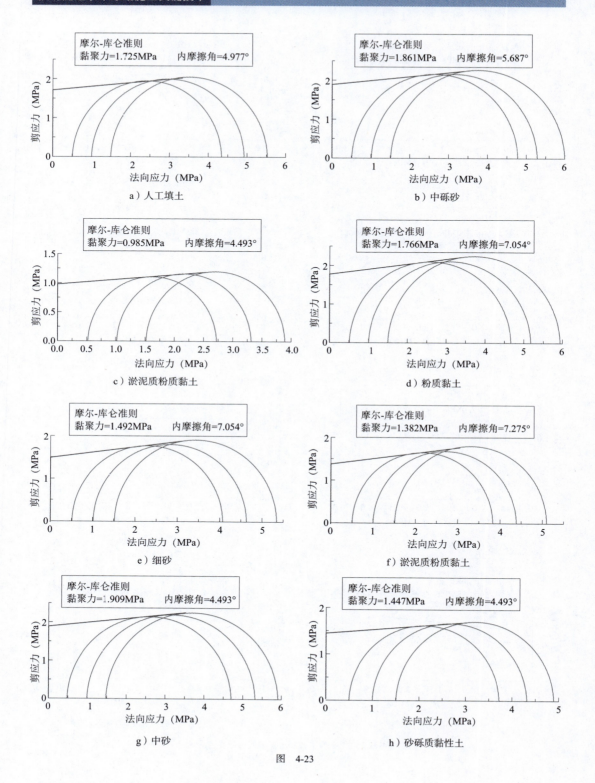

图 4-23

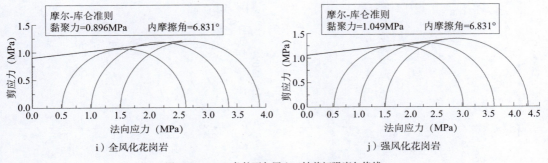

i) 全风化花岗岩　　　　j) 强风化花岗岩

图 4-23　-10℃条件下各层土三轴剪切强度包络线

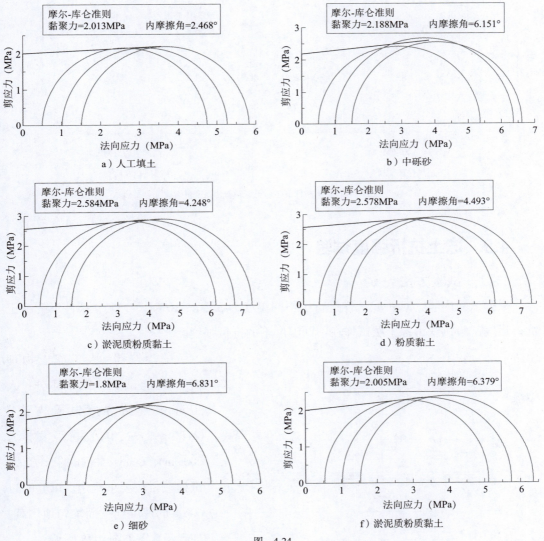

a) 人工填土　　　　b) 中砾砂

c) 淤泥质粉质黏土　　　　d) 粉质黏土

e) 细砂　　　　f) 淤泥质粉质黏土

图 4-24

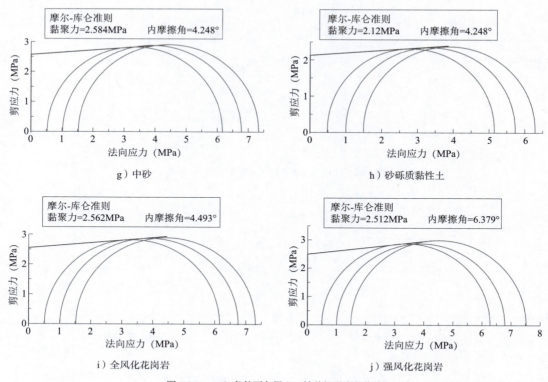

图 4-24 -15℃条件下各层土三轴剪切强度包络线

4.9 冻土抗折强度试验

4.9.1 试验方法

根据试验内容,对所取试样进行了不同温度(-5℃、-10℃、-15℃)条件下的冻土抗折强度试验,获得各土层试样在不同温度下的抗折强度。

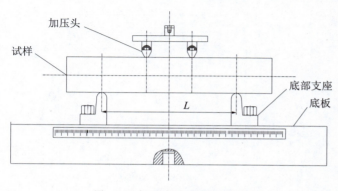

图 4-25 冻土抗折试验加载示意图

试验按照《人工冻土物理力学性能试验 第8部分:人工冻土抗折强度试验方法》(MT/T 593.8—2011)进行。试样为 200mm×50mm×50mm 的长方体。试样数量按要求确定。试验时以 60N/s 的速度连续而均匀地加载。加载示意图如图 4-25 所示。

4.9.2 冻土抗折强度计算及结果

人工冻土抗折强度计算公式：

$$f_\mathrm{f} = \frac{PL}{bh^2} \quad (4\text{-}11)$$

式中：f_f——抗折强度（MPa）；

　　　P——破坏荷载（N）；

　　　L——支座间距（即跨度），取 $3h$（mm）；

　　　b——试样截面宽度（mm）；

　　　h——试样截面高度（mm）。

冻土的抗折强度试验成果如表 4-13 所示。

冻土的抗折强度试验成果表　　　　　表 4-13

土样编号	土层编号	土性	试验温度					
			−5℃		−10℃		−15℃	
			抗折强度（MPa）	平均值（MPa）	抗折强度（MPa）	平均值（MPa）	抗折强度（MPa）	平均值（MPa）
D1	①	人工填土	0.41	0.39	0.62	0.61	—	—
			0.40		0.65		—	
			0.35		0.54		—	
D2	③-3	中砾砂	0.96	1.10	1.85	1.69	1.86	1.86
			1.18		1.73		1.79	
			1.15		1.48		1.92	
D3	④-3	淤泥质粉质黏土	0.79	0.76	0.90	0.96	1.26	1.46
			0.78		1.15		1.47	
			0.71		0.83		1.64	
D4	⑤-1	粉质黏土	0.39	0.41	0.85	0.81	1.37	1.19
			0.42		0.76		1.01	
			0.42		0.81		1.19	
D5	⑤-2	细砂	0.57	0.62	0.89	1.01	1.78	1.64
			0.72		1.11		1.48	
			0.58		1.05		1.67	

续上表

土样编号	土层编号	土 性	试验温度					
			−5℃		−10℃		−15℃	
			抗折强度（MPa）	平均值（MPa）	抗折强度（MPa）	平均值（MPa）	抗折强度（MPa）	平均值（MPa）
D6	⑤-3	淤泥质粉质黏土	0.55	0.53	0.94	0.95	1.42	1.44
			0.54		1.01		1.51	
			0.49		0.90		1.38	
D7	⑥-2	中砂	0.51	0.54	0.89	0.79	1.01	0.99
			0.61		0.80		0.91	
			0.48		0.70		1.07	
D8	⑦-1	砂砾质黏性土	0.30	0.30	0.55	0.47	0.62	0.66
			0.32		0.44		0.69	
			0.26		0.42		0.65	
D9	⑧-1	全风化花岗岩	0.15	0.13	0.37	0.40	0.45	0.48
			0.14		0.39		0.42	
			0.10		0.45		0.58	
D10	⑧-2	强风化花岗岩	—	—	0.42	0.43	—	—
			—		0.46		—	
			—		0.41		—	

4.10 本章小结

通过对钻孔所取地层中土样进行人工冻土物理力学性能的测定与土工试验，可以获得如下主要结论：

①土体比热容介于 1.34～1.56 J/(g·K) 之间；低温下土体的导热系数较常温下有所提高，常温下土体导热系数介于 1.066～1.537kcal/(m·h·℃) 之间，低温下土体导热系数介于 1.511～2.060kcal/(m·h·℃) 之间，土体的导热系数与温度间有较好的线性相关性；不同地层的结冰温度介于 −1.8～−0.4℃ 之间。

②不同地层冻土的冻胀力介于 0.73～0.93MPa 之间，冻胀率介于 1.08%～3.41% 之

间，属弱冻胀土。

③冻土的单轴抗压强度与冻结温度呈现一定的线性规律，且增幅明显，冻结温度每下降1℃，冻土强度平均增大0.093~0.282MPa。因此，工程上可通过降低冻土帷幕平均温度来提高冻土帷幕承载力与控制冻土帷幕变形。其中⑧-1全风化花岗岩单轴抗压强度较小，应加强冻结，保证冻土帷幕平均温度在-10℃以下，以满足冻土帷幕的强度和稳定性要求。

④冻土弹性模量总体上随冻结温度的降低而增大，相关性良好。冻结温度每下降1℃，弹性模量平均增大2.504~9.318MPa。其中人工填土层及全风化花岗岩冻土弹性模量较小，冻结变形较大，应严格控制冻结的变形，防止冻结管断裂。

⑤冻土泊松比在各个温态下较为接近，均随冻结温度降低而减小，基本上随温度变化呈线性相关性；冻土冻结应力-应变关系曲线采用具有强度极限的指数函数[式(4-1)]来表示，随冻结温度的降低，冻土强度提高，但冻土的应变减小，工程中应将冻土的应变控制在4%~8%以内，保证冻结处于弹性状态。

⑥蠕变试验结果表明：在应力水平较低条件下（$0.2\sigma_s$、$0.3\sigma_s$和$0.5\sigma_s$），冻土蠕变属于稳定性蠕变；当应力水平较高时（$0.7\sigma_s$），冻土蠕变属于非稳定性蠕变。冻土蠕变特性可用式(4-7)描述。

⑦三轴试验结果表明：冻土抗剪强度随温度降低而升高、围压有明显的增大，工程上可通过强化冻结来提高冻土帷幕的稳定性。

第 5 章
CHAPTER 5
拱北隧道管幕冻结方案介绍

5.1 10 根 φ1800mm 大管幕 +30 根 φ1440mm 管幕冻结方案

5.1.1 冻土帷幕设计

拱北隧道冻结的主要作用是管幕间止水。由于冻结施工过程中，冻土帷幕受制冷系统和施工工况影响，其大小处于一个不断变化的过程之中，因此，在隧道开挖过程中，冻土帷幕的厚度必须控制在一定的范围之内，并满足以下要求：

（1）冻土帷幕的最小厚度必须满足顶管间封水的要求

根据相关工程经验和顶管间相互的位置关系，将顶管间的土体冻住形成冻土帷幕就可以满足顶管间的封水要求，故冻土壁厚度为 1.45m 以上时即可保证冻结加固的封水要求。

（2）冻土帷幕的最大厚度必须满足地表变形对土体冻胀的要求

冻土壁越厚，冻土体积越大，冻土对地面建筑的冻胀影响越大。地表的冻胀隆起量和冻土的体积呈正比关系。若管幕间冻结引起地表变形过大，则可能造成隧址区域建筑物的损伤甚至是破坏，进而影响到拱北口岸日常工作的开展。考虑到冻胀数值计算模拟精确性不高，各种条件难以完全考虑，故仅将模拟结果的定性结论作为参考，并结合既有冻结工程经验，隧道上半部分（冻结 A 区、B1 区）冻土帷幕的厚度要求控制在 1.8m 以内，隧道下半部分（即冻结 B2 区、C 区）冻土帷幕的厚度要求控制在 2.4m 以内，实际以地表变形的监测值来控制最大允许的冻土帷幕厚度。

5.1.2 冻结管路布置

为动态控制冻土帷幕体积，在横断面上采用"圆形冻结管 + 异形冻结管 + 限位管"的布管方式（图 5-1）。采用在填充混凝土的顶管（简称实顶管）内两腰部分布置 2 根 $\phi 108mm$ 冻结管作为未开挖时的主要冷源，在靠近顶管外边缘的位置布设限位管来控制冻土帷幕的范围；而在未填充混凝土的顶管（简称空顶管）内靠近开挖面的位置布设异形冻结管（用 $\phi 165mm$ 半圆管焊接在管壁上），在土体开挖后进行冻结，以抑制开挖过程中的空气对流对冻土的削弱作用。

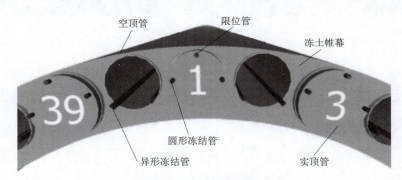

图 5-1 技术设计冻结管路横断面布置图

纵向方向实顶管内，通过在冻结管内设置供液管，形成 4 个独立的冻结回路，如图 5-2 a）所示；空顶管内有干管和 16 组独立的回路（每 4 个管节内的异形冻结管通过高压橡胶管连成一组），通过电控三通球阀分别控制 16 个冻结区域，如图 5-2 b）所示。

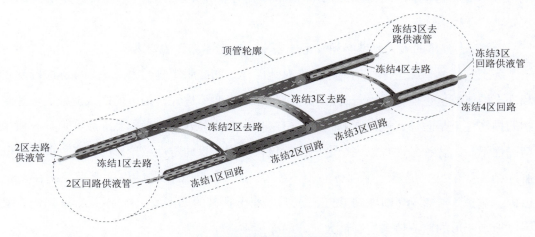

a）实顶管内冻结管管路示意图

图 5-2

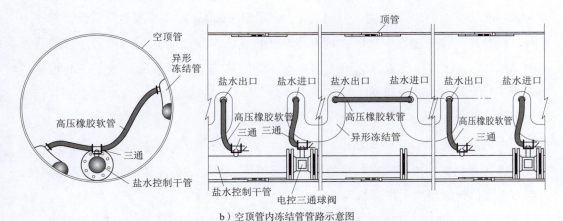

b）空顶管内冻结管路示意图

图 5-2 技术设计冻结管管路纵向布置示意图

5.1.3 冻结分区

结合洞内暗挖方案，在环向和纵向分别分段分区进行冻结施工，在横断面上将冻土帷幕分为 A 区（上导洞部分）、B1 区、B2 区、C 区（隧道底部仰拱部分）4 个区域，如图 5-3 所示。

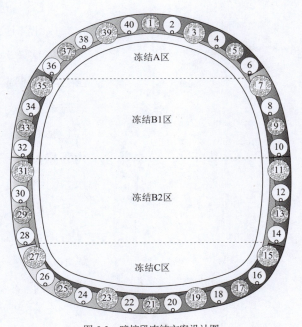

图 5-3 暗挖段冻结方案设计图

5.1.4 冻结施工组织

在未开挖前，开启实顶管内的圆形冻结管中的回路 1、4，冻结 45d 后，开启实顶管内圆形冻结管中的回路2、3。当回路1、4周围中的冻土帷幕厚度达到设计要求，上导洞双向开挖。开挖过程中保证A区开挖掌子面前方至少15m区域内的异形冻结管已提前冻结15d，防水层完成，区域内的异形冻结管停冻。当两边的开挖掌子面均超过70m后，A区圆形冻结管回路1、4停冻，待上导坑全部完成后，A区冻结管所有回路全部停冻。后2~6台阶的土体依次开挖，B1区、B2区、C区类似A区的冻结方式，实顶管内的圆形冻结管保持冻结，开挖但防水层未做好的区域前后15m范围内的异形冻结管进行加强冻结。当冻土帷幕温度超过标准限值或地表冻胀监测超出允许范围时，启用加热限位管限制冻土帷幕的发展。

当隧道结构施工完成并停止冻结后，利用热盐水循环对冻结壁进行强制解冻。在顶管内利用顶管泥浆套的注浆孔，设置注浆设备，对冻胀较为敏感的地层和对地面沉降要求严格的区域（图5-3所示的2号、8号、10号、12号、14号、16号、18号、20号、22号、24号、26号、28号、30号、32号、34号、40号顶管）进行局部跟踪式融沉注浆。

5.1.5 冻结监测

拱北隧道采取动态控制冻结，实时依据监测数据调整冻结运行参数。根据监测要求，选用"一线总线系统"进行监测。监测内容包括管间冻土帷幕温度、顶管内管壁温度、冻结盐水及加热盐水去回路温度、流量和压力。

其中测温管依托顶管管壁上已有的泥浆套装置进行设置，每隔16m设置一圈测温管，测温管横断面布置如图5-4、图5-5所示，主要是监控冻土帷幕的发展厚度，并以此判断冻土帷幕的封水安全及是否需要开启加热限位管。

图5-4 监测管方案布置图

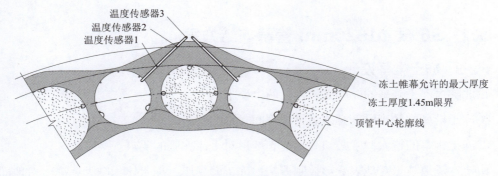

图 5-5 监测管内监测点位置示意图

由于冻结冷量是通过顶管管壁传递给土体的,因而监测顶管内温度可有效判断设备运行温控状态和冻土帷幕的温度变化状态。顶管内温度传感器的布置如图 5-6 所示,沿隧道纵向方向每隔 16m(即每隔 4 个管节)布设一圈监测点。

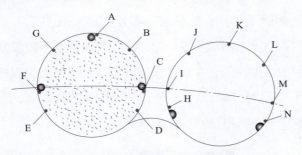

图 5-6 顶管管壁监测点位置示意图

①监测点 A:在加热限位管未运作前,主要考察冻土帷幕发展速度的大小;加热限位管运作后,考察加热限位管的加热温度。

②监测点 B、G:在加热限位管未运作前,主要考察冻土帷幕发展速度的大小;加热限位管和圆形冻结管共同作用下,考察顶管在环向上温度的不均匀分布。

③监测点 C、F:主要考察圆形冻结管的冻结温度。

④监测点 D、E:主要考察开挖过程中开挖面冻土帷幕的温度变化(注:开挖面暴露时是冻结施工最为敏感的时期,要实时注意监测面上温度的变化)。

⑤监测点 H、N:主要考察异形冻结管运行时的冻结温度。

⑥监测点 I、M:主要考察冻土帷幕的温度。特别注意的是,该两点在异形冻结管未开启时,是判断冻土帷幕是否开始具有封水性的最关键指标。

⑦监测点 J、K、L:主要考察管壁外冻土帷幕的温度变化。

5.2 36根 φ1620mm 管幕冻结方案

5.2.1 冻土帷幕设计

拱北隧道冻土帷幕的厚度必须满足两个要求：
①冻土帷幕的最小厚度必须满足顶管间封水的要求。
②冻土帷幕的最大厚度必须满足地表变形对土体冻胀的要求。

由于本隧道施工对地表变形控制严格，冻土壁越厚，冻土体积越大，冻土对地面建筑的冻胀影响越大，地表的冻胀隆起量和冻土的体积成正比关系。根据相关工程经验和顶管间相互的位置关系，需将顶管间的土体全部冻结形成冻土帷幕方可满足顶管间的封水要求，故冻土壁设计厚度为2m，并对顶管管间土体先进行预注浆改良，以控制冻土帷幕的冻胀效应。

为动态控制冻土帷幕的体积，冻结管路布置在横断面上采用"圆形冻结管 + 异形冻结管 + 限位管"的组合布管方式（图5-7）。在奇数顶管内两腰部分布置2根 $\phi 133mm$ 冻结管作为未开挖时的主要冷源，在靠近顶管外边缘的位置布设限位管来控制冻土帷幕的范围；在偶数顶管内布设异形冻结管（用125角钢接在管壁上），在土体开挖后进行冻结，以抑制开挖过程中的空气对流对冻土的削弱作用。

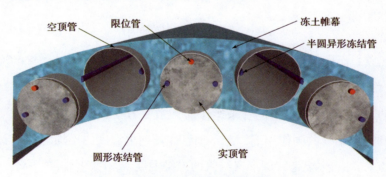

图5-7 施工图设计冻结管管路横断面布置图

在纵向方向，奇数顶管内，通过冻结管内设置供液管，2根冻结管形成3个独立的冻结回路，如图5-8 a）所示，回路1长度约为63m，回路2长度约为128m，回路3长度约为63m；偶数顶管内，由干管和16组独立的回路（每4个管片内的异形冻结管通过高压橡胶管连成一组）通过电控三通球阀分别控制16个冻结区域，如图5-8b）所示。

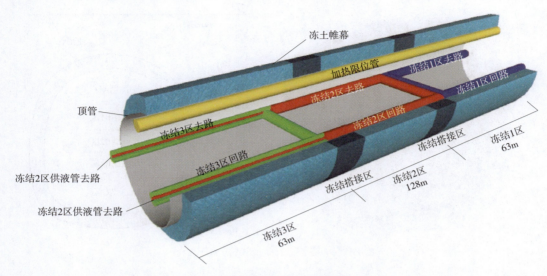

a）奇数顶管内冻结管管路示意图

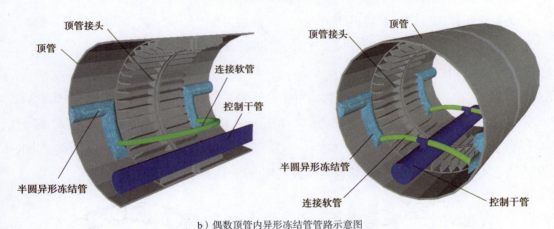

b）偶数顶管内异形冻结管管路示意图

图 5-8　施工图设计冻结管管路纵向布置示意图

5.2.2　冻结分区

结合隧道内暗挖方案，在环向和纵向分别分段分区进行冻结施工。如图 5-9 所示，在横断面上将冻土帷幕分为 A 区（上导洞部分）、B1 区、B2 区、B3 区（开挖 2~4 台阶），C 区（隧道底部仰拱部分）5 个区域。纵向上分为 3 个区域（1 区、2 区、3 区）。其中冻结 1 区、3 区长度约为 84m，冻结 2 区长度约为 88m。而根据管路设置回路 1 长度约为 63m，回路 2 长度为 128m，回路 3 长度为 64m。这样实际操作时冻结 1 区、3 区和冻结 2 区可以保证 20m 的搭接长度。

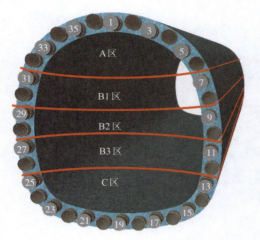
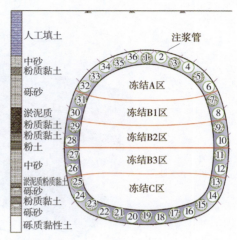

图 5-9　施工图设计冻结横断面设计图

5.2.3　土体预注浆改良

为减少土体冻胀融沉对地表的影响，降低前期工作井施工以及顶管施工对原地层产生的扰动风险，需在冻结施工前对管幕间土体进行预改良预注浆。

（1）改良预注浆范围

①靠近工作井段落热交换量较大，可能会影响冻结圈的形成及厚度。为了改善该段落的冻结效果，提高冻结防水的安全性，在靠近工作井 32m 范围（异形冻结管 1 区、2 区、15 区、16 区）进行全断面土体改良注浆，如图 5-10、图 5-11 所示，预注浆加固圈厚度为 2.5m，加固圈范围从管幕内轮廓线到轮廓线外 0.5m。

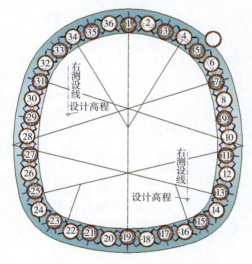
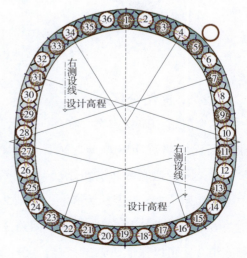

图 5-10　重点区域预注浆加固范围图　　　　图 5-11　普通区域预注浆加固范围图

②暗挖段 YK2+487～YK2+547 靠近风雨廊，为严格控制该区域的地表变形，其预注浆范围与靠近工作井 32m 区域的注浆方案一致。预注浆加固圈厚度为 2.5m，加固圈范围从管幕内轮廓线到外轮廓线外 0.5m。

③其他区域按全断面进行土体改良注浆，预注浆加固圈厚度为 2m，加固圈范围从管幕内轮廓线到外轮廓线。

④对于特殊区域，如发生过涌水险情等薄弱部位，进行局部加强预注浆，加固圈厚度为 3m，加固圈范围从管幕内轮廓线内 0.5m 到外轮廓线外 0.5m。如图 5-12 所示。

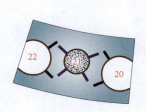

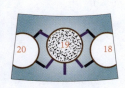

a）21 号顶管冻结薄弱区域　　b）9 号顶管冻结薄弱区域　　c）19 号顶管冻结薄弱区域

图 5-12　特殊区域局部预注浆加固范围示意图

（2）注浆材料

注浆材料建议采用水泥-硅酸钠（水玻璃）双液浆（$C:S=1:1$，$C:W=1:1$，35 波美度）。

（3）注浆控制标准

注浆采用双控指标，即注浆压力与注浆量同时进行控制。其中中板以上注浆压力不大于 1.5MPa，中板以下注浆压力不大于 2MPa。

（4）注浆检测

注完浆 24h 后通过检查孔检查注浆效果，以无明显渗流为目标。局部注浆存在缺陷的部位通过预留孔进行补充注浆，以达到注浆效果。

5.2.4　解冻和融沉设计

5.2.4.1　地层解冻

当隧道结构施工基本完成并停止冻结后，可自然解冻，也可采用强制解冻措施。在盐水箱内设盐水加热器，对低温盐水进行加热，用热盐水循环对冻结壁进行强制解冻。盐水温度宜控制在 50～70℃。在顶管内利用顶管泥浆套的注浆孔，进行跟踪式融沉注浆。

强制解冻相对自然解冻可以更好地控制融沉注浆和结构受力，且强制解冻可大幅缩短工期，避免长期注浆导致成本过高。通过方案比选，推荐使用强制解冻方案。

5.2.4.2 地层融沉注浆设计

融沉补偿注浆配合冻结壁强制解冻同时进行，根据监测的强制解冻速度及隧道沉降量确定注浆频率，每孔每次注浆压力大于 0.5MPa 时则停止注浆。融沉补偿注浆材料为水泥-水玻璃双液浆，结合监测、监控数据，遵循少量多次的原则。注浆压力不得大于 2 倍静水压力。单孔单次注入量一般为 $0.2 \sim 0.5 m^3$。浆液配比为：水泥浆水灰比 1∶1，水玻璃 30～45 波美度，模数 2.8～3.2。注浆顺序配合强制解冻由下而上进行。使浆液均匀地由结构底部向上部扩展，提高注浆效果，改善结构受力。

（1）注浆时间

融沉补偿注浆应在所处地层温度达到冰点以上后进行。

（2）注浆压力

为防止隧道结构受到影响，应选用小压力、多注次的方式，注浆压力一般为 0.2～0.5MPa。

（3）注浆顺序

注浆遵循先下部、后上部的原则，使加固的浆液逐渐向上扩展，避免死角，以改善结构底部土体，提高充填效果。融沉补偿注浆与冻结壁的强制解冻顺序相配合，做到解冻与注浆同步进行。

（4）注浆结束标准

注浆是否结束根据沉降监测反馈的信息和最大注浆压力进行判断。当隧道隆起 2mm 时应暂停注浆；在冻结壁已完全融化且未注浆的情况下，实测隧道沉降持续一个月。每半个月不大于 0.5mm，可停止融沉补偿注浆。注浆结束后，注入双液浆封堵注浆管。

5.2.5 冻结监测与动态控制

根据敏感区域地层冻结要求施工可靠性高的特点，冻结管路系统设计要便于控制和维护。为此，在系统管路上必须安装测量温度、流量与压力等状态参数的监测仪表，并设置控制阀门，以随时监控冻结系统运行情况，提高系统可靠性。

在测温管及顶管内的适当位置布设温度测点，实现冻结帷幕的可视化，预报、判断冻结帷幕的发展状态，并通过限位管控制冻土帷幕的范围。

冻结温度监测采用一线总线系统。拱北隧道采取动态控制冻结，需实时依据监测数据调整冻结运行参数。选用"一线总线系统"进行监测，监测内容包括管间冻土帷幕温度、顶管内管壁温度、冻结盐水及加热盐水去回路温度、流量和压力。

测温管依托顶管管壁上已有的泥浆套装置进行设置，每隔大约16m（隔4个管节）设置一圈测温管。测温管横断面布置如图5-13所示，主要是监控冻土帷幕的发展厚度，保障冻土帷幕的封水安全，并以此判断是否需要开启加热限位管。

由于冻结冷量是通过顶管管壁传递给土体的，因而监测顶管内温度可有效判断设备运行温控状态和冻土帷幕的温度变化状态。顶管内温度传感器的布置如图5-14所示，沿隧道纵向方向每隔16m（即每隔4个管节）布设一圈监测点。

图 5-13 监测管方案布置

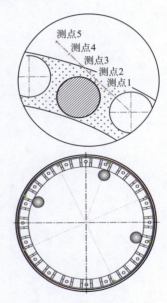

图 5-14 监测点位置示意图

第 6 章
CHAPTER 6
临海环境下超长距离水平冻结止水工艺

6.1 ANSYS 数值模拟研究

6.1.1 数值分析内容

由于管幕冻结法温度场的分析研究存在变量多样性和影响程度的不确定性,研究应采用循序渐进、由简入繁的方法。即二维研究不考虑温度场的纵向发展,简化为平面导热问题。具体来说,首先研究局部管幕的发展规律,得出一些基本结论;然后利用开挖面对称的特性,再扩展到二维开挖半平面的模拟研究;最后再考虑纵向温度场发展进行三维温度场的性状发展研究。

本部分数值分析研究二维局部管幕发展规律,通过研究温度场的发展状况来考察冻结管的布置方式是否合理,并确定各控制参数。冻结方案的布置如图 6-1 所示,图中路径 E-G-H-I-F 即为开挖轮廓。左顶管浇灌混凝土(实顶管),圆形冻结管与限位管皆悬空于此浇灌有混凝土的顶管;右顶管为空顶管,加强管是与之同边的异形管。在积极冻结期间(开挖前),只使用左顶管的冻结管;在维护冻结阶段(开挖期间),使用限位管循环较高温度盐水防止管幕上方冻土发展过大。利用加强管循环与冻结管等温的冷盐水来保证开挖后开挖面稳定。

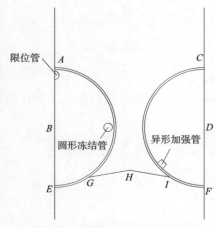

图 6-1　二维局部管幕温度场模型(简图)

6.1.2 数值手段及方法

由于土在冻结过程存在着复杂的相变过程，因此应考虑相变对冻结过程的影响，利用大型有限元软件 ANSYS 对上述局部模型进行瞬态温度场分析。

如前所述，本研究现阶段着重分析管幕中相邻顶管间冻土的发展规律，在充分考虑边界条件的情况下，合理地选用对称性两半顶管作为研究模型。由于在研究分析前没有拱北隧道各土层的相关热物理学试验数据，本书研究暂利用长江隧道联络工程中的冻土土层数据，给出数值模拟中土体所用参数，旨在对管幕冻结工法的冻结效果进行定性分析。长江隧道联络通道工程土层岩性与拱北隧道相似，符合相似性要求。

由于此为二维瞬态温度场模拟，且考虑开挖时需要利用生死单元技术，故而选取 PLANE55 单元。

6.1.2.1 材料参数的计算取值

（1）土的冻结温度

参照《长江口土层人工冻土物理力学性能试验报告》中上海⑤-3 层土，取土体冻结温度为 $-2.1℃$。

（2）未冻含水率

土冻结后其物理力学性质发生了很大的变化，与岩石等固体材料相比，最大的区别就是冻土中存在着与温度变化密切相关的未冻水。土冻结后并非土中所有的液态水都能转变成固态的冰。由于土颗粒表面能的作用，在一般负温下，颗粒周围始终保持一定数量的液态水（称作未冻水）。未冻水是冻土中液态水迁移的源泉，也是影响土颗粒被冰胶结程度的主要因素。

冻土中的未冻含水率与温度之间保持着动态平衡的关系，即随温度降低，未冻含水率减少，反之亦然。根据徐学祖教授提出的测定方法，此种关系可用下式表示：

$$w_u = AT_f^{-B} \quad (6-1)$$

$$A = w_0 T_0^B \quad (6-2)$$

$$B = \frac{\ln w_0 - \ln w_p}{\ln T_p - \ln T_0} \quad (6-3)$$

式中：w_u——未冻含水率（%）；

A、B——与土的性质有关的常数；

T_f——温度绝对值（℃）；

T_0——初始含水率时冻结温度的绝对值（℃）；

w_0——初始含水率（%）；

w_p——塑限含水率（%）；

T_p——塑限时的冻结温度绝对值（℃）。

根据试验测得的冰点温度和塑限冻结温度，结合式（6-1）~式（6-3），可计算与土的性质有关的常数 A、B（表6-1）。返回代入，可计算冻土任意温度时的未冻含水率。经过计算给出了特定温度下未冻含水率 w_u，见表6-2。

未冻水含率试验各参数表　　　　　　　　　　　　　　表6-1

冰点 w_0（%）	塑限 w_p（%）	T_0（℃）	T_p（℃）	A	B
36.73	21.17	−2.25	−2.92	2.039	2.114

未冻含水率 w_u　　　　　　　　　　　　　　表6-2

温度（℃）	−2.1	−4	−10	−30
未冻含水率（%）	31.44	14.51	4.83	1.29

（3）土的导热系数

土体导热系数是温度的函数，冻土的导热系数随负温降低略有增大，但增率很小。因此，一般工程热工计算中，导热系数取值只考虑冻融状态而忽视温度的影响是允许的。土的导热系数参照《长江口土层人工冻土物理力学性能试验报告》结果（表6-3）。

导热系数试验结果　　　　　　　　　　　　　　表6-3

土层	导热系数 [W/(m·K)]	
	正温	负温
⑤-3	1.42	1.74

（4）土的比热容

原状土的比热容暂定为 1.65 kJ/(kg·K)。

（5）其他参数

土的密度为 1870kg/m³，并根据《建筑材料热物理性能与数据手册》选定了钢顶管（低碳钢）、混凝土及空气的相关热物理参数，如表6-4~表6-6所示。

钢顶管（低碳钢）材料参数　　　　　　　　　　　　　　　　表6-4

密度（kg/m³）	比热容 [J/(kg·K)]	导热系数 [W/(m·K)]
7850	459.8	44.70

混凝土材料参数　　　　　　　　　　　　　　　　　　　　表6-5

密度（kg/m³）	比热容 [J/(kg·K)]	导热系数 [W/(m·K)]
2344	752.4	1.835

空气材料参数　　　　　　　　　　　　　　　　　　　　　表6-6

密度（kg/m³）	比热容 [J/(kg·K)]	导热系数 [W/(m·K)]
1	1003.2	0.0279

6.1.2.2　土体的相变模拟

土在冻结过程中，并不是一味地接受外界提供的热量和冻结管提供的冷量。根据土冻结特征和土温在冻结中的变化，土温会在一个时间点发生跳跃现象。研究表明，这种现象是由于相变潜热引起的，显然释放的相变热量就参与了土温冻结过程，在冻结释放冷量与边界热量的能量平衡中不能忽视潜热效果。所以，冻结模拟中相变潜热和焓也是一个重要技术问题。

而ANSYS中对相变问题的处理一般都是采用焓法，即通过定义材料随温度变化的焓值来考虑相变潜热。

相变潜热和焓的计算，也需要计算未冻水和已冻水的含量。

（1）土的相变潜热

土的相变潜热是指单位体积土中由于水的相态改变所放出或吸收的热量，可按下式计算：

$$Q = L\rho_d(w - w_u) \tag{6-4}$$

式中：Q——土的相变潜热（J/m³）；

　　　L——水的结晶或融化潜热（J/kg），一般取值334560J/kg；

　　　ρ_d——土的干密度（kg/m³）；

　　　w——土的总含水率（%）；

　　　w_u——冻土中的未冻含水率（%）。

根据土的相对密度和含水率,结合下式计算出土的干密度,各层土的相对密度取平均值。

$$\rho_d = \frac{d_s \rho_w}{1 + d_s w} \tag{6-5}$$

式中:d_s——相对密度;

ρ_w——水的密度(kg/m³)。

计算得 ρ_d=1400 kg/m³。

结合表6-2给出的未冻含水率数值可得出不同温度下土的相变潜热值(表6-7)。

不同温度下土的相变潜热值　　表6-7

温度(℃)	−2.1	−4	−10	−28
潜热值(kJ/m³)	0	79297.4	124637.0	141217.8

(2)不同温度的焓

土体焓值的计算是由土体的比热容和水的相变潜热所构成。

$$H = \rho_d C_s (T - T_1) + Q \tag{6-6}$$

式中:C_s——土体的比热容;

T_1——土体的焓值为0时的温度;

Q——土的相变潜热。

定义土体在−28℃时,土体的焓值为0,代入相关数据,可以求得不同温度时土体的焓值(表6-8)。

不同温度下土体的焓值　　表6-8

温度(℃)	18	−2.1	−4	−10	−28
焓值(kJ/m³)	247954	199526.7	115302.2	55714.4	0

注:18℃在函数中用来代表地温。

6.1.2.3　荷载与边界条件

(1)初始土体温度

根据珠海地区气温的变化情况,地层地温设定为偏安全的23℃。

(2)冻结管处温度荷载

冻结管管壁厚度及冻结管管径尺寸相对整个冻土帷幕小得多,且分析重点在土体冻结过程上，在冻结管不是很长的情况下，直接将冷媒入口温度作为冻结管外壁恒温荷载进行计算不会导致多大误差。因此，将冻结管处温度荷载进行了简化处理，在建立模型后，不考虑冻结管本身的热交换，直接对冻结管施加温度荷载，以此条件对模型进行分析计算。

考虑了实际施工中盐水的温度降至 –28℃需要一定的时间，以 7d 变化到 –18℃，11d 变化到 –24℃，17d 降到 –28℃，之后以 –28℃循环；维护冻结阶段以 –28℃为恒定温度荷载。

（3）限位管处温度荷载

考虑珠海地区施工时可能出现的气候条件以及便于对温度的实际控制，选取 10℃和 28℃作为限位管中循环的热盐水温度。

（4）加强管处温度荷载

利用冻结管的冷冻设备及盐水循环回路，且在开挖后使用，故而其稳定荷载应为冷盐水的稳定温度，即 28℃。

（5）开挖边界的对流换热系数

为了研究开挖对冻土帷幕的影响，此时冻土与空气之间都存在对流换热，在开挖边界施以对流换热边界来考虑。

在 ANSYS 中热对流荷载的施加是通过定义边界上的对流换热系数和流体温度来实现的。根据自然对流换热的基本理论，物体与隧道内空气的热交换可被认为是大空间的自然对流换热问题，其换热系数可参照竖平板在常温下的自然对流换热系数的试验关联式来计算。其计算表达式如下：

$$h_f = \frac{\lambda}{l} \tag{6-7}$$

$$N_u = C(Gr \cdot Pr)^n \tag{6-8}$$

$$Gr = \frac{g\beta \cdot \Delta t \cdot l^3}{\nu^2} \tag{6-9}$$

$$\Delta t = t_w - t_\infty \tag{6-10}$$

式中：h_f——开挖边界的对流换热系数；

λ——空气的导热系数 [W/(m·K)]；

l——换热面的特性尺度（m）；

C、n——由试验所确定的常数;

Gr——格拉晓夫数;

Pr——气体的普朗特常数;

g——重力加速度(m/s^2);

β——容积膨胀系数或体胀系数(1/℃),对于可当理想气体处理的气体,$\beta=1/t_m$;

ν——流体的黏滞系数(Pa·s);

t_∞——远离壁面处的流体温度(℃)。

对于几种典型的表面即布置状况,其值已经被前人试验所测得。在竖平面换热条件下,当换热边界层中流体处于层流状态时,$C=0.59$,$n=1/4$;当换热边界层中流体处于紊流状态时,$C=0.1$,$n=1/3$;气体的定性温度为换热边界层的平均温度 $t_m=\frac{1}{2}(t_w+t_\infty)$。依据有关资料和空气的相关物理参数,综合以往工程经验,在不同工况下对模型的各个散热面上施加换热系数:冻土与空气之间换热系数 15J/(s·m^2·℃),取空气流体温度为30℃。显然,这2个参数的取值也是偏安全的。

6.1.2.4 计算模型

二维局部管幕有限元研究模型如图6-2所示。

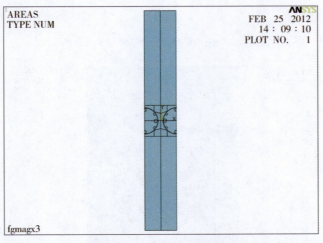

图6-2 二维局部管幕有限元模型

模型总长为12m,宽度为1.69m,其中上下边界设为恒温23℃,即初始土体温度。经试算,上下边界与顶管有足够距离,恒温边界对冻土帷幕的影响可忽略不计。依据对称性,左右边界设为绝热边界。

依据相关施工图，钢顶管的外直径为 1.44m，厚度为 0.016m，两顶管净间距为 0.25m，冻结管及加强管的直径暂定为 0.159m，异形管的尺寸等值换算。其中，左边为实顶管（浇筑混凝土），右边为空顶管，即将空气看为传热介质，如图 6-2 所示。左边顶管布置有冻结管、限位管，右边顶管则布置有加强管，为考虑施工中可能出现的最不利情况，冻结管皆悬空于左顶管中，不与钢顶管接触；加强管为异形管，与钢顶管共一边。网格划分依照靠近冻结管区域（冻土帷幕）网格密集，远离该区域网格稀疏的原则，如图 6-3、图 6-4 所示。

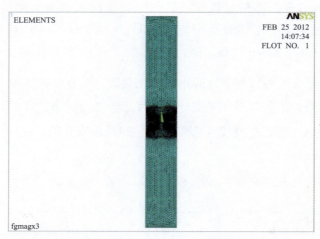

图 6-3　二维局部管幕有限元模型网格划分总样图

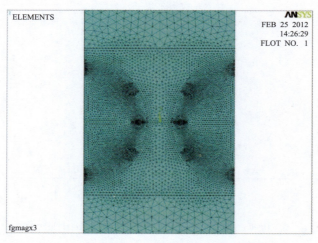

图 6-4　二维局部管幕有限元模型网格划分细部图

对于考虑开挖以后的情况，依据施工图，利用 ANSYS 生死单元技术将开挖掉的单元杀死，其有限元网格模型及开挖边界如图6-5所示。

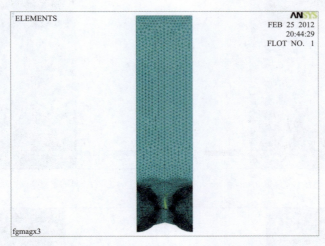

图6-5 二维局部管幕有限元模型网格划分图（开挖后）

6.1.3 研究结果及分析

6.1.3.1 积极冻结阶段（开挖前）冻土帷幕变化情况

（1）温度云图变化及其分析

如前所述，经过计算即可得到积极冻结阶段温度场的分布云图，依据以往工程经验以及本工程的相关冻胀性研究、可能的设计厚度，将研究节点定在如下几个：左边界冻土帷幕单侧厚度达到0.72m（即刚好与顶管齐平），右边界冻土帷幕单侧厚度达到0.72m；左边界厚为0.9m（即刚好与施工中可能出现的大号顶管齐平），右边界厚为0.9m；左边界厚为1.2m，右边界厚为1.2m。各阶段的温度云图见图6-6。

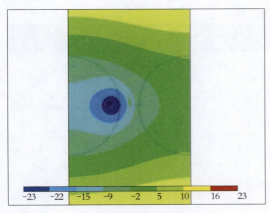
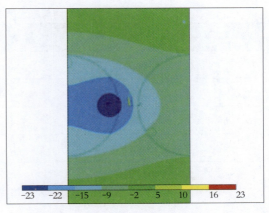

a）左边界冻土帷幕单侧厚度0.72m时　　　　b）右边界冻土帷幕单侧厚度0.72m时

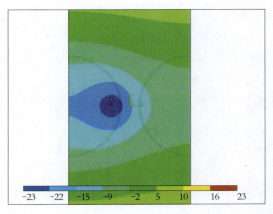
c）左边界冻土帷幕单侧厚度 0.9m 时

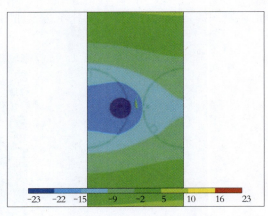
d）右边界冻土帷幕单侧厚度 0.9m 时

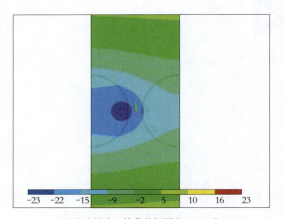
e）左边界冻土帷幕单侧厚度 1.2m 时

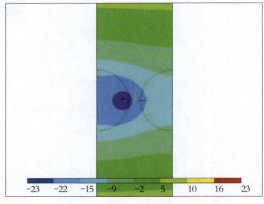
f）右边界冻土帷幕单侧厚度 1.2m 时

图 6-6　积极冻结各阶段冻土帷幕温度场云图

冻结时间与冻土帷幕发展厚度的数值关系详见表 6-9 ~ 表 6-11。

冻结时间与冻土帷幕厚度关系表（一）　　　　　　　　　　表 6-9

冻土帷幕的单侧厚度	冻结时间（d）	冻结时间差值（d）
左边界（实顶管）0.72m	21	28
右边界（空顶管）0.72m	49	
左边界（实顶管）0.9m	38	27
右边界（空顶管）0.9m	65	
左边界（实顶管）1.2m	73	20
右边界（空顶管）1.2m	93	

冻结时间与冻土帷幕厚度关系表（二）　　　　　表6-10

左顶管（实顶管）冻土帷幕单侧厚度	冻结时间（d）	冻结时间差值（d）
左边界 0.72m	21	—
左边界 0.9m	38	17
左边界 1.2m	73	35

冻结时间与冻土帷幕厚度关系表（三）　　　　　表6-11

右顶管（空顶管）冻土帷幕单侧厚度	冻结时间（d）	冻结时间差值（d）
右边界 0.72m	49	—
右边界 0.9m	65	16
右边界 1.2m	93	28

显然，此种冻结布置方案，在上述设定模型下完全可以有效地达到所需的冻土帷幕厚度，如图6-7、图6-8所示。结合表6-10及表6-11可知，冻结时间差值的变化充分说明了钢（钢顶管）这种导热系数较高的材料对冻结效果的积极影响。

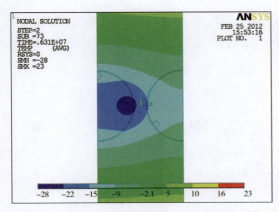 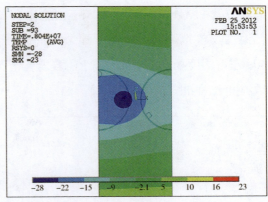

图 6-7　左边界冻土帷幕单侧厚度 1.2m 时的温度云图　　　图 6-8　右边界冻土帷幕单侧厚度 1.2m 时的温度云图

（2）积极冻结阶段冻土帷幕发展情况

为了反映出冻土帷幕的发展情况，以两顶管的中间截面（图 6-1 的截面）处的冻土帷幕发展情况为例进行分析，如图 6-9 所示。

由图 6-9 可知，0.72m 的单侧冻土帷幕积极冻结约需 33d，0.9m 的单侧冻土帷幕约需 47d，1.2m 的单侧冻土帷幕约需 79d。并且，冻土帷幕的发展速度是渐缓的，在积极冻结85d时冻土帷幕发展速度趋于稳定。

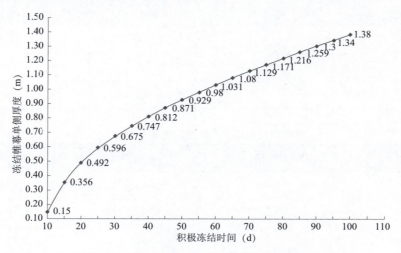

图6-9 积极冻结期间冻土帷幕单侧厚度发展速度

6.1.3.2 维护冻结阶段（开挖后）冻土帷幕温度云图及关键点温度变化情况

选取施工中最可能出现的3种情况分别进行开挖模拟，即积极冻结38d（左边界0.9m）；积极冻结70d（右边界0.9m、左边界1.2m）；积极冻结93d（左边界1.2m）。并考虑限位管（循环10℃及28℃热盐水）以及加强管（循环-28℃冷盐水）开启的情况下进行温度场模拟，依次考察上述情况下进行开挖并维护冻结40d后（经试算，维护冻结40d左右温度场基本稳定）冻土帷幕变化情况。各情况下初始（开挖前）温度云图与稳定后温度云图如图6-10所示。

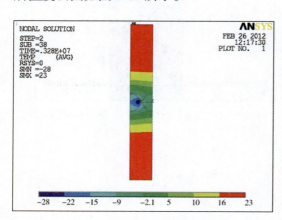

a) 积极冻结38d时温度云图

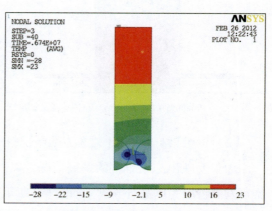

b) 积极冻结38d开挖，维护冻结40d后（限位管温度为10℃）温度云图

图 6-10

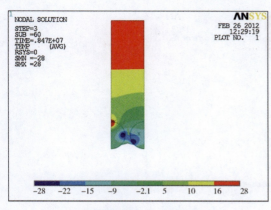

c）积极冻结 38d 开挖，维护冻结 40d 后
（限位管温度为 28℃）温度云图

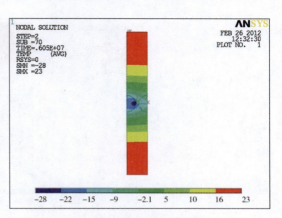

d）积极冻结 70d 时温度云图

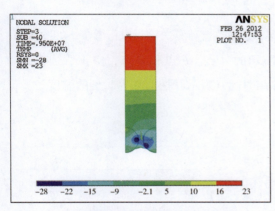

e）积极冻结 70d 开挖，维护冻结 40d 后
（限位管温度为 10℃）温度云图

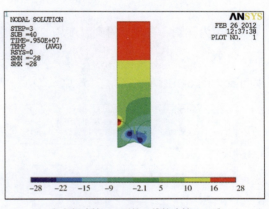

f）积极冻结 70d 开挖，维护冻结 40d 后
（限位管温度为 28℃）温度云图

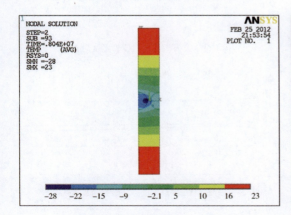

g）积极冻结 93d 时温度云图

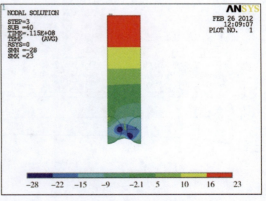

h）积极冻结 93d 开挖，维护冻结 40d 后
（限位管温度为 10℃）温度云图

图 6-10

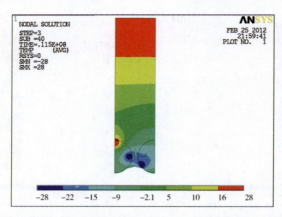

i）积极冻结93d开挖，维护冻结40d后（限位管温度为28℃）温度云图

图6-10 开挖各阶段冻土帷幕温度场发展云图

为更为详细、直观地得到温度场的变化情况，选取冻土帷幕关键点进行考察，如图6-11所示，其中实顶管边界点、中间点为图6-1所示的A点、E点和B点，空顶管边界点、中间点为图6-1所示的C点、F点及D点；冻结时间0表示开挖前临界时刻的温度。

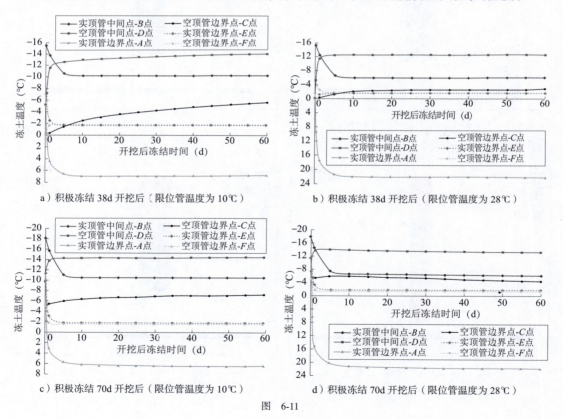

图 6-11

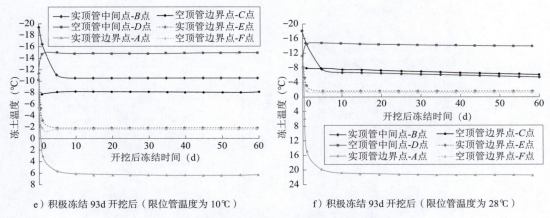

e）积极冻结93d开挖后（限位管温度为10℃）　　f）积极冻结93d开挖后（限位管温度为28℃）

图 6-11　不同开挖条件下冻土帷幕关键点温度变化图

由图 6-11 可看出，限位管的作用是十分显著的，它有效抑制了温度场的持续发展。显然，28℃的限位管较 10℃的更为有效，但是对冻结关键区域的不利影响也更大；加强管的使用充分保证了冻土关键区域在限位管的热盐水循环下仍能够保持较低温度，并使得冻土区域在维护冻结到一定时间后达到动态平衡，保障了冻土的稳定性及开挖的安全性。限位管及加强管的使用既保证了冻土帷幕的稳定性，又限制了冻土帷幕厚度的无限制发展，从而有效避免了冻胀融沉问题。

图 6-12 为不同开挖条件下实顶管边界点、中间点（图 6-1 所示的 A 点、E 点和 B 点），以及空顶管边界点、中间点（图 6-1 所示的 C 点、F 点及 D 点）的温度变化图。同样，冻结时间 0 表示开挖前临界时刻的温度。

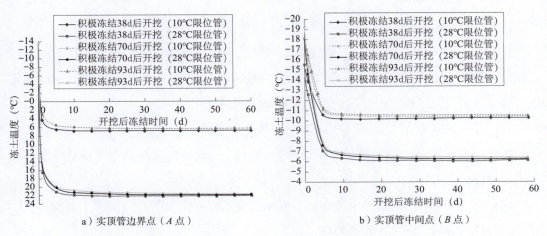

a）实顶管边界点（A 点）　　　　　　　　b）实顶管中间点（B 点）

图 6-12

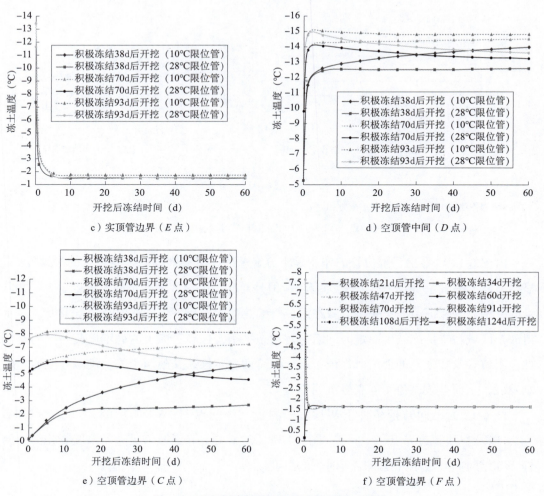

图 6-12 不同开挖条件下顶管边界关键点温度变化图

由图 6-12 可以明显看出，限位管的作用以及不同温度限位管的不同程度影响。同时充分体现了加强管的重要性，保证了限位管的运行及开挖热扰动下冻土区域的稳定性。且各图都反映了冻结开挖后的冻土温度场无明显变化。

6.1.3.3 维护冻结阶段（开挖后）冻土帷幕变化情况

类似于积极冻结阶段，维护冻结阶段（开挖后）选取 6 种情况分别进行开挖后的冻土帷幕厚度模拟分析。

同样选取图 6-1 中的截面来考察冻土帷幕的发展速度，如图 6-13 所示，冻结时间 0 时表示开挖前临界点的冻土帷幕厚度。

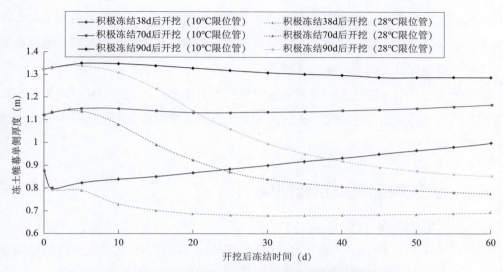

图 6-13　在不同积极冻结时间下开挖后冻土帷幕厚度的变化情况

由图 6-13 可以看出，不同温度下的限位管对冻土帷幕厚度的影响是有较大区别的。由于加强管及冻结管的作用，在维护冻结到一定的时期后，冻土处于动态平衡，其厚度趋于稳定。需要说明的是，开挖面位于冻结管内侧，开挖热扰动与冻结管的供冷达到动态平衡后，冻结管会起到遮挡作用，故而开挖热扰动对开挖面外侧冻土帷幕厚度影响并不十分明显。若维护冻结时间过长且盐水温度得不到有效调节时，冻胀问题应该要被着重考虑，包括由此引起的融沉。为了避免此种不利情况的出现，利用实顶管中的限位管循环一定温度的热盐水来抑制冻土的发展，模拟结果表明是切实可行的。由于模拟时未考虑隧道开挖后的纵向传热，计算方法在对流的处理上较为简化，因此在空顶管中近开挖面的地方设置了加强管，作为施工中预留的应急措施。这样可以充分保证关键区域的冻土帷幕厚度，并在施工中留有一定的安全余量，充分保证施工的顺利进行。

6.1.4　初步研究结论

①在只有实顶管中的冻结管工作的情况下，积极冻结 38d 左右，就可以形成较为有效、稳定的冻土帷幕，并且随着冻结时间的增加，冻土帷幕厚度逐渐加大。

②考虑到开挖后冻土帷幕的发展情况，在实顶管中设置了循环热盐水的限位管。从上述模拟结果看，成功达到了抑制冻土帷幕过度发展的作用。

③考虑到以上计算中进行了较多简化，特别是对空顶管对流传热以及开挖后纵向传

热的简化，在实顶管相邻侧的空顶管中布置了异形加强管，预留了较多的安全储备以应对施工中的突发事件，模拟结果表明加强管对冻土关键区域的稳定性起到了至关重要的作用，从而有效保证了施工作业的进行。

综上所述，管幕冻结法能够有效形成稳定的止水帷幕，在施工中辅以限位管、加强管等调控措施可以有效防止冻胀、融沉的发生，由此说明管幕冻结法这一特殊的冻结方法是可行且可靠的。

6.2 大型物理模型试验研究

6.2.1 模型试验目的

模型试验是地下工程结构设计及施工中研究结构温度场、应力场、位移场的主要手段之一。优点是在较短的时间重现冻结过程，在可控条件下进行变参数研究。

管幕冻结法旨在提供临时挡土与隔水的作用，降低施工对地面活动及地下管道的影响。其中，冻结法的作用主要是防止管幕之间形成透水通道，即起到"管间止水"的作用。国内外尚无该工法的工程先例，所以有必要进行模型试验来验证其冻结效果，并且解决以下4个问题：①管幕间能否形成有效的冻土止水帷幕；②施工热扰动对冻土弱化作用大小；③抵御弱化有何对策；④如何治理冻胀。总结起来是两方面的问题：一是冻结效果的问题，二是冻结效果控制方法的问题。本模型试验将针对这两方面展开研究。

6.2.2 试验模型简介

拱北隧道暗挖段管幕由几十根顶管组成，若整体1:1模拟，成本过高，亦无必要。故采用相似性原理，对拱北隧道进行相似性缩放，局部模拟"空顶管+实顶管"双管的情况。

通常结构模型试验中所谓的相似，是指两系统（或现象），如原型、模型，相对应的各点及在时间上对应的各瞬间的一切物理量成比例，则两系统（或现象）相似。

相似理论的核心基础是相似三定理。相似第一定理：彼此相似的现象，其相似指标为1，或相似准则的数值相同；相似第二定理：当一现象由 n 个物理量的函数关系来表示，且这些物理量中含有 m 种基本量纲时，则能得到 $(n-m)$ 个相似判据；相似第三定理：凡具有同一特性的现象，当单值条件（系统的几何性质、介质的物理性质、起始条件和边界条件等）彼此相似，且由单值条件的物理量所组成的相似判据在数值上相等时，则这些现象必定相似。

这3条定理构成了相似理论的核心内容。相似第三定理明确了模型满足什么条件、现象时才能相似，它是模型试验必须遵循的法则，主要是用来指导模型试验的设计和试验结果的处理。对于一些工程上相对复杂的物理现象，利用相似理论可以建立一些科学、简便、具有经验性质的指导方程，工程中的许多经验公式即由此而得。

6.2.3 模型试验设计

（1）相似准则

①拱北隧道工程中管幕设计直径拟定为1440mm，顶管间距（两顶管外壁最短距离）为240mm，冻结管直径为108mm。模型试验选定直径为530mm的无缝钢管，几何相似比 $C_l = 1440/530 = 2.72$。

②根据柯索维奇准则，故 $C_Q/C_T \cdot C_C = 1$，其中 C_Q 为岩土释放潜热相似比，C_T 为温度相似比，C_C 为比热容相似比。模型试验采用与拱北隧道所处地层热物理性质相近的土体，可近似认为 $C_T = C_Q = C_C = 1$。

③根据傅里叶准则，故 $C_\lambda \cdot C_t / C_l^2 = 1$，其中 C_λ 为导热系数相似比，C_t 为时间相似比，C_l 为几何相似比。土体相近，$C_\lambda = 1$，故 $C_t = C_l^2 = 7.40$，即时间相似比为 $C_t = 7.40$。

（2）模型设计

为了尽可能减少外界对两顶管间温度场的干扰，保证在顶管左右两侧及上下有足够厚度的土体包裹，在试验前搭建一个长8m、宽3m、高2.5m的土池，顶管水平放置在高1.0m（以顶管底部为准）的位置，并与土池长边平行。

根据几何相似比，模型试验中以直径530mm的无缝钢管作为顶管，管间距应为88.32mm（试验中取为90mm），冻结管和限位管直径应为39.75mm（根据市售型号微调至42mm），异形管选用30mm×30mm的角钢，焊接在空管内壁相应位置，使过水断面为直角扇形。

在纵向的冻结条件、边界条件等一致的情况下，通过考察横断面即可得出整个纵向的相关情况。同时，整个试验中，需要考察不同冻结方式和各种条件下温度场变化规律、冻土帷幕发展规律。因此，将试验顶管作分段处理，共分为4段，这样可大大缩短试验周期。模型顶管分段如图6-14所示，模型顶管实物图如图6-15所示。

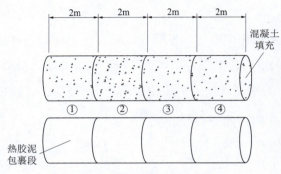
图 6-14 模型顶管分段图

图 6-15 模型顶管实物图

模型顶管中每段各设 1 个测温断面，考察不同的工况。为保证不受相邻段的干扰，测温断面设于各段中间的位置，如图 6-16 所示。各个断面上的测温点布置相同，如图 6-17 所示。其中，1 号、2 号、3 号测温电缆主要用于监测管幕外侧（即远离开挖面的一侧）温度场，从而得到冻土帷幕外侧厚度；同时，2 号测温电缆还用于监测管间的温度场；4 号测温电缆用于监测实顶管内壁的温度；5 号测温电缆用于监测空顶管内部空气的温度。

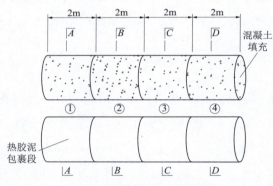

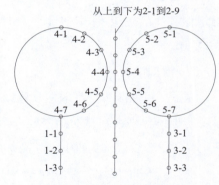

图 6-16 测温部位（纵向）示意图

图 6-17 测点平面布置示意图

（3）冻结系统设计

试验采用液氮-盐水制冷系统，即由液氮来为循环冷盐水降温，如图 6-18 所示。

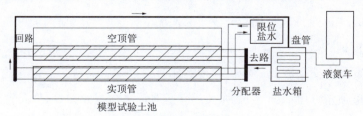

图 6-18 模型试验冻结系统示意

6.2.4 模型试验过程

由于在实际工程中盐水温度降至既定范围后，其值一般不会轻易调整，按照温度相似比，将盐水温度设置在 −30 ~ −26℃。

为获得开挖前和开挖并施作衬砌这两个阶段在不同条件下的温度场情况，故在模型设计时将管幕分为 4 段，模型管幕长为 8m，每 2m 为一段，分段开挖并施作衬砌。其中，第①段在整个试验过程中不开挖，以考察在其余段开挖时对未开挖段的影响。

模型试验共分 4 组按时间顺序依次进行，如表 6-12 所示。第 1 组为考察开挖前积极冻结形成管间冻土帷幕的效果；第 2 组 ~ 第 4 组为考察在不同条件下（开挖时机、限位盐水温度、开挖持续时间、开挖面裸露时间等）开挖并施作衬砌对管间冻土帷幕的影响。

试验分组情况　　表 6-12

试验分组		起止时间
开挖并施作衬砌	第 1 组	从开始冻结至第 1 次开挖前
	第 2 组	从加强管开启 4d 后到第 1 次开挖（第③段开挖）并浇筑
	第 3 组	从第 2 组试验结束至第 2 次开挖（第②段开挖）并浇筑
	第 4 组	从第 3 组试验结束至第 3 次开挖（第④段开挖）并浇筑

6.2.5 模型试验积极冻结结果分析

在冻结前期，冻结时间对冻结效果的影响尤为显著，通过研究开挖前冻结时间与冻结效果的关系，可对开挖时机的选择提供参考依据。本组试验选择了 3 种方法对开挖前的冻结效果进行量化分析。

（1）温度 - 时间曲线分析

两顶管间及两顶管远离开挖面一侧是试验重点考察的部位。考察两顶管间的温度变化情况以确认封水效果，考察两顶管远离开挖面一侧的温度变化情况以分析冻结范围。测点温度随冻结时间的变化如图 6-19 所示。

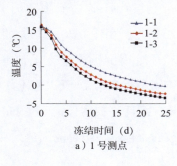
a）1 号测点

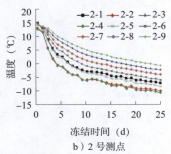
b）2 号测点

图 6-19

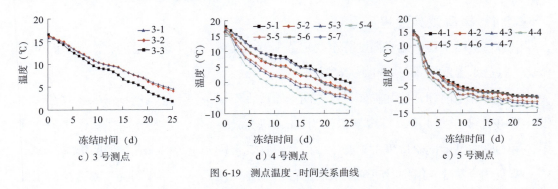

图 6-19 测点温度-时间关系曲线

由图 6-19 可知，经过 25d 的积极冻结，测点 1-1、1-2、2-1~2-7 的温度皆低于冰点（考虑近海含盐地层，冰点为 –1.6℃），实顶管下方冻土厚度达 25cm 以上，管间冻土厚度达 60cm 以上；测点 4-1~4-7 的温度皆低于冰点，即冻土已将实顶管右半侧完全包裹；测点 5-2~5-7 的温度皆低于冰点，即除了空顶管顶部外，空顶管左半侧管壁皆已被冻土包裹；测点 3-1（距离空顶管底 15cm）温度为 2℃，结合测点 5-7 可知空顶管底部虽已被冻土包围，但冻土厚度较小。

在积极冻结期间，实顶管底部与管间冻土各测点温度在前 10d 下降较快，之后下降速度有所减慢，并趋于平缓。实顶管右半侧各测点温度前 3d 下降最快，第 4 天~第 10 天降温速度有所减慢，之后温度下降速度进一步减慢，逐渐趋于平缓。空顶管底部与空顶管左半侧冻土降温速度较慢，且较均匀；仅空顶管左半侧距离圆形冻结管越近，温度下降越快（图 6-17 测点 5-4）。

（2）冻土与管幕搭接范围比较

冻土与管幕搭接长度即指冻土在管幕顶管周的包裹范围。搭接长度又分为冻土与实顶管的搭接长度、冻土与空顶管的搭接长度。根据对称原理，实顶管和空顶管各分析半周（靠近管间的 2 个半周），即可代表整个圆周的情况。

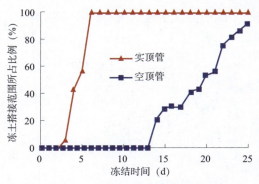

图 6-20 冻土与管幕搭接范围随时间变化曲线

冻土与管幕搭接范围随时间的变化如图 6-20 所示。由图 6-20 可知，随着冻结的进行，实顶管周围迅速被冻土包围，仅用 6d；空顶管周围直到第 14 天，冻土才接触到空顶管管壁，之后平稳增长；经过 25d，空顶管已基本被冻土包裹，包裹范围达到 90% 以上。

（3）温度云图比较

通过监测软件得到某一时间点全断面所有测点的温度值，再利用绘图软件绘制出管周土体的温度云图，可直观地了解温度场分布情况，从而对冻结效果作出评价。

绘制冻结进行到 10d、20d 和 25d 这 3 个时间点的温度云图，如图 6-21 所示。从图 6-21 中可知，冻结进行到 10d 时，冻土刚好发展到空顶管左边缘处，管间初步形成冻土封水体。实顶管右侧靠近空顶管，空顶管内部空气流动消耗部分冷量，因此实顶管右侧冻土厚度小于左侧，同时实顶管下方也出现一定厚度的冻土。冻结进行到 20d 时，冻土已包裹空顶管管壁一半以上区域（约 55%），空顶管顶部与底部尚未形成冻土，实顶管下方冻土厚度继续增加，已超过 10d 前的 2 倍。由此可见，在冻结 10~20d 这个时间段，实顶管下方冻土厚度增加速度明显快于前一阶段。冻结进行到 25d 时，空顶管顶部冻土覆盖范围增大，空顶管底部已完全被冻土包裹，但因为距离冻结管较远，空顶管底部冻土厚度仅约为实顶管底部的 1/3。

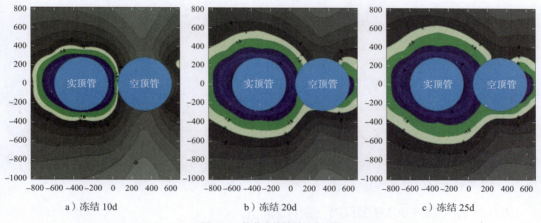

图 6-21　管幕冻结效果温度云图

（4）冻结方案有效性分析

由于试验土池顶面上方为空气，难以实现与底面相同的热力边界，顶面散热大导致管幕上侧冻结效果较下侧弱。这一边界差异问题在实际工程中不存在，故冻结效果的差异性将在实际工程中得到改善。

第 1 组试验的冻结方案是仅开启实顶管内圆形冻结管，不开启异形加强冻结管，试验目的是考察在不开启加强冻结管的条件下是否可以形成有效的止水冻土帷幕。由试验结果可见，单纯由主力冻结管进行冻结，完全可以形成有效的止水冻土帷幕。后续试验结果表明,开挖后冻土帷幕受到外界热力入侵将有所退化,但开启加强冻结管可以有效抵御这一冻土弱化现象,保持冻土帷幕的止水功能。

(5)研究结论

管幕冻结法模型试验将试验研究与施工新工艺有机结合,对新工艺的研究与实际应用均有很高的参考价值。上述试验结果分析的是管幕冻结法模型试验第1组试验情况,即管幕冻结法开挖前积极冻结试验。结合后续第2组~第4组试验结果可知:

①管幕冻结法模型试验在开挖前实施积极冻结后,实顶管管周完全被冻土包裹,且冻土较厚实;空顶管管周大部分被冻土包裹。由此表明,冻结方案的冻结效果显著,管幕间形成了良好的冻土止水帷幕。

②开挖前积极冻结阶段仅开启主力冻结管,即可形成有效的冻土止水帷幕;开挖后开启加强冻结管可以有效抵御冻土弱化效应,保持冻土帷幕止水效果。通过模型试验,验证了管幕冻结法冻结方案的有效性与可靠性。

6.3 COMSOL 数值模拟研究

从前文的叙述可知,8m 长的试验顶管被分为 4 段,分别用于不同工况的模拟。而且测温点布置在每一段的中间位置。由于在确定的某一段上,其纵向的边界条件是一致的,因此可以将三维模型简化为二维模型。在数值模拟中,建立以中间截面为基准的二维模型。此模型和原模型最大差异在于,空气在试验空顶管内的流动是三维的。但是在试验中空顶管的前后都用保温板密封,可以近似认为和外界无热量交换。本节为验证性研究,只模拟积极冻结期的试验情况。

6.3.1 COMSOL MULTIPHYSICS 简介

COMSOL MULTIPHYSICS 是一个基于偏微分方程的专业有限元数值分析软件,是一种针对各学科科学和工程问题进行建模和仿真计算的交互式开发环境系统。

COMSOL 公司 1986 年成立于瑞典斯德哥尔摩,9 年之后发布了其第一个商品化软件——PDEtools,受到了用户的追捧。1999 年,时任 CEO Svante Littmarck 博士和总裁 Farhad Saeidi 先生发布了鼎鼎大名的 FEMLAB1.0 版本;2004 年,FEMLAB3.0 发布,标志着其摆脱了 matlab 的框架;2005 年,FEMLAB 正式更名为 COMSOL MULTIPHYSICS,并发布了 COMSOL MULTIPHYSICS V3.2,现在最新的版本是 COMSOL MULTIPHYSICS V4.3b。

实际问题中，尤其很多交叉学科，大多包含了多物理场的叠加和耦合。COMSOL MULTIPHYSICS 非常适合求解多物理场耦合问题，多物理场功能是其最大的特色。应用 COMSOL MULTIPHYSICS 的多物理场功能，可以针对同一个几何模型同时定义几种物理模型，通过偏微分方程中的变量相关进行耦合。为了更好地帮助用户创建多物理场耦合的模型，COMSOL MULTIPHYSICS 中还预定义了很多具体的耦合问题的物理模型，这些模型都具有实际的物理和工程意义。

由于 COMSOL MULTIPHYSICS 是基于偏微分方程的等效积分弱形式，它摒弃了一般有限元软件的单元刚度矩阵的概念，通过在全域上将多个偏微分方程直接组装成一个总刚度矩阵，进行物理求解。COMSOL MULTIPHYSICS 的这一特点决定了其可以实现整体域上的多物理场双向、强耦合求解计算。

基于上述优点，本研究将选用 COMSOL MULTIPHYSICS 进行研究分析。在 COMSOL MULTIPHYSICS 的建模中，选用其预先定义的模块——非等温流模块进行耦合求解。

本节主要是以试验数据作为对照，借用 COMSOL MULTIPHYSICS 平台，说明将流固耦合传热理论引入管幕冻结法计算中的可行性与有效性，并证明 COMSOL MULTIPHYSICS 可以用于流固耦合传热的计算。

6.3.2 试验结果和数值模拟结果对比

在积极冻结期，试验模型总共测试了 25d，圆形冻结管从试验第一天开启，异形冻结管和圆形冻结管都未开启。盐水在试验开始前进行了液氮降温，因此在初始阶段试验使用的盐水温度较低，为 5℃。由于试验场地动力电源不足，无法采用一般冻结工程中的盐水冻结系统，试验采用的是液氮-盐水制冷系统。这一系统造成在试验过程中盐水温度在 -29℃左右波动，无法保持不变。数值模拟中，在保证准确度的情况下，设定盐水温度在试验第 6 天时降至 -29℃，之后保持不变直到第 25 天。

由于试验是在 5 月份进行的，所以空气的初始温度设为 20℃，土的初始温度设定为 15℃。试验中使用的土层由于缺乏其热学参数，在数值模拟时，采用上海的 ⑦-2 粉砂性土进行近似。对于土体中水的相变，采用显热容法进行处理。土体左右两边和下面设定为热绝缘边界，上部设定为对流冷却截面，对流换热系数设定为 10.67W/(m·K)。

在结果研究比对中，选取 2 号、4 号、5 号电缆上的测点温度值，与使用 COMSOL MULTIPHYSICS V4.3 的模拟结果进行比较，考察其差异性，验证其可行性和有效性。

（1）2号电缆测点温度值分析

首先，观察顶管间中线上测点温度随时间变化的关系，如图6-22所示。从图6-22a）中可以看出，在试验周期内，测点的温度总体上处于一个下降的趋势，测点2-1~2-5部分时间的测点温度有小幅度升高，原因是该段时间内盐水温度偏高，这5个测点距离圆形冻结管较近，受到的影响较大，因此出现小幅波动。此外，测点距离冻结管越近，其某一时间点的温度越低。例如测点2-2、2-3和2-4的温度较测点2-5和2-6的要高。经过25d的冻结，测点2-1~2-8（测点2-1位于两管圆心连线中点以上20cm，测点2-8位于两管圆心连线中点以下50cm，各点间隔10cm）的温度皆低于土的冰点，测点2-9的温度稍稍高出0℃。此时，可以推算出，两顶管间中线上冻土厚度已达70cm以上。图6-22b）为数值模拟结果。图6-22中的两图总体上测点温度曲线是非常相似的，但细节中仍存在一些差异。首先，在初始温度上，试验值的初始温度分布在16~18℃之间，可以看出各测点存在不同；而数值模拟值，由于人为设定为同一温度，所以数值模拟的各条曲线起始点相同。其次，在数值模拟中，测点2-1~2-5温度没有出现小幅的回升。这是因为在数值模拟中设定盐水温度采用的是恒温边界条件，与实际试验盐水温度存在差异。最后，每个测点的温度都有微小的不同，造成这种误差的原因有很多，例如，网格较为粗糙、计算精度不够、土的性质存在差别、设定的边界条件和真实边界条件存在差别、监测仪器不准确等。但是试验值和数值模拟结果的最大差值在1℃以内，因此可以得出结论，在2号测点系列上数值模拟的结果和试验结果吻合得较好。

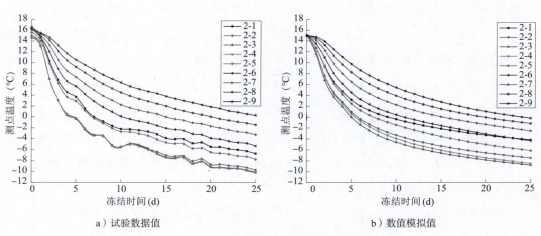

图6-22 顶管间中线上测点温度曲线

（2）4号电缆测点温度值分析

图6-23为实顶管右半侧测点温度曲线（图6-17中4号电缆测点）。在试验结果曲线图中，前3d的冻结过程中，各测点温度下降最快；第4天～第10天时，各测点降温速度有所减慢；之后，温度下降速度进一步减慢，此时温度-时间曲线逐渐趋于水平。经过25d的冻结，测点4-1～4-7的温度都已低于土的冻结温度，即冻土已将实顶管右半侧完全包裹。由图6-23a)看出，温度的曲线也存在一些波动。4号测点系列至冻结管的距离普遍较近，受盐水温度不稳定影响比2号测点系列要多。对于数值模拟的结果曲线，确实不存在有波动的效果。但是数值模拟中存在一个与实际不符的地方。从原理上来说，图6-23中测点4-1和4-7，测点4-2和4-6分别分布在圆形冻结管的对称位置上，对于固体传热来说，温度曲线应该是几乎重合的，这点在试验数据中大致可以看出，但是在数值模拟中存在一些差异。造成这一差异的原因很可能在于网格不关于冻结管对称，因此在计算迭代中存在一定的误差，表现在温度上，即存在微小的偏差。虽然在数值模拟中存在一些误差，但通过两幅图的比较可以看出，偏差是微小的，大概控制在0.5℃上下。这表明，4号测点系列处数值模拟值和试验实测值的吻合很好。

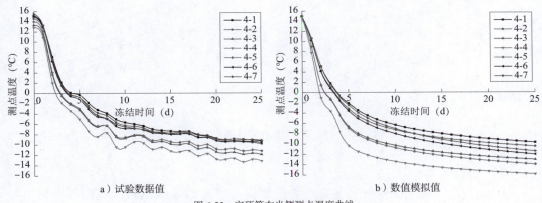

图6-23 实顶管右半侧测点温度曲线

（3）5号电缆测点温度值分析

图6-24为空顶管左半侧测点温度随时间变化的曲线图。从图6-24a)中可以看出，前10d的冻结过程中，各测点温度下降较快；之后，温度下降速度有所减慢，且温度时间曲线逐渐趋于平缓。经过25d的冻结，测点5-2～5-7的温度皆低于冰点，即除了空顶管顶部外，空顶管左半侧管壁皆已被冻土包裹。图6-24a)中各曲线的波动都比较大，造成这一现象的原因很可能也是因为盐水温度的变化导致的。当温度变化传导至空顶

管，管幕内部的空气对流会将这个变化传递至整个截面内，造成5号电缆上7处测点的温度都受到不同程度的影响，而这种影响对钢管幕的最上方和最下方的影响最大（空气流动过程中，冷空气沉底，热空气浮在顶部）。图6-24b)为5号测点系列的数值模拟结果。从图6-24b)中可以看出，曲线的变化规律和试验结果（去除波动后）大致相同。但是，在细节上仍存在不少的差别。首先是各测点的温度存在差异性。造成这一现象的原因有很多，关乎到试验以及数值模拟的精确程度，前面已经有所概述。其次，相对于试验值各测点之间的温度梯度差异较大，数值模拟结果的梯度几乎不变。造成这个问题的主要原因有可能是在试验及实际施工过程中，空顶管内的空气流动状态比较难以确定。在数值模拟中，从雷诺数入手，依靠空气流速作为参考，以及为了方便计算，设定的管幕内空气流动的状态为层流。这一假定只考虑了流体中的单一特征数，带有一定的不科学性。虽然两者间存在差值，但是偏差很微小，最大偏差在2℃以内。

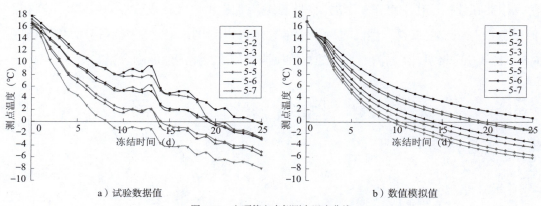

图6-24 空顶管左半侧测点温度曲线

（4）结果对比

通过2号、4号、5号电缆上测点实测数据与模拟结果的比较，我们可以得出如下结论：

①数值模拟能够很好地模拟实际情况，虽然试验数据和数值模拟的结果之间存在微小差别。

②通过3条测温电缆线上测点数据的研究，证实了将流固耦合传热理论应用于拱北隧道的管幕冻结法分析中是合理的。在具体数值上存在微小的差异，主要原因来自数值模拟计算方法选取、网格的划分精度以及参数选定。

③ COMSOL MULTIPHYSICS可以很好地处理流固耦合传热问题，因此在后面对拱

北隧道的研究中，将选用 COMSOL MULTIPHYSICS 作为数值计算的平台，对实际工程中可能出现的问题进行研究。

6.3.3 初步研究结论

在本节中，通过 COMSOL MULTIPHYSICS 软件平台，将流固耦合传热理论应用到实际情况中。拱北隧道暗挖段采用的管幕冻结法是一种新型工法，工程案例极少。因此，只有通过其他实际工程的验证，来证明流固耦合传热理论适用于管幕冻结法的实际工程。

拱北隧道的大型物理模型试验研究，目的是验证拱北隧道暗挖段采用管幕冻结法的可行性。为了验证流固耦合传热理论在管幕冻结法中的适用性，采用大型物理模型试验中的模型参数，利用 COMSOL MULTIPHYSICS 模拟拱北隧道的顶管试验模型，并与大型物理模型试验数据进行比较，分析证明流固耦合传热理论的合理性与可行性。

通过数值模拟结果和试验结果的比较，我们可以得出两个重要的结论：

①当排除试验的不精确性和数值模拟可控范围内误差干扰因素后，流固耦合传热理论能够很好地解释模型试验的结果，通过流固耦合理论计算出来的结果能够和试验值吻合得很好。这就证明了流固耦合理论的正确性，以及将这一理论用于管幕冻结法研究的可行性和有效性。

②由于偏微分方程难以求解，因此直接求解流固耦合传热理论的偏微分方程组是不可行的，必须通过一定的数值方法进行近似计算。采用 COMSOL MULTIPHYSICS 软件对流固耦合传热问题进行数值模拟，通过试验验证，证明其准确性高，误差在工程实际的可接受范围内。

6.3.4 基于实际施工方案的数值研究

6.3.4.1 问题剖析

依托拱北隧道工程，在原有的管幕冻结法设计方案基础上，秉承"冻起来、抗弱化、防冻胀"的理念，对其进行细化分析。

在积极冻结期阶段的研究中，首先针对不同土层的热学参数，通过相同几个条件下的数值模拟，初步确定不同土层的冻结规律。为严格控制土层的冻胀融沉，需要对冻结速率最快的土层进行详细研究，控制冻胀量；由于封水性能的基本要求，需要选择冻结速率最慢的土层作为另一个模型，确保在不同工况下，管幕之间的冻土都能起到封水作用。因此，将冻结速率最快和最慢的2种土层作为后续研究的基准土层。

在积极冻结期阶段，另一个模拟分析的重点是异形冻结管不同的开启时间对土层冻结效果的影响。以上述选出的 2 个土层作为基准土层，在同一种工况下，分析异形冻结管不同的开启时间对冻土厚度、冻土平均温度、空顶管空气平均温度等的影响规律，并以此确定最佳的异形冻结管开启时间。

在维护冻结期阶段，研究重点是如何实现"抗弱化"理念，因此，对开挖热扰动因素进行了详尽的研究。首先，通过改变开挖面内的空气温度研究其对冻结效果的影响。其次，通过对隧道开挖面风速研究，分析不同的表面对流换热系数对冻结效果的影响。并且考察了在隧道开挖面内规范允许的极限风速条件下，冻结效果是否仍然能够满足条件。最后，研究喷射混凝土不同的水泥含量对冻结效果影响，进行施工材料比选，确定最佳喷射混凝土配合比参数。

在一般冻结问题中，都会出现冻胀问题，因此，为了在拱北隧道的管幕冻结法施工中很好地控制冻胀量，实现"防冻胀"的理念，在实顶管远离开挖面处设置了限位管。对其也做了初步研究，假定限位管的开启时间和隧道开挖开始时间相同，研究分析不同的限位管温度对冻结效果的影响。其次，通过设定限位管温度，确定最佳的开启时间。

为验证空顶管进行全断面保温的必要性以及该措施是否有利于异形冻结管的冷量向土体传递，通过 60d 积极冻结期和 60d 维护冻结期，总共 120d 的数值模拟，对这一问题进行详细的研究分析，并给出可信的结论。

6.3.4.2 基本假设

①工程所在位置各地层均水平分布，所有材料为各向同性体；

②隧道位于同一高程，不考虑垂直向倾斜；

③将冷媒入口温度作为冻结管外壁恒温边界进行计算；

④实顶管和空顶管都位于相同的土层内；

⑤积极冻结和维护冻结的工期都为 60d；

⑥空顶管内的空气为理想气体，满足理想气体状态方程；

⑦管幕内空气的流动类比于竖直壁封闭夹层情况，空气的流动为层流；

⑧喷射混凝土入模温度为 20℃。

6.3.4.3 模型创建

根据拱北隧道的设计方案和以上基本假设，通过数学和物理上的简化方法，得到拱北隧道的二维双半管模型，如图 6-25 所示。

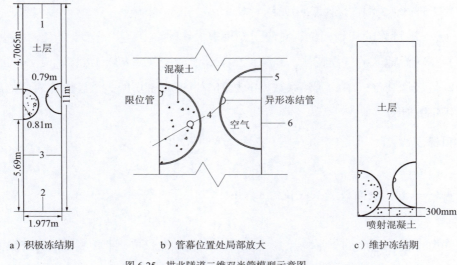

图 6-25 拱北隧道二维双半管模型示意图

1- 图层传热上边界；2- 图层传热下边界；3- 两侧土层对称边界；4- 冻结管边界；5- 顶管壁边界；
6- 空气对称边界；7- 混凝土热扰动边界

图 6-25 a) 为积极冻结期数值模拟的几何模型。整个模型区域大小为 1.977m×11m，主要由土层和外径 1.62m、厚度 2cm 的 2 个半圆钢顶管幕组成。左边半管为混凝土填充的实顶管，管中的上半部有一根限位管，用以控制冻土的冻胀量；在中部偏右处安放一根圆形冻结管，作为主冻结管。右边半圆钢顶管为空顶管，在空顶管的偏上部分（水平线顺时针转 15℃），焊接了一根异形冻结管，起到加强冻结的作用 [图 6-25 b)]。

图 6-25 c) 为维护冻结期数值模拟的几何模型。此模型是在积极冻结期模型基础上，删去了下半部的土层，紧贴空顶管浇筑了一层厚度为 30cm 的喷射混凝土层作为初次衬砌。

6.3.4.4 边界条件

在图 6-25 a) 和图 6-25 c) 中，1 号边界对应实际工程中的地表，将其作为考虑地面温度变化和表面传热系数的第三类边界条件。一般情况下，地表的温度 T 变化可以用如下三角函数表示：

$$T = T_0 + \frac{at}{50 \times 365 \times 24} + A\sin\left(\frac{2\pi t}{8760} + \frac{\pi}{2}\right) \quad (6-11)$$

式中：T_0——地表年平均温度（℃）；

a——未来 50 年内年平均温度升高值（℃/y）；

t——时间（h）；

A——地表温度波动的年振幅（℃）；

$\pi/2$——计算的初始相位，对应于一年中最热的季节。

根据珠海地区的气候特征，T_0 取 22.9℃，A 取 15℃，a 取 1.8℃/y。

固体表面在空气中的放热系数 β 的数值与风速有密切的关系。固体表面的放热系数可以用下式计算：

粗糙表面：
$$\beta = 23.9 + 14.50v \tag{6-12}$$

光滑表面：
$$\beta = 21.8 + 13.53v \tag{6-13}$$

式中：β——固体表面放热系数 [kJ/(m²·h·℃)]；

v——风速（m/s）。

珠海市香洲地区的年平均风速为 3.1m/s，采用式（6-7）计算求得地表的表面传热系数为 68.85 kJ/(m²·h·℃)，即 19.125W/(m²·℃)。

2 号边界对应隧道开挖面下较深的区域，考虑到地层内部的高温，将这一边界定为第二类边界，满足下式：

$$q = \lambda \frac{\partial T}{\partial y} \tag{6-14}$$

式中：q——热流密度（W/m²）；

λ——土层的导热系数 [W/(m·K)]；

$\partial T/\partial y$——温度梯度（K/m）。

广东地区的调查资料显示，该地区的温度梯度为 3℃/100m，由此对珠海地区的温度梯度作出假设，为 0.03℃/m，则由式（6-9）算出相应的 q 为 0.4W/m²。

在图 6-25 a)、b) 和 c) 中，3 号边界因为对称简化的缘故，都为绝缘边界。绝缘边界其实属于第二类边界条件，因为在计算的时候，将这类边界上的热流密度算作 0。特别需要注意的是 6 号边界，因为这些边界不仅是绝热边界，在流体流动时还是对称边界，必须满足垂直于边界上的速度为 0m/s。

4 号边界包括圆形冻结管、异形冻结管和圆形限位管的外管壁。从假设中很容易得到，这类边界属于第一类边界。在圆形冻结管处，考虑到冻结设备的制冷效果，以及冷媒降温需要一定的时间，所以，此处边界设置为积极冻结 7d 温度降至 −18℃，15d 降至 −24℃，18d 时降至最低温度 −28℃，后面维持这个温度直至施工结束。在 COMSOL MULTIPHYSICS 中采用分段三次样条插值处理前 18d 的温度变化，18d 后的冻结管温度设为常数。异形冻结管的边界处，在开启前为周围空气的温度，开启后温度将和圆形冻结管同步。限位管的边界，在积极冻结期为绝缘边界，在维护冻结期开启前为周围空气的温度，开启后温度直接设定为需要的温度值。

5号边界为求解域内部边界，属于第四类边界。在这个边界上，需要设定其无滑移，即壁面是固定的，在任何方向上没有速度和加速度。另外，值得注意的是，在网格剖分时，需要在5号边界流体内部设定一定厚度的边界层网格，用以加速求解。

在图6-25 c)中，7号边界为特有的边界。这是因为在隧道开挖后，在开挖面上立即喷射30cm厚、强度等级为C25的喷射混凝土。7号边界为混凝土和隧道开挖面内空气接触的固体表面。此时7号边界和1号边界都属于第三类边界条件。在7号边界上，通过设定隧道开挖面内不同的温度和风速，详细研究分析温度和风速对维护冻结期冻结效果的影响。

6.3.4.5 初始值选定

（1）温度初始值

积极冻结期模型中空顶管内的温度设定为30℃，这主要是因为预计顶管施工时段以夏秋季为主，温度较高，管幕内的空气温度设定为此值较为合理。

根据"恒温带"理论，地层随深度的增加可以分为3个区域，分别为变温带、恒温带和增温带。变温带指的是地温受到太阳辐射的影响具有周期变化的区域；恒温带指的是地温常年基本保持恒定不变的区域；增温带指的是地温受制于地球内热而不断增温的区域。恒温带温度等于地表年平均温度再加上$1\sim2$℃，深度一般为$20\sim40$m。

通过大量实测数据的分析总结，大致推算出拱北隧道所在区域恒温带深度为20m，温度为20℃。因此，在积极冻结期模型中，地层深度小于20m的时候，采用样条插值的方法模拟；当地层深度大于20m的时候，设定为20℃。

在维护冻结期，喷射混凝土的初始值为设定的温度，其他求解域的温度为积极冻结期最后时刻相同位置的计算值。

（2）压强初始值

积极冻结期模型中，压强参考值全都设定为1.01×10^5Pa。在固体求解域中，参考压强即为绝对压强，将不发生变化；在流体求解域中，由于压强受到密度和温度的影响，因此，在任何时候，绝对压强都为参考压强加上相对压强的值。

维护冻结期模型的压强初始值为积极冻结期模型最后时刻的计算值。

（3）速度初始值

积极冻结期模型的速度初始值都为0；维护冻结期模型的初始值为积极冻结期模型最后时刻的计算值。

（4）材料参数初始值

为了简化计算，且不影响计算结果，将相邻相似的土层进行合并，采用合并后土层的参数进行计算。最后用于计算的土层为D1、D2、D3、D5、D6、D8，其密度、初始含水率和冻结温度分别能在现场土体参数报告中找到。

查询得到6种土在20℃、10℃、结冰点温度、-10℃和-20℃共5个温度下的导热系数。在COMSOL MULTIPHYSICS中，通过这5个导热系数采用分段三次样条内插外推的方法，得到其他温度时土的导热系数。6种土的导热系数与温度的关系如图6-26所示。

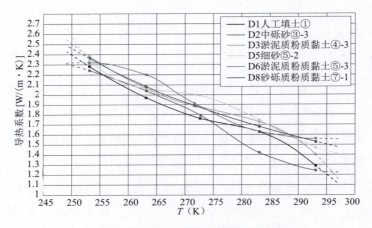

图6-26 各土层导热系数和温度的相关曲线图

常态土变成冻土时，孔隙水会发生相变，放出潜热。在研究中，不需要具体考察相变界面的移动问题，只需在冻结过程中将潜热考虑进去。最后选用显热容法"等效比热容"的思想，在一个温度跨度内将比热容用"台阶函数"分段表示出来，并满足其在这段温度内的积分之和等于理论上的值。在台阶函数的跳跃段，用2阶连续可导曲线相连。6种土的比热容与温度的关系如图6-27所示。

对于管幕内的空气，密度由气体理想状态方程决定，是温度和压强的函数：

$$\rho = \frac{P_A \cdot 0.02897}{8.314 \cdot T} \tag{6-15}$$

空气的动力黏度、导热系数取干空气常规参数，为温度的多项式插值函数；常压比热容为 1005J/(kg·K)。

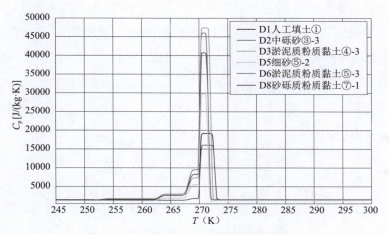

图 6-27 各土层常压比热容和温度的相关曲线图

对于模型中钢管、混凝土和保温材料的热学参数见表 6-13。

钢管、混凝土和保温材料热学参数 表 6-13

材料	密度（kg/m³）	比热容 [J/(kg·K)]	导热系数 [W/(m·K)]
混凝土	2344	419.8	1.835
钢管	7850	459.8	44.7
保温材料	34	2016	0.04

6.3.5 基于积极冻结期研究结果

（1）不同土层对冻结效果的影响

在实际工程中，土的性质不同对冻结效果的影响很大，例如黏性土冻结速率慢于砂土；冻结速率和含水率之间也存在一定的关系。因此，为了后续研究模型可以更加简化，首先对施工地点的土层进行积极冻结期冻结效果的分析。

在 COMSOL MULTIPHYSICS 中建立如图 6-25 a）的模型，除土层参数不同外，其他条件设定相同。圆形冻结管和异形冻结管同时开启，不开限位管。模拟积极冻结期的第 60 天时，采集 6 种土层的冻结结果（图 6-28、图 6-29）并分别进行分析比较。

如图 6-28 和图 6-29 所示，可以清楚地观察到，不同土层在相同的冻结条件下，顶管间中线冻土的厚度和冻土帷幕的发展存在明显的差别。通过两张图的比较，可以将 6 种土层大致分类如下：第一类为①人工填土和③-3 中砾砂，冻结速率快于其他土层，第

3天就出现了冻土帷幕，第6天冻土就发展到了顶管间中线处；第二类为⑤-2细砂，冻结速率中等；第三类为④-3淤泥质粉质黏土、⑤-3淤泥质粉质黏土和⑦-1砂砾质粉质黏土，冻结速率最慢，在每个时间段，其顶管间中线冻土厚度和冻土帷幕都是最小的。而且第三类土都属于黏性土，其顶管间中线冻土厚度和冻土帷幕的大小都非常接近。

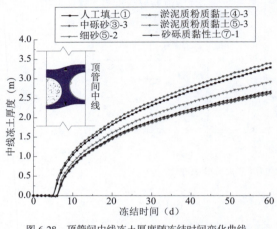

图 6-28　顶管间中线冻土厚度随冻结时间变化曲线　　　图 6-29　冻土帷幕大小随冻结时间变化曲线

表6-14为③-3中砾砂、⑤-2细砂以及⑤-3淤泥质粉质黏土这3种土层中线冻土厚度达到相同的基准厚度时所需要的时间。可以直观地看到，第一类土的冻土发展速率最快，在35d的时候就已经达到了2.5m厚；第二类土的发展速率次之，达到2.5m的天数为44d；第三类土的发展速率最慢，需要55d冻土厚度才达到2.5m。

不同土层达到相同基准厚度所需时间表　　　　表6-14

中线冻土厚度（m）	不同土层达到相同基准厚度所需时间（d）		
	中砾砂③-3	细砂⑤-2	淤泥质粉质黏土⑤-3
0.5	7	8	9
1.0	10	12	13
1.5	15	18	21
2.0	24	28	34
2.5	35	44	55

图6-30是冻土帷幕平均温度随冻结时间变化曲线。从图6-30可以看出，对于6种土来说，冻土帷幕的平均温度虽然有小幅度的不同，但是总体上温差不大；在积极冻结第5天～第10天的这个阶段，6种土的平均温度有一个回升的过程，这是因为在这期

间两根冻结管周边的冻土交圈，交圈处有一部分冻土的温度较高，影响到整个冻土的平均温度。6 种土在积极冻结 30d 后，冻土帷幕的平均温度都趋于稳定，约为 −10℃。

图 6-31 为空顶管内空气平均温度随时间变化曲线。从图 6-31 中可以看出，空顶管的平均温度在整个积极冻结期一直处于降低的趋势。在积极冻结前 30d，空顶管的平均温度下降速率很快，空顶管内的平均温度从 30℃降至约 −15℃。30d 后，平均温度虽然仍在降低，但是降低量已经较小。此外，不同土层对于空顶管内空气平均温度存在一定的影响。结合图 6-28 和图 6-29，发现冻结速率越快的土体，空顶管内平均温度越低，不同土层间最大温差为 2~3℃。造成这一现象的原因在于空顶管内的平均温度不仅受到来自异形冻结管冷量的影响，土层的导热能力对其也有一定的影响，冻结速率快的土层能将更多的冷量从土体传递给空顶管内的空气，因此，冻结速率越快的土体，空顶管内平均温度越低。

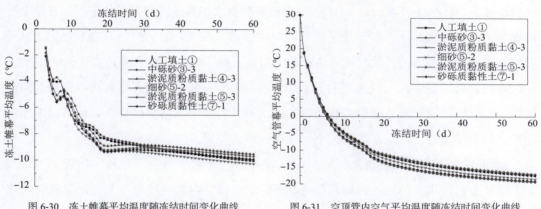

图 6-30　冻土帷幕平均温度随冻结时间变化曲线　　图 6-31　空顶管内空气平均温度随冻结时间变化曲线

通过比较发现，冻土的平均温度差别不大，在选择基准土层时，可以不考虑冻土平均温度这个影响因素。空顶管内空气平均温度的差异主要是冻土的冻结速率造成的，因此，可以统一到冻结速率这个影响因素上。再结合拱北隧道管幕冻结法赋予冻结施工的任务，在后续研究中，分别选定冻结速率最快和最慢的土层，即③-3 中砾砂和⑤-3 淤泥质粉质黏土作为研究的基准土层。选取冻结速率最快的土层是为了控制冻土的冻胀融沉，对地表不产生影响；选取冻结速率最慢的土层是为了保证管幕之间的封水性，为隧道开挖提供良好的施工环境。

（2）异形冻结管开启时间不同对冻结效果的影响

空顶管中焊接的异形冻结管，在冻结过程中起到加强冻结的作用。是否需要在积极冻结期开始时就开启，需要对冻结效果进行验证后，才能够得出具体的方案。对选定的2种基准土层通过数值模拟的方式，分别设定异形冻结管开启时间为与积极冻结同步开启、推迟15d开启、推迟30d开启、推迟45d开启以及在积极冻结期不开启5种情况，并深入分析冻土发展情况，最终确定最佳的异型冻结管开启时间。

在研究过程中，发现2种土层在上述5种情况下冻土发展的大体趋势是相同的，因此只对③-3中砾砂进行分析。如图6-32和图6-33所示，分别为异形冻结管不同开启时间下，③-3中砾砂土层积极冻结在15d、30d、45d以及60d的温度场和速度场云图。

可以看出，由于异形冻结管的开启时间不同，在相同时间点，冻土的发展存在较大的差异。在15d时，同时开启的情况下［图6-32（1-a）］，顶管间的冻土已经交圈，而且具有一定的厚度；其他开启时间下，顶管间只有在靠近实顶管侧有很少一部分被冻实。在30d时，所有情况下的顶管间都出现了连续的冻土带。但是，同时开启和推迟15d开启的情况下［图6-32（1-b）和（2-b）］，冻土帷幕明显大于其他开启时间的情形。在这2种情况下，可以认为冻土已经形成了良好的封水帷幕。在45d时，同时开启和推迟15d开启的模型冻土继续增长，此时推迟30d的模型也形成了较好的封水帷幕［图6-32（3-a）］，该时间点其余模型的冻土只包裹了下半部分的空顶管，无法判定其是否具有良好的封水性能。当积极冻结期施工结束（60d）时，除了不开启异形冻结管模型，其他情况冻土已经完全包裹住顶管，只是在冻土大小上存在一定的差异。

在图6-32中还可以观察到，异形冻结管开启时间越早，空顶管和实顶管上的中线冻土厚度差距越小，即冻土封面越接近水平面；空顶管内的温度分布与异形加强管开启时间的关系不大，只要异形冻结管开启，空顶管内的温度就会达到一个较低的值。这些现象将在后续章节中结合定量的指标进行具体分析。

从图6-33中可以明显观察到，是否开启异形冻结管对于空顶管内空气的流速影响很大。在异形冻结管未开启的时候，空顶管内的空气几乎不流动，只有在顶管下半部的贴壁处以及中心垂线附近存在微小的气体流动，这些部位的颜色相对于其他部分较浅。当异形冻结管开启的时候，空气流动较为剧烈，而且在空顶管全断面的大部分区域内存在流速，在异形冻结管凸起部分、钢管幕贴壁处以及对称线附近，空气的流速较快，最快可以达到0.2m/s。造成这一现象的原因可能是，当异形冻结管开启后，其附近的空气被迅速冷却，密度变大，沿着壁面向下运动；而处于管幕下部的空气会因为相对密度较小，产生浮力向上运动，以此循环。

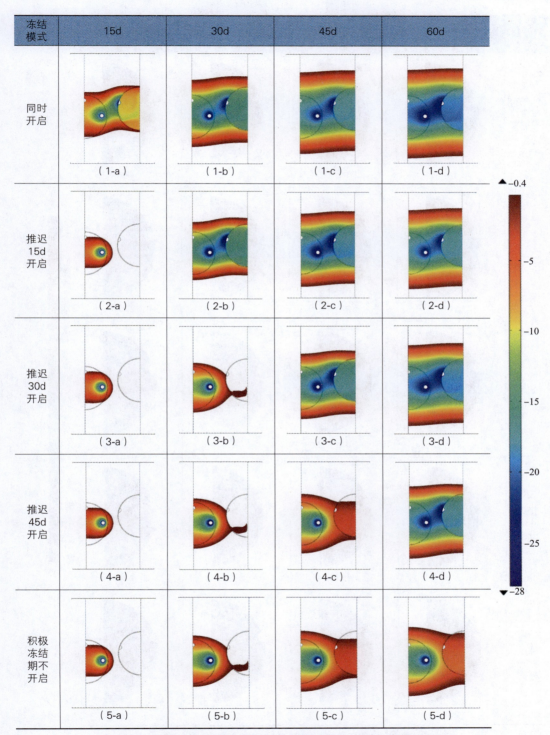

图 6-32 积极冻结期异形冻结管不同开启时间下③-3中砾砂土层的温度场云图

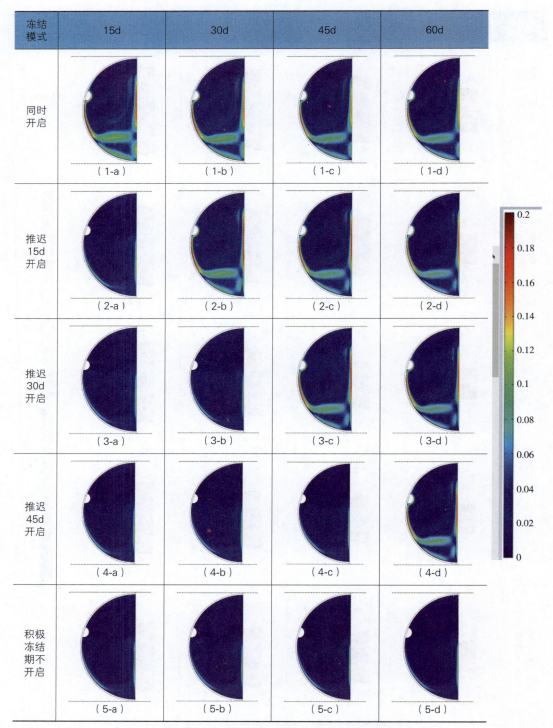

图 6-33　积极冻结期异形冻结管不同开启时间下空顶管内空气的速度场云图

综合图 6-32 和图 6-33 可知，当异形冻结管开启时，引起整个断面内空气的流动，影响了管幕内气体的热平衡，空气又加速流动寻求新的平衡点。因此在管幕的全断面内，空气对流换热的速率明显增强，这个过程使得冷量在空气中均匀分散，空顶管内部的温度场差异性很小，这一点从图 6-32 的（1-b）等云图中得到验证。

在前面的分析中，结合异形冻结管不同开启时间条件下的土层温度场和空气速度场云图，对结果给出了定性的分析。下面，结合一些定量指标，更加全面地比较分析异形冻结管不同时间开启的研究结果。

图 6-34 是顶管间中线冻土厚度随时间变化曲线图。可以看出，异形冻结管开启时间不同对其影响很大。在同步开启的情况下，积极冻结 5d 时，顶管间中线上就出现了冻土；在其他条件下，直到 15d 时，顶管间中线上才出现冻土。在不同步开启的几组模型曲线中，可以观察到，当异形冻结管开启后，中线上冻土的厚度会在后续的 5d 内出现一个急速增长的过程，随后增长的速率趋于恒定。从冻土帷幕大小随时间变化曲线（图 6-35）可以看出大致相同的走势。但需要注意的是，在同步开启阶段，前 10d 冻土帷幕发展位于空顶管异型管的布置处，这是因为在该阶段，圆形冻结管周围冻结的发展区域还限定在实顶管内，周围并未出现冻土。

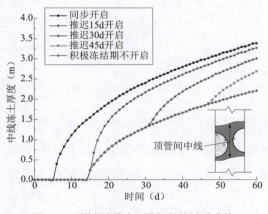

图 6-34 顶管间中线冻土厚度随时间变化曲线

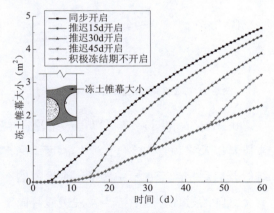

图 6-35 冻土帷幕大小随时间变化曲线

图 6-36 是冻土帷幕平均温度随时间变化的曲线图。积极冻结期完全不开启异形冻结管的情况下，平均温度随时间的增长而逐步降低的，而且在模拟 60d 之后，冻土帷幕的平均温度约为 -5℃，并且还有降低的趋势。比较异形冻结管推迟 15d、30d 和 45d 开启的模型曲线发现，在异形冻结管开启前，冻土平均温度和完全不开异形冻结管的模型

曲线基本重合，而在开启异形冻结管后的 5d 内，冻土帷幕的平均温度有一个突降的过程，当冻土的平均温度大致降低至 –7.5℃时，其下降速率明显变小。这 3 条曲线的最终冻土平均温度与同步开启的差值大概为 1℃，与完全不开启情况相比，约低了 5℃。值得注意的是，在某个时间段内会有小幅度的回升或保持不变（同步开启在 7d 时、其他情况约在 20d 时）。这是因为，在这段时间内冻土发生交圈（对于只有单管开启的情况，冻土发展到空顶管处），其面积突然增大，造成平均温度的小幅回升或保持稳定。当冻土交圈完成后，冻土平均温度继续下降。

图 6-37 是空顶管内空气平均温度随时间变化的曲线。可以发现，空气平均温度的走势和冻土帷幕平均温度的走势几乎完全相同，唯一的差别是空气平均温度不存在回升或局部不变的时间段。

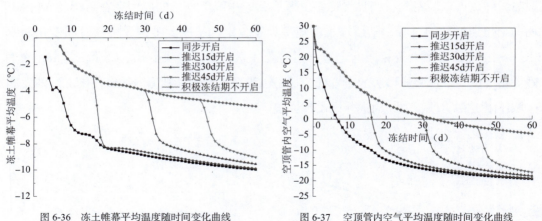

图 6-36　冻土帷幕平均温度随时间变化曲线　　图 6-37　空顶管内空气平均温度随时间变化曲线

由图 6-36 和图 6-37 可以得出结论：异形冻结管的开启，在很大程度上影响到了冻土帷幕以及空顶管内空气的平均温度。冻土帷幕平均温度发生这样的变化在于，异形冻结管开启后相当于在土中多了一个恒定的冷源，迅速降低周边土体的温度，因此，温度有个突降的过程，随后冻土发展慢慢趋向于一个动态平衡点。在这个阶段，冻土帷幕平均温度的下降趋势变缓。对于空气平均温度，由于开启异形冻结管后空顶管内局部范围的温度降低，空气密度变大，产生对流现象，且空气内部的对流换热较为剧烈，造成空顶管内部的空气平均温度突降。之后由于空顶管内空气平均温度和异形冻结管的设定温度差值越来越小，使得对流换热量变少，因此，后期温度降低得越来越缓慢。

图 6-38 为实顶管的中线冻土厚度随时间变化图。实顶管中线冻土厚度的发展规律

和冻土帷幕发展规律很相近，但还是存在一些不同。首先，实顶管中线出现冻土的时间比冻土出现的时间晚了约 10d。其次，推迟 15d 开启异形冻结管与完全不开启异形冻结管情况下，出现冻土的时间是一致的；而推迟 15d 开启异形冻结管时实顶管中线上出现冻土的时间要早于完全不开启异形冻结管的情况。此外，实顶管中线冻土厚度一直在增长，且在不改变其状态的条件下，增长速率保持不变。

图 6-39 是空顶管中线冻土厚度曲线图。与图 6-38 相比，同步开启与推迟 15d 开启情况下的两条曲线的性状没有发生改变，出现冻土的时间也几乎相同。推迟 30d 开启的情况，大致在异形冻结管开启后 2d，空顶管中线上开始出现冻土。因此，此时在中线上出现冻土是合理的。对于推迟 45d 和完全不开启的情况，大概在 40d 时空顶管中线上出现冻土（此时两种情况下的空顶管平均温度刚刚降至土体冻结温度以下）。从温度场云图（图 6-32）中可以明显看出，在管幕的上部没有出现冻土，冻土全都集中出现在管幕的下部。造成这一现象的原因是，异形冻结管没有开启前，空顶管内空气的流动很微弱，使得冷空气多集中在下部，热空气浮在上部；而且这一阶段内空顶管内的热交换基本上依靠热传导来进行，但是由于空气的导热系数很小，造成热量的传递速率很慢，冷量过多地集中在下部。即使管幕内的平均温度是低于土体的冻结温度，空顶管中线处也先在下方出现冻土。

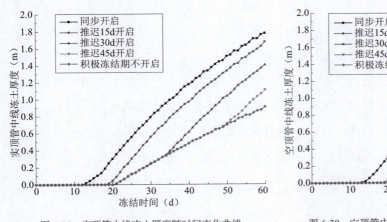

图 6-38 实顶管中线冻土厚度随时间变化曲线　　图 6-39 空顶管中线冻土厚度随时间变化曲线

通过上述研究可知，异形冻结管的开启时间不同，对冻结效果的影响较大。在异形冻结管开启后，这些特征参数都有一个突变的过程，之后保持相对稳定。从图 6-34 和图 6-35 看出，同步开启异形冻结管与完全不开启异形冻结管的情况相比，顶管间中线冻土厚度差值为 1m，冻土帷幕大小的差值为 2.5m²。从图 6-32 中也可以看出，这两者存在明显的差异。对于冻结管推迟开启的情况，推后的时间越长，与同步开启的差值越大。在图 6-38 和图 6-39 中看出，只有同步开启、推迟 15d 开启与推迟 30d 开启这 3 种情况下，中线冻土厚度同时超过了 1m。如果考虑到上下端冻土的分布，且基准土为冻结速率最快的③-3 中砾砂，则只有同步开启才能满足在任何土层条件下冻土厚度达到 1m。因此，建议选用同步开启的模式。这不仅有利于积极冻结初期冻土的迅速发展，较快地形成可靠的冻土帷幕，还有利于施工管理。同时，值得注意的是，数值模拟中采用的是二维模型，仅仅考虑到了垂直方向上的冻胀。拱北隧道纵向长度为 255m，在这么长的线路上采用冻结法，纵向的冻土冻胀量会很大。因此，建议在选用同步开启时，在隧道纵向上分成几个区域，分段分期进行冻结施工。

6.3.6 基于维护冻结期研究结果

根据实际施工方案的数值模拟（6.3.4 节）研究成果，在维护冻结期的数值模拟中，分别选择③-3 中砾砂（冻结速率最快）和⑤-3 淤泥质粉质黏土（冻结速率最慢）2 种土作为基准土。选择这 2 种土层的根本原因在于，拱北隧道的施工方案要求冻土具有良好的封水性能且不能影响到地表正常的运营环境。在数值模拟中，如果能够同时保证在这 2 种土层条件下，冻结效果在控制范围内，那么，该方案就适用于施工场地任何一种土层。

在研究过程中，采用最基本的控制变量法思想。在分析某个因素对冻结效果的影响，保证模型的其他因素和基准模型一致。在影响变量上，确定几组进行不同设定，研究分析其影响结果，得出结论并对设计方案进行完善。

其次，需关注冻结施工期的负温区是否发展到了喷射混凝土的范围。由于制备混凝土要求有一定的流动性，水泥水化的用水量一般都要低于加入的拌和水量，因为，游离水在流动过程中会在混凝土内部留有一定的毛细孔以及形成透水路径。如果受到负温的影响，混凝土将会发生破坏，所以，在一般冻结法施工时，要求浇筑混凝土的区域不能出现负温。

（1）隧道内气温对冻结效果的影响

隧道在施工过程中，内部空气的温度对冻结效果的影响较大。而且拱北隧道工程地处珠海市，气温偏高，对冻结效果的影响更加显著。因此，探究隧道内的气温对冻结效果的影响是非常必要的。

考虑到珠海地区的气候条件及拱北隧道的施工方案，将针对③-3 中砾砂和⑤-3 淤泥质粉质黏土分别建立3组模型，空气温度分别设定为20℃、25℃和30℃。需要特别说明的是，综合考虑到珠海地区的气候条件、隧道开挖施工的时间以及开挖方式，选择30℃作为施工过程中的上限温度是合理且必要的；另外选择20℃作为隧道内温度下限，是考虑到与原先地层的温度相当。

模型其他条件参数的设定如下：积极冻结期异形冻结管选择与圆形冻结管同时开启；限位管的开启时间和施工同步，温度为10℃；喷射混凝土的入模温度为20℃；1m³混凝土中水泥的用量为400kg；隧道内风速为1m/s。

图6-40为③-3中砾砂和⑤-3淤泥质粉质黏土在不同隧道空气温度条件下顶管间中线冻土厚度。可以看出，隧道内不同空气温度条件下，中线冻土厚度的大小存在明显的差异。在维护冻结期的前5d，3种不同气温条件下的中线冻土厚度都在减少，但是减小的速率存在明显差异，温度越高，速率越快。在维护冻结期第5天，空气每相差5℃，中线冻土相差约5cm。5d之后，冻土厚度从最小点开始回升。这一阶段，不同气温下冻土厚度发展仍存在差异，大约每隔5℃，厚度差值约7.5cm。从冻土帷幕大小与时间的关系曲线（图6-41）可以看出，冻土帷幕大小与管间中线冻土厚度有相同的发展趋势。但是冻土帷幕大小降低的时间比中线冻土厚度减少的时间短。从图6-41可以看出，3~4d后，冻土帷幕大小开始增长。造成两者回升点不在同一时间的可能原因是隧道内空气温度对靠近开挖面侧的冻土影响较大，且冻土在开挖面侧的相对宽度比外侧的相对宽度小。因而，在相同热量作用下，中线上冻土的厚度减少时间比冻土帷幕的长。

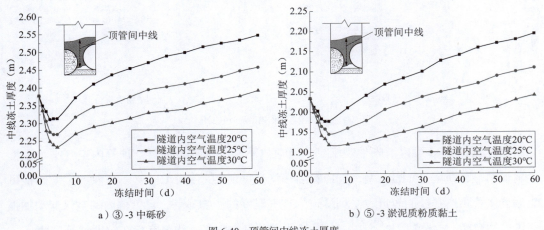

图6-40 顶管间中线冻土厚度

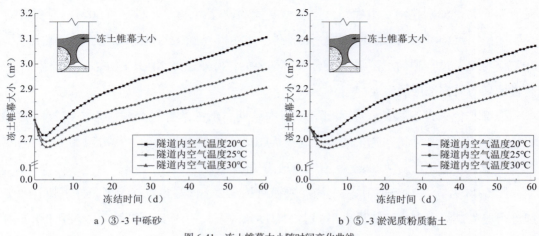

图 6-41 冻土帷幕大小随时间变化曲线

从冻土帷幕平均温度时间曲线图（图 6-42）看出，前 10d 冻土帷幕的平均温度一直在回升，虽然在隧道内不同的气温条件下回升的速率有所差异，但是总体上来说，温度差异性不大。10d 之后，冻土的平均温度达到新的平衡，并一直保持到维护冻结期结束。在这个阶段内，不同模型的冻土平均温度存在很小的差异，隧道内气温每差 5℃，冻土平均温度差仅约 0.2℃。

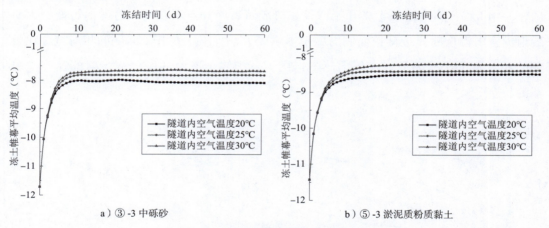

图 6-42 冻土帷幕平均温度随时间变化曲线

但是从图 6-43 可以清晰地观察到，隧道内不同的气温条件对空顶管内空气平均温度影响较明显，每隔 5℃ 的温差，空顶管内平均温度能相差到 1℃。这一现象产生原因很可能是空顶管距离开挖面较近，受到隧道内空气温度的影响显著，且管幕内的空气流动加强了热量的交换。这些原因综合在一起，造成空顶管内空气平均温度存在较大的差异性。

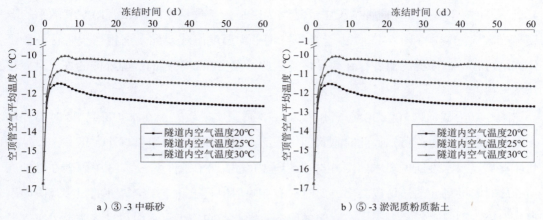

图 6-43 空顶管内空气平均温度随时间变化曲线

图 6-44 和图 6-45 是实顶管和空顶管的中线冻土厚度与时间的关系曲线。考察这 2 组特征值是为了在维护冻结期整个施工过程中，保证开挖面外侧冻土的发展在一个合理的范围内；保证既拥有足够的封水性能，又不造成过大的冻胀量。

由图 6-44 看出，隧道内空气温度的变化对实顶管的中线冻土厚度的影响微小，各图中的 3 条曲线几乎是重合的。因此，可以大致推断出，隧道内空气温度对实顶管外侧的冻土几乎没有影响。在实际工程中，这一影响可以忽略不计。

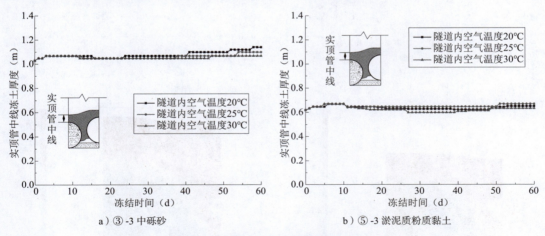

图 6-44 实顶管中线冻土厚度随时间变化曲线

与之对应的是，图 6-45 空顶管中线冻土厚度曲线图中，3 条曲线的差异相对而言较明显。从不同土层的曲线图中可以观察到，一方面，3 条曲线在整个维护冻结期一直保持上升的态势；另一方面，隧道内空气温度越高，空顶管中线冻土厚度越小，每隔

5℃，差距约 3cm。出现这种情况主要是因为隧道内空气温度对空顶管内空气的平均温度存在较大的影响（图 6-43），由于管幕空气平均温度出现差异，这相当于管幕外侧土体冻结过程中，冷源的温度存在差异性，因此，温度相对较高的冷源外侧的冻土发展相对缓慢些。

图 6-46 为隧道内气温 30℃条件下，⑤-3 淤泥质粉质黏土在维护冻结 5d 时温度场云图。由前面的讨论可知，此时顶管间中线冻土厚度和冻土帷幕都较小，但冻土厚度仍然能够满足封水性能的要求。图 6-47 为隧道内气温 20℃条件下，③-3 中砾砂在维护冻结 60d 时温度场云图。可以看出，此时只有在喷射混凝土和土层交界处的很小范围内出现负温区，即对喷射混凝土区有一定的影响，因此，在施工过程中尽量将隧道内空气温度保持在 20℃以上。

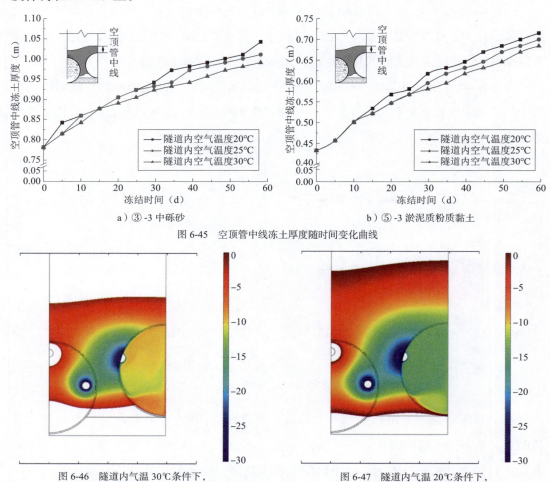

a) ③-3 中砾砂　　　　　　　　　　b) ⑤-3 淤泥质粉质黏土

图 6-45　空顶管中线冻土厚度随时间变化曲线

图 6-46　隧道内气温 30℃条件下，　　　　图 6-47　隧道内气温 20℃条件下，
⑤-3 淤泥质粉质黏土在维护冻结 5d 时温度场云图　　③-3 中砾砂在维护冻结 60d 时温度场云图

通过图 6-40～图 6-47 的分析可知，隧道开挖过程中，内部的空气温度对冻结效果的影响较为显著。从顶管间中线冻土厚度、冻土帷幕大小等来看，30℃上限情况下，顶管间中线冻土厚度保持在 1.9m 以上，冻土帷幕的大小不低于 1.95m^2，并能够形成较好的封水带。从而可以得出如下结论：在正常施工条件下，隧道内空气温度的变化虽然会在一定程度上影响到冻土帷幕的大小、性状，但仍能保持有良好的封水性能。其次，还需要考虑混凝土的冻胀影响。从图 6-45 中可以看出，空顶管中线冻土厚度最小值为 0.45m，最大值不超过 1.05m。冻土在这个厚度范围内冻胀量很微小，不会对地表变形产生影响。隧道内空气温度的变化在维护冻结期的前几天内可以减小冻土帷幕大小和顶管间中线冻土厚度，但是，在随后的时间内，冻土帷幕和顶管间中线冻土厚度仍会增加。在维护冻结期结束时，冻土帷幕的大小能够很好地控制在 3m^2 以下（除去 20℃时 ③-3 中砾砂的情形），顶管间中线上冻土的厚度一直控制在 2.5m 以内。这一结果表明混凝土的冻胀虽然对地表有一定的影响，但是考虑到在实际工程中，土是成层分布的，不会出现在某一个截面上都为一种土的情况，因此，实际的厚度会比计算中的要小。在适宜范围内选择隧道内温度时，可以尽量选择较高的值，在维护冻结期施工过程中能够做到控制冻胀的效果。再综合考虑到施工人员的身体健康，建议隧道内空气温度设定在 25℃左右。

（2）隧道开挖面风速对冻结效果的影响

公路隧道在开挖施工过程中，为保证施工人员健康，需要顺利排除有毒气体，因而，对隧道内的通风有明确要求。在维护冻结期，需要分析隧道内的风速是否会影响冻结效果。

在施工过程中，隧道内的风速不应小于 0.15m/s，且不应大于 6m/s。在此基础上，选择 0m/s、0.5m/s、1m/s、1.5m/s 以及 6m/s 这里 5 组风速进行数值模拟。一般公路隧道在施工过程中，风速为 0.5～1.5m/s 之间。选择风速 0m/s，即无风条件，是因为考虑在施工过程中供风设备突然故障，是否会对冻结造成影响；选择风速 6m/s 即最大风速，是为了考察在某些突发状况下造成风速突然增大，是否会对冻土造成不利影响。

由式（6-12）可以得到风速和对流换热系数的影响，因此，改变风速的条件就是改变 7 号边界 [图 6-25 c)] 的表面对流换热系数。模型中其他条件和参数的设定如下：在积极冻结期异形冻结管与圆形冻结管同步开启；限位管开启与施工同步，温度为 10℃；喷射混凝土的初入模温度为 20℃；1m^3 混凝土中水泥的用量为 400kg；隧道开挖面上的空气温度为30℃。

图 6-48 是不同隧道开挖面风速下，基准土层③-3 中砾砂和⑤-3 淤泥质粉质黏土的管间中线冻土厚度。在开挖的前 5d，冻土中线上的厚度都在减少，风速对其减少的速率有微小的影响。在第 5 天，无风情况和风速为 6m/s 的情况，中线冻土厚度相差约 6cm，差异较小。在第 5 天～第 10 天，冻土的中线厚度达到最小值，并开始回升，此时 5 条曲线开始出现分离，即冻土的厚度发展出现较大的差异，风速越小，冻土的厚度越大。开挖 10d 之后，在不同风速下冻土的厚度虽然存在差异，但是厚度都在回升，虽然回升的速率随着风速增大而减小，但是大体保持在相同水平上（曲线的切线斜率相近）。从冻土帷幕大小的曲线图（图 6-49）中可以得到相似的结论。

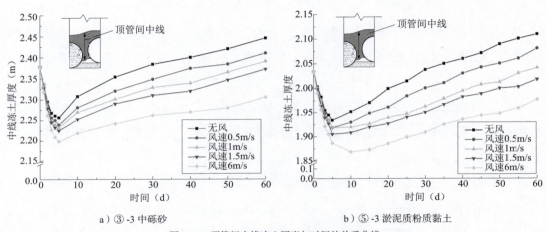

图 6-48 顶管间中线冻土厚度与时间的关系曲线

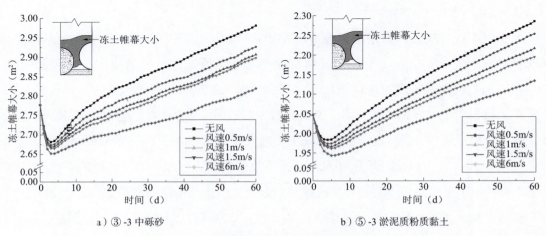

图 6-49 冻土帷幕大小与时间的关系曲线

图 6-50 为基准土层冻土帷幕的平均温度与时间的关系曲线图。可以看出，在开挖前 5d，5 组模型的温度曲线基本重合，即温度回升的速率基本相同。在第 5 天～第 10 天之间，虽然不同风速情况下，冻土帷幕的平均温度都还在回升，但是温度曲线已经发生了分离的现象。也就是说，此时冻土帷幕的平均温度升高的速率存在一些差异。在开挖 10d 之后，5 组模型的冻土平均温度大致呈一条水平线，即此时冻土的平均温度达到了平衡点。比较发现，风速 6m/s 和无风条件下，同种土层的平均温度存在 0.5℃ 的差值。

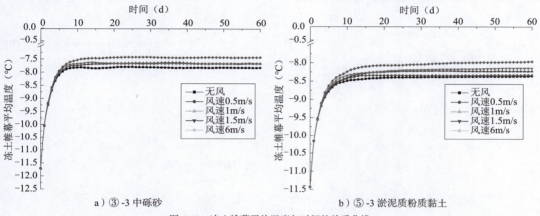

图 6-50 冻土帷幕平均温度与时间的关系曲线

图 6-51 为空顶管内空气的平均温度。整体的走势和冻土帷幕的平均温度大致相似，唯一存在的差异是在第 5 天～第 10 天。这段时间内，空顶管内空气的平均温度出现了小幅度降低，此后维持在 -10℃ 左右保持不变。出现这一现象的原因是考虑了混凝土中水化热的影响。

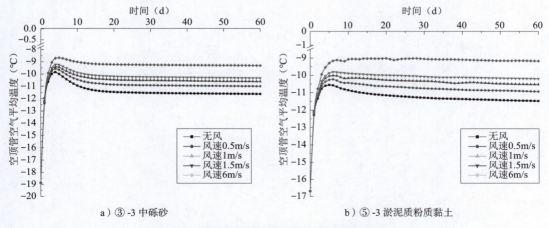

图 6-51 空顶管空气平均温度与时间的关系曲线

从图 6-52 可以看出，实顶管中线冻土厚度没有明显变化。在风速不同情况下，冻土的厚度变化差异不大。可以推测，风速对实顶管的中线冻土厚度几乎没有影响，即风速对冻结效果的影响是有一定范围的。

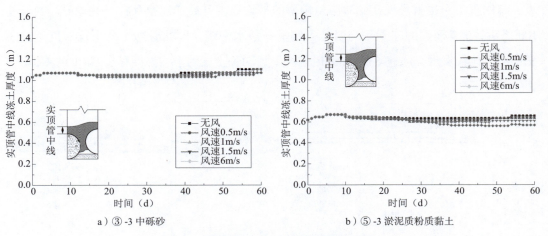

a）③-3 中砾砂　　　　　　　　　　b）⑤-3 淤泥质粉质黏土

图 6-52　实顶管中线冻土厚度与时间的关系曲线

如图 6-53 所示，空顶管中线冻土厚度随着维护冻结时间的增加而不断增大。在不同风速的情况下，冻土厚度的增长速率是存在差异的。前 5d，5 组模型的冻土厚度相当，增长速率一致；5d 之后，冻土的增长速率发生差异，风速越大，增长速率越慢。这一现象很有可能是空顶管中空气流动引起的。空气在流动过程中，将空管幕内的温度平均化，风速大的模型，空顶管内的平均温度高。此时将空顶管当作大的"冻结管"看待，则温度高的"冻结管"没有温度较低的效果好。

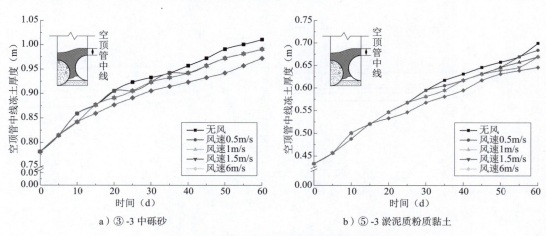

a）③-3 中砾砂　　　　　　　　　　b）⑤-3 淤泥质粉质黏土

图 6-53　空顶管中线冻土厚度与时间的关系曲线

通过图6-48~图6-53的比较分析可知，风速对顶管间冻土中线厚度、空顶管中线冻土厚度、冻土帷幕大小及平均温度和空顶管内空气平均温度均有一定的影响。总体上来看，对冻结效果造成的影响不大。从图6-48~图6-51中可以看出，即使在极限风速条件下，中线冻土厚度和冻土帷幕大小的最小值分别达到1.85m和1.95m²；冻土帷幕的平均温度以及空顶管内空气平均温度约为–8℃。从而可以得出结论：隧道开挖面的风速对冻结效果有一定的影响，但是影响不是很显著。因此，就影响冻结效果来说，拱北隧道在一般条件下施工，无须对开挖面的通风进行很严格的控制。

（3）喷射混凝土水泥用量对冻结效果的影响

拱北隧道暗挖段采用三次衬砌结构。初期支护是直接作用在冻土壁上的，且边开挖边施工，对冻土的影响较大，因此，对混凝土的研究主要集中在初衬的喷射混凝土上。

隧道初期支护由双层钢筋网、C25喷射混凝土、22b工字钢拱架组成，厚度为30cm。工字钢纵向间距为0.4m，随着导坑的开挖，快速与ϕ1620mm管幕进行焊接，形成闭合的支撑体系。在不影响结果的基础上，在研究中简化了模型计算，将初衬视为30cm厚的素喷射混凝土。

水化热是指物质和水化合过程中所放出的热。硅酸盐水泥的水化热主要是水泥中的硅酸三钙、硅酸二钙、铝酸三钙及铁相固溶体和水反应放出的大量热量。这些热量会小幅提高混凝土的早期强度，但若热量过多会对混凝土产生危害。

关于混凝土中水泥的水化热对冻结效果的影响，现有研究多集中在数值模拟和试验量测上。在数值模拟中，多将混凝土水泥水化热当作附加热源项，其放出的热量是一个随时间变化的函数。大致为指数式、双曲线式和复合指数式3种形式。考虑到计算的方便和准确性，采用指数式的函数关系，表达式如下：

$$Q(t) = Q_0(1 - e^{-mt}) \tag{6-16}$$

式中：$Q(t)$——在龄期t时累积水化热（kJ/kg）；

Q_0——$t \to \infty$时最终水化热（kJ/kg）；

m——常数，随水泥品种、比表面及浇筑温度不同而不同；

t——龄期（d）。

由式（6-16）对t求导，就得到了单位时间、单位质量的水泥水化热放出的热量$q(t)$随时间的变化函数：

$$q(t) = Q_0 \cdot m \cdot e^{-mt} \tag{6-17}$$

对混凝土水化热的研究是在 2 种基准土层的基础上，按水泥用量为 400kg/m³、440kg/m³、480kg/m³ 和 520kg/m³ 以及不考虑水化热这 5 种不同情况，考察其对冻结效果的影响。通过比选，找出最佳的水泥用量，指导施工选材。不考虑水化热这种情况，是为了在作对比时排除其他因素的干扰，在实际工程中，是不存在这种情况的。

由式（6-17）可以得到混凝土放出的热量，因此改变水泥用量的条件就是改变图 6-25 c）中喷射混凝土范围内的热源项。模型的其他参数设定如下：在积极冻结期异形冻结管选择与圆形冻结管同步开启；限位管的开启与施工同步，温度为 10℃；喷射混凝土的入模温度为 20℃；隧道开挖面上的空气温度为 20℃；隧道内风速为 1m/s。

图 6-54 为不同水泥用量和不考虑水泥水化热影响条件下，③-3 中砾砂和⑤-3 淤泥质粉质黏土的顶管间中线冻土厚度随时间变化曲线图。

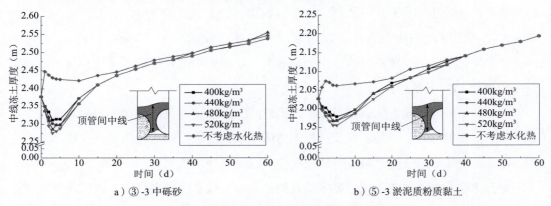

a）③-3 中砾砂　　　　　　　　　b）⑤-3 淤泥质粉质黏土

图 6-54　顶管间中线冻土厚度随时间变化曲线

在不考虑水泥水化热影响下，③-3 中砾砂的顶管间中线冻土厚度在第 1 天保持增长，而⑤-3 淤泥质粉质黏土在前 2d 是增加的。在随后的 3~5d，中线厚度出现小幅度地减小，大概减少 5cm。在维护冻结期后，冻土继续保持增长趋势直至维护冻结期结束。但冻结速率没有维护冻结期开始阶段快。

考虑水泥水化热影响下，顶管间中线冻土厚度在前 5d 一直处于减小的状态。不同水泥含量模型的减小幅度不一，水泥用量越多，减少幅度越大。但彼此之间的差异很小，最大差距仅为 8cm。在第 5 天之后，4 组水泥含量不同模型的中线冻土厚度都开始回升，且此时 4 组曲线与不考虑水化热的曲线几乎重合。这表明，在维护冻结 5d 后，水泥水化热对中线冻土厚度的影响已经非常小，可以忽略不计。造成这一现象的原因在于当在维护冻结期第 5 天时，t 值为 432000s。此时递减函数式（6-17）中的 $q(t)$ 非常小，作为热源项，可以不计其放出的热量。

图 6-55 是冻土帷幕大小与时间的关系曲线，考虑了水泥水化热影响的模型曲线走势与顶管间中线冻土厚度的曲线相同。不考虑水泥水化热影响的模型在整个维护冻结期没有出现下降段，只是冻土增长的速率在第 5 天之后较前 5d 的速率存在一个明显的降低。

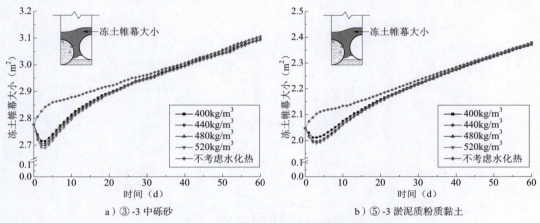

图 6-55　冻土帷幕大小与时间的关系曲线

图 6-56 是冻土帷幕的平均温度曲线图。在整个维护冻结期过程中，不考虑水化热影响模型与不同水泥含量模型的冻土帷幕平均温度的变化趋势几乎相同。在前 10d，冻土帷幕的平均温度一直在升高，但是升高的速率在慢慢变缓。10d 之后，③-3 中砾砂土层的冻土帷幕平均温度约为 −8℃；⑤-3 淤泥质粉质黏土土层的冻土帷幕平均温度大约为 −8.5℃（这 2 个数据分别和积极冻结期中 2 种土层的冻土帷幕平均温度相近）。冻土帷幕的平均温度达到新的平衡点后，温度曲线大致保持水平，直至维护冻结期结束。可以认为，在整个维护冻结期上，水泥水化热对冻土帷幕平均温度的影响较小，可以忽略不计。

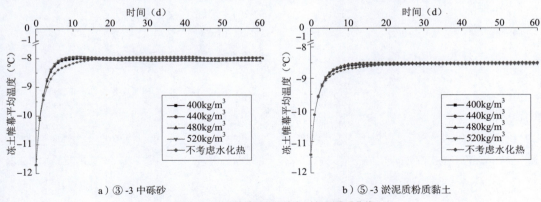

图 6-56　冻土帷幕平均温度与时间的关系曲线

实顶管中线冻土厚度在维护冻结期变化的时间曲线如图 6-57 所示。从图 6-57 中可以清楚地看到，对于不同的土层，无论是否考虑水化热影响的因素，中线冻土厚度在整个维护冻结期的变化都很小，几乎与时间轴平行。

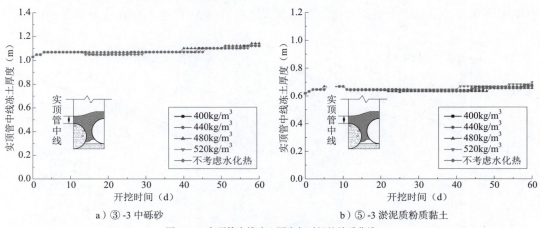

图 6-57　实顶管中线冻土厚度与时间的关系曲线

图 6-58 是空顶管中线冻土厚度随时间变化的曲线图。图 6-58 中冻土厚度发展规律明显异于实顶管中线冻土厚度。不同水泥用量模型和不考虑混凝土水化热模型的空顶管中线冻土厚度随着时间的推移都在逐渐增加。在冻土厚度增加的过程中，虽然前半段时间出现了微小的差异，但是，维护冻结期的后半段，各组模型的曲线几乎完全重合。结合图 6-57 可以得出结论：喷射混凝土水泥水化热对实顶管远离开挖面一侧的冻土厚度几乎没有影响；对于空顶管中线冻土厚度的影响仅限于维护冻结期的前半段，后半段时间内也几乎没有影响。

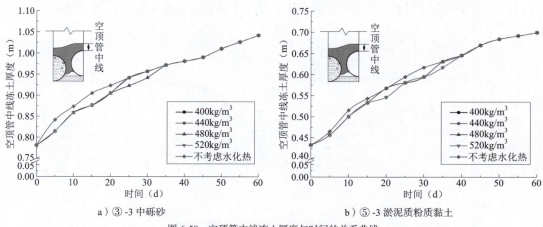

图 6-58　空顶管中线冻土厚度与时间的关系曲线

根据图 6-59 可以得出在维护冻结期前半段时间内空顶管中线冻土厚度发展速率不一的原因。当不考虑混凝土中水化热的影响时，空顶管内空气平均温度逐渐增加，但增加的速率不断变小。第 20 天时，温升速率减小到 0，随后维持在某个固定值，曲线平行于时间轴，直至维护冻结期结束。当考虑水化热影响时，可以发现在前 5d 冻结的速率明显快于不考虑水化热的情况。而且水泥用量不同，对温度回升的速率也有微小的影响，水泥用量越多，回升量越大。在第 5 天之后，空顶管的平均温度有一个小幅度的下降，由于土层的不同，下降的值也存在差异。在维护冻结期后半段时，所有模型空顶管内的平均温度达到平衡，随后维持在这个温度直到维护冻结期结束。由此可知，是否考虑混凝土中水泥水化热对空顶管内空气平均温度的最终值没有影响。

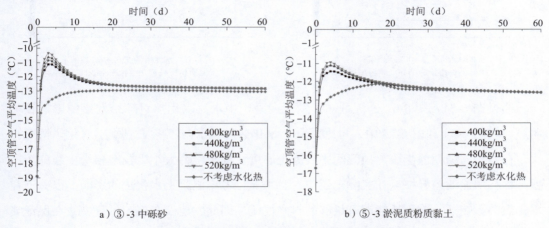

a）③-3 中砾砂   b）⑤-3 淤泥质粉质黏土

图 6-59　空顶管内空气平均温度与时间的关系曲线

通过对比图 6-54～图 6-59，进一步分析可以得出一个结论：混凝土水化热的影响主要集中在维护冻结期的前半段，特别是前 5d。出现这种现象的原因主要是在前几天，$q(t)$ 较大，不同水泥用量的水化热差异较大，而式（6-12）是一个递减函数，造成在前 5d 的时间内，每个模型的中线冻土厚度、冻土帷幕大小以及空顶管内空气平均温度都存在一定的差异。此后，由式（6-12）求得的水泥水化热很小，几乎可以忽略不计。此时，水泥水化热对上述三者的影响可以忽略不计，各个模型间的曲线几乎重合。

图 6-60 为水泥用量 400kg/m³ 条件下，③-3 中砾砂在维护冻结 60d 时温度场云图。可以看出，喷射混凝土区域只有在与土层交界处出现了小部分负温区，基本能够满足负温区域不影响喷射混凝土区的要求。图 6-61 为水泥用量 520 kg/m³ 条件下，⑤-3 淤泥质粉质黏土在维护冻结 5d 时温度场云图。可以看出，此时冻土帷幕包裹着大部分的钢

管幕，封水性能得到保障。

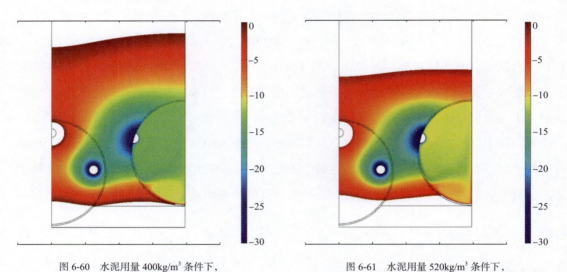

图 6-60　水泥用量 400kg/m³ 条件下，
③-3 中砾砂在维护冻结 60d 时温度场云图

图 6-61　水泥用量 520kg/m³ 条件下，
⑤-3 淤泥质粉质黏土在维护冻结 5d 时温度场云图

通过图 6-54～图 6-61 分析可知，发现混凝土中水泥水化热对冻结效果的影响较为明显。在图 6-54 和图 6-55 中，考虑混凝土水化热的情况与不考虑混凝土水化热情况相比，在维护冻结期前半段，顶管间中线冻土厚度、冻土帷幕大小以及空顶管中线冻土厚度都存在明显的差异性。在实际施工中，必须充分考虑混凝土水化热的影响，以保证在水化热的影响下，冻土还能够有足够的封水性能。因此，建议在施工过程中，在保证喷射混凝土有足够强度等条件下，尽量选用水泥用量少的配合比，例如 400kg/m³。

（4）限位管温度对冻结效果的影响

在拱北隧道的设计方案中，为了保证地下暗挖段的施工不影响拱北口岸的正常通关，需要严格控制冻土的体积，削弱冻胀融沉的影响。由前面几节的研究分析可知，开挖面的热扰动因素对开挖面侧冻土的发展起到了很好的抑制作用，但是这些因素对于抑制远离开挖面侧的冻土则没有太大效果。考虑到这一现象，拱北隧道的设计方案中，在实顶管内远离开挖面侧设置了一根 ϕ133mm 的圆形限位管。在隧道开挖时，同步开启限位管，通入温度相对较高的液体，可以吸收一部分冷量，控制远离开挖面侧的冻结。

在开启限位管的过程中，通入流体的温度高低，是直接影响施工成败的关键因素。如果温度过高，冻土融化过快，体积减少量过大，封水性不能得到保证，隧道在施工过程中有地下水渗入，很有可能引发严重的工程事故；如果温度过低，对冻土的控制起不到一定的效果，冻土的体积仍在增加，地表变形过大，影响地表建筑物的正常运行。

在数值模拟中，限位管流体的入口温度分别设定为5℃、10℃、15℃、20℃、25℃以及限位管不开启。选择限位管不开启的模型作为对照组，是为了排除开挖热扰动对分析的干扰。类似圆形冻结管处理方法，将液体的入口温度简化为限位管外壁的恒温边界进行计算。模型中其他参数和条件的设定如下：在积极冻结期异形冻结管与圆形冻结管同步开启；限位管的开启与开挖施工同步；喷射混凝土的入模温度为20℃；$1m^3$混凝土中水泥的用量为400kg；隧道开挖面上的空气温度为30℃；隧道内风速为1m/s。

图6-62是2种基准土层在不同的限位管设定条件下，顶管间中线冻土厚度和时间的关系曲线。可以看出，是否开限位管对中线冻土厚度的影响较大。在限位管不开启的情况下，5d之后的冻土中线厚度的回升速率明显较快。限位管开启的情况下，在前5d，不同限位管温度对冻结效果的影响不大，5条曲线相互重合；5d之后，中线冻土厚度开始出现差异。中线冻土厚度的增长速率随着限位管温度增加而降低，但是大体上保持着增加的趋势。需要特别注意的是，限位管温度为25℃时，不同土层的冻结效果出现了较大的差异。③-3中砾砂中线冻土厚度在15d之后基本保持不变；⑤-3淤泥质粉质黏土中线冻土厚度在10d之后保持着增加的趋势。造成这一现象的可能原因是⑤-3淤泥质粉质黏土的导热系数比③-3中砾砂土层的小，限位管的温度对中线冻土厚度的影响也小，因此，在淤泥质粉质黏土的土层条件下，中线冻土厚度还有增加的趋势。

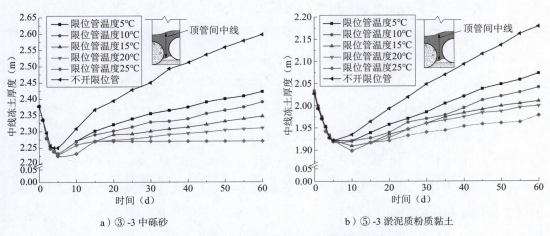

a) ③-3中砾砂　　　　　　　　　b) ⑤-3淤泥质粉质黏土

图6-62　顶管间中线冻土厚度与时间的关系曲线

图 6-63 为不同限位管设定下冻土帷幕大小曲线图。在前 3d，冻土帷幕都在减小，而且不同限位管设定的减小量差异性不大。造成这一现象的原因可能有两方面：一是在前 3d，限位管的融化区还在混凝土管幕中发展，并未实质性影响到冻土区域；二是在前期，开挖面扰动因素对冻结效果的影响比限位管大。第 3 天之后，冻土帷幕大小出现了异性发展，而且不同土的曲线走势也不尽相同。

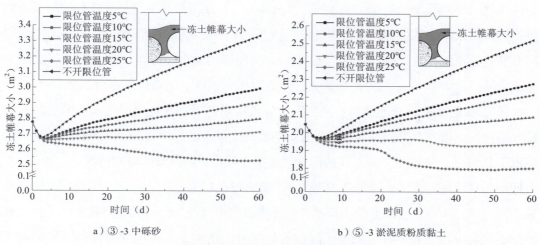

a）③-3 中砾砂　　　　　　　　　b）⑤-3 淤泥质粉质黏土

图 6-63　冻土帷幕大小与时间的关系曲线

在图 6-63 a）中，3d 之后冻土帷幕大小的走势大致呈直线型。限位管不开启时，冻土发展的速率很快，在维护冻结 60d 时，冻土帷幕已经发展到了 3.3m²。开启限位管后，冻土帷幕增长的速率明显变缓，甚至不增长。当限位管温度低于 20℃时，冻土帷幕大小在不断增加，增加的速率和限位管温度呈负相关关系；限位管为 20℃时，冻土帷幕的大小基本上保持一致，约为 2.7m²；当限位管温度为 25℃时，冻土帷幕大小一直在减少，到了 50d 之后约为 2.55m²，变化幅度很小。

在图 6-63 b）中，不开启限位管时的冻土帷幕大小的走势和图 6-63 a）一致，两者的差别在于土的热物性不一样，冻土帷幕大小差距在 0.8m²。限位管开启的模型中，限位管温度低于 20℃时，冻土帷幕大小的走势和图 6-63 a）相似。当限位管温度为 20℃和 25℃时，冻土帷幕大小出现新的变化。当限位管温度为 20℃时，在 3～30d 期间冻土帷幕的大小基本维持在 1.95m² 左右，但是在 30～35d 时，冻土帷幕减少 0.05m²。在之后的维护冻结期时间内，冻土帷幕大小又基本保持恒定。当限位管温度为 25℃时，冻土帷幕大小与时间的关系曲线的走势和 20℃时的相似，不过在 20～25d 之间突降。造成冻土帷幕大小"一级阶梯状"突降的主要原因将在后续给出详细论述。

图 6-64 为不同限位管温度设定下冻土帷幕平均温度与时间的关系曲线图。限位管不开启时，2 种土的冻土帷幕平均温度都约为 –10℃。开启限位管后，冻土帷幕的平均温度都比不开启时高 1~3℃。因此可以得出结论：限位管的开启在一定程度上提高了冻土帷幕的平均温度。

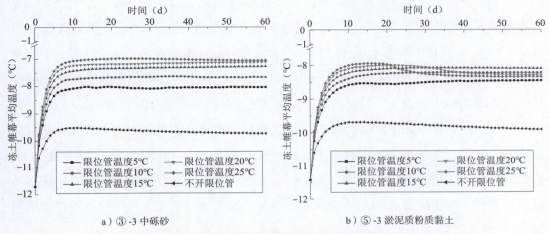

a) ③-3 中砾砂　　　　　　　　　　b) ⑤-3 淤泥质粉质黏土

图 6-64　冻土帷幕平均温度与时间的关系曲线

接着，观察限位管开启的情况下冻土帷幕平均温度情况。当限位管温度低于 20℃ 时，2 种基准土层的平均温度随着限位管温度的升高而升高，不同温度间差值比较明显。当限位管温度超过 20℃ 时，2 种土层的冻土平均温度出现了差异。从图 6-64 a) 中可以看出，25℃ 的限位管和 30℃ 的限位管冻土平均温度之间的差值先增大后减小，在维护冻结 60d 时，几乎达到了相同的温度。虽然这两者平均温度仍然高于 15℃ 限位管的冻土平均温度，但是差值很小，可以忽略不计。而在图 6-64 b) 中，20℃ 限位管的平均温度在前 30d 和图 6-64 a) 图中的走势相似，但是在 30~35d，平均温度降到了 15℃ 限位管的平均温度以下，之后，维持与 10℃ 限位管的平均温度相同，直至维护冻结期结束。25℃ 限位管冻土帷幕的平均温度和 20℃ 的大致相同，只是温度降低的时间节点在 20~25d 之间。结合图 6-63 b) 和图 6-64 b)，可以看出限位管温度为 20℃ 和 25℃ 时，发生突变的时间区域是一致的。

为了找出上述的原因，对实顶管中线冻土厚度与时间的变化曲线进行研究。

从图 6-65 a) 中可以观察到，限位管温度为 5℃ 和 10℃ 以及不开启限位管的情况下,冻土的厚度还在不断增加。当限位管温度为15℃和20℃时,中线冻土的厚度在维护冻结期的前半段时间内逐渐减小;在后半段时间内几乎不发生变化。当限位管温度为25℃时,实顶管中线冻土厚度随着时间的推移一直减少。但是,在整个维护冻结期,冻土的厚度都没有降至0m,即在整个维护冻结期阶段,实顶管外侧都存在有一定厚度的冻土。

从图6-65 b)中可以观察到,限位管不开启和限位管温度为5℃时,中线冻土厚度有所增长;限位管温度为10℃和15℃时,冻土厚度约为0.65m;限位管温度为20℃和25℃时,实顶管中线冻土厚度出现了较大的差异。在维护冻结20~25d时,限位管温度为25℃的中线上冻土全部融化;在维护冻结30~35d时,限位管温度为20℃的中线上也不存在冻土。这2个时间点和冻土帷幕的大小以及平均温度突变的时间点一致。因此可以判断,图6-63 b)和图6-64 b)中曲线的突变是由实顶管中线上冻土全部融化造成的。这一现象的本质原因和冻土交圈时冻土平均温度存在回升是一致的。冻土快要出现间断时,融化的速率突增,冻土帷幕大小以及平均温度就出现了突变。在这一过程结束后,冻土帷幕大小和平均温度在现有位置上达到平衡,并保持到维护冻结期结束。

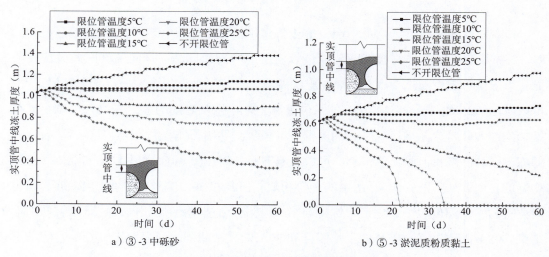

图6-65 实顶管中线冻土厚度与时间的关系曲线

图6-66为2种土层条件下,空顶管内空气平均温度的时间曲线图。图6-65 a)中,不开限位管时的空顶管内空气平均温度明显低于限位管开启时。而在图6-65 b)图中,两者的差异很小。造成这一现象的可能原因在于③-3中砾砂土层的导热系数大于⑤-3

淤泥质粉质黏土的，导致限位管的温度在冻土间的传递更快。因此，在③-3中砾砂土层中，限位管的开启对空顶管内的平均温度造成的影响较大。然而在不同限位管温度情况下，空气平均温度的曲线几乎是重合的，在维护冻结前期先急速回升，经过小波峰后，维持在 –10℃左右。因此可以得出结论：限位管的开启与否对空顶管内空气平均温度的影响取决于土层的热物性质。而限位管的温度对空顶管内的平均温度影响甚微，可忽略不计。从图6-67中可以得出相同的结论。

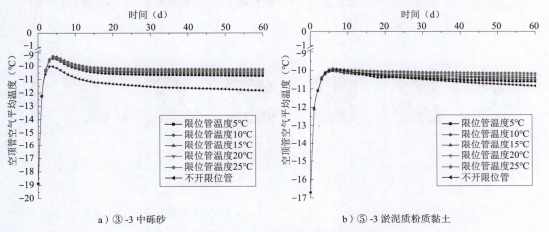

图6-66 空顶管内空气平均温度与时间的关系曲线

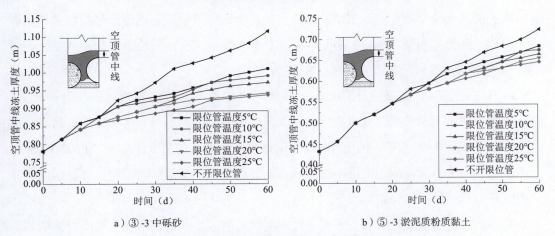

图6-67 空顶管中线冻土厚度与时间的关系曲线

为了更加清晰地显示出冻土在维护冻结期60d的形态，绘制了图6-68，即③-3中砾砂和⑤-3淤泥质粉质黏土在异形冻结管不同开启条件下维护冻结60d的温度场云图。由图6-68可以看出，异形冻结管是否开启对实顶管外侧的冻土影响较大。而对于空顶管外侧的冻土，在不同基准土层条件下，厚度上具有差异。此外，当限位管的温度达到一定值时，冻土就会出现冻穿的现象。

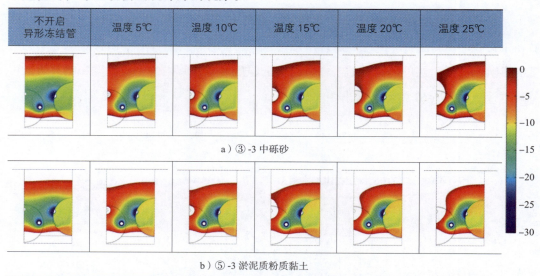

图 6-68　异形冻结管不同开启条件下维护冻结 60d 温度场云图

通过图 6-62～图 6-68 的分析，可以得出结论：限位管是否开启对冻结效果的影响非常显著。特别是在实顶管外侧，限位管能够抑制冻土的发展，在一定条件下，甚至能够将附近的冻土全部融化。对于空顶管外侧的冻土，限位管是否能够起到很好的作用取决于管幕之间土体的热物性质，但是对于空顶管外侧的冻土，限位管的作用主要是控制其发展的速率，不能完全抑制住冻土的发展。

不开限位管时，实顶管外侧的冻土厚度可以达到 1.4m，在距离地表较近的地方，这一厚度是非常不利于控制地表变形的。因此，限位管的开启是非常必要的。而对于空顶管外侧的中线冻土厚度，在开启限位管的条件下，冻土的最大厚度可以控制在 1m 以内，垂直方向上并未造成很大的冻胀量，基本能够满足地表位移的控制指标。因此，开启限位管能达到设计的设想。

在确定需要开启限位管后，还需要考虑限位管的温度。不同限位管温度对冻结效果的影响较大，因此，在施工中如何合理确定限位管的温度是亟须解决的问题。通过上述详细研究，发现在限位管温度设为 20℃和 25℃时，导热系数最低的土层——⑤-3 淤泥质粉质黏土出现了冻穿的现象（图 6-68），这在实际工程中是否对冻土的封水性能产生影响还需要进行进一步探究。限位管温度设为 5℃和 10℃时，导热系数最高的土层——

③-3中砾砂的实顶管中线冻土厚度仍在增长,不能够实质性地削弱冻胀量。因此,经过上述的比选,限位管温度最佳取值约为15℃。

6.3.7 空顶管保温设置效果分析

在一般的冻结工程中,为了保证冻结管的冷量能够更好地用于冻结土体,减少不必要的损耗,会在土体表面覆盖一层保温材料。很多冻结方面的专家根据以往的工程经验提出,可以在空顶管内全断面布置一圈保温材料,用来控制进入空顶管内的冷量,这样,可以将更多的冷量用于土体的冻结,在积极冻结期起到迅速"冻起来"的效果。针对这种观点,采用COMSOL MULTIPHSICS模拟冻结施工全过程(包括积极冻结期和维护冻结期),分析研究这种观点在管幕冻结法施工中是否适用。

根据施工经验以及保温材料的规格,保温材料的具体布置形式见图6-69。在研究过程中,设定空顶管内的保温层厚度为2cm(一般保温材料的厚度),保温材料的热学参数见表6-13。在制定研究保温材料设置效果的对比模型中,仍然针对③-3中砾砂和⑤-3淤泥质粉质黏土分别建立模型组进行研究。每组模型中又包含有2个模型:Ⅰ号模型不设置保温层,Ⅱ号模型设置保温层。

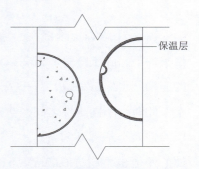

图6-69 空顶管内附保温层示意图

模型中其他条件参数设定如下:异形冻结管和圆形冻结管在积极冻结期施工时同步开启;限位管的开启与隧道开挖同步,温度为10℃;喷射混凝土的入模温度为20℃;1m³混凝土中含有水泥400kg;开挖时隧道内部空气温度为25℃;开挖面上风速为1m/s。

(1)积极冻结期

先考察在积极冻结期阶段,添加保温层对冻结效果是否存在影响。

图6-70是积极冻结期不同土层的顶管间中线冻土厚度随时间变化的曲线。黑色曲线表示在空顶管内不添加保温层的情况,红色曲线代表在空顶管内全断面上铺设2cm厚的保温层材料。由图6-70可以看出,2条曲线几乎完全重合。虽然在⑤-3淤泥质粉质黏土下的偏差比③-3中砾砂的稍微大点,但是最大的差值也在5cm以内。因此可以得出结论,空顶管内是否用保温材料进行保温,对顶管间中线冻土厚度的影响很小,在实际工程中可忽略不计。需要特别注意的是,加了保温材料的曲线保持在不加保温材料的曲线下方,即加了保温材料后,在一定程度上抑制了中线冻土厚度的发展。

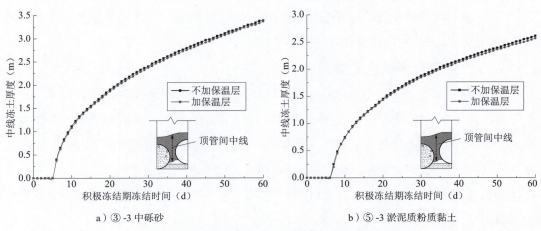

图 6-70　积极冻结期顶管间中线冻土厚度与时间的关系曲线

图 6-71 为冻土帷幕大小随时间的变化曲线图。由图 6-71 可以看出，在 2 种不同土层条件下，冻土帷幕大概在第 4 天的时候出现，之后随着时间的推移不断增长，且增长的速率几乎保持一致，每一条曲线都近似为一条直线，冻土的增长速率即为该直线的斜率。此时，不同土层之间，空顶管内是否使用保温材料对冻土帷幕大小的影响取决于土层的性质。从图 6-71 a）中可以看出，对于③-3 中砾砂，2 条曲线几乎完全重合，最大处的差值也不超过 0.03m²。但如果基准土层是⑤-3 淤泥质粉质黏土，冻土帷幕出现的偏差稍大一些。在积极冻结 60d 时，这个偏差值最大，加了保温材料的比不加保温材料的小了 0.12m²。在中线冻土差值很微小的情况下，冻土帷幕出现这么明显的偏差可能原因是实顶管侧或空顶管侧的冻土厚度存在较大的差异，或者是因为冻土的平均温度存在一些偏差。为了确定这一现象的本质原因，后续将就这 3 个特征值逐一进行比较。

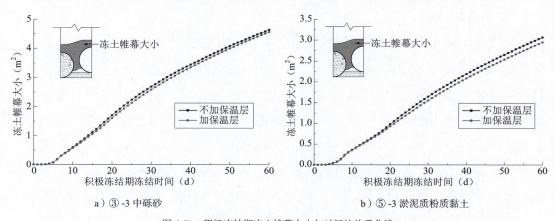

图 6-71　积极冻结期冻土帷幕大小与时间的关系曲线

图 6-72 是冻土帷幕的平均温度随时间变化的曲线。由图 6-72 可以看出，不同土层条件下，是否加保温材料对冻土帷幕的平均温度的影响都很小，2 条曲线几乎完全重合，最大的差值约为 0.2℃。因此可以得出结论：冻土帷幕大小的差异性与冻土帷幕平均温度的关系不太密切。另外，值得特别注意的是，加了保温层后的冻土帷幕平均温度的曲线在不加保温材料的上方，即加了保温层的冻土帷幕平均温度稍微偏高。该现象说明顶管内的空气流动加速了冻结管与土体间的传热效率，有利于管间冻土帷幕的发展。

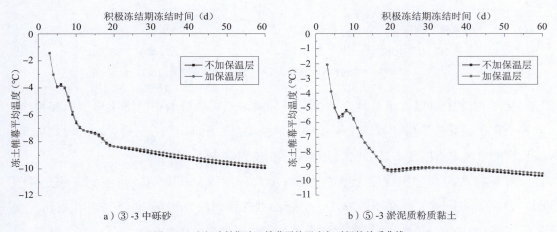

图 6-72 积极冻结期冻土帷幕平均温度与时间的关系曲线

图 6-73 为实顶管的中线冻土厚度随时间变化的曲线。虚线代表不加保温材料条件下实顶管中线冻土厚度，黑色、红色和蓝色分别代表实顶管中线上段、下段以及总和的冻土厚度。实线代表加保温材料条件下实顶管的中线冻土厚度，粉红色、绿色和青色分别代表实顶管中线上段、下段以及总和的冻土厚度。由图 6-73 可以看出，不论是③-3 中砾砂，还是⑤-3 淤泥质粉质黏土，6 条曲线的大体趋势是相同的。实顶管中线上冻土首先出现在其上段部分（距限位管较近的一侧），但首次出现冻土的时间因不同的土层而有所差别，③-3 中砾砂大概在第 11 天首次出现冻土，⑤-3 淤泥质粉质黏土要到第 18 天。2 种土层条件下，都大概推迟 5d 后，中线下段开始出现冻土，此时，冻土厚度总和的曲线开始偏离上段冻土厚度的曲线。中线上段冻土的出现时间较下段冻土出现得早，主要原因是异形冻结管的选位为水平线偏上 15°，离上部土体近，对上段的影响较为明显。这一因素造成上段冻土出现得早，而且在整个积极冻结期内，其厚度都大于下段。

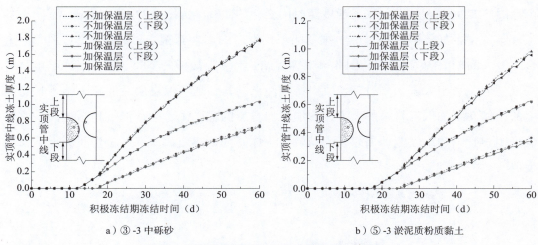

图 6-73 积极冻结期实顶管中线冻土厚度与时间的关系曲线

从图 6-73 中可以看出，是否加保温层材料对于实顶管的中线冻土厚度影响很小。同种土层下，相应段的中线冻土厚度的差别很小，2 条曲线几乎是重合的。因此可知，实顶管的中线冻土厚度不是造成冻土帷幕存在较大差异的直接原因。

图 6-74 为空顶管中线冻土厚度随时间变化的曲线。从图 6-74 中看到了完全异于图 6-73 的现象。首先，在图 6-73 中，各条曲线的排列较为整齐，相互之间没有出现交叉的现象；而在图 6-74 中，曲线之间出现了相交的情形，例如图 6-74 a) 中，采用保温层时，上下段的曲线在积极冻结约 43d 时相交。其次，在图 6-73 中，相应段的中线冻土厚度的差别很小，2 条曲线几乎是重合的；但在图 6-74 中，除开空顶管中线冻土厚度

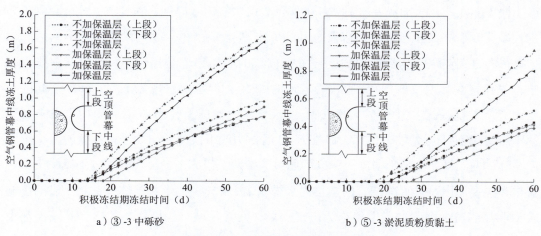

图 6-74 积极冻结期空顶管中线冻土厚度与时间的关系曲线

上段的 2 条曲线基本重合外，其他曲线都存在较为明显的偏差。而且，对于不同土层偏差的值也不同，冻结速率越快的土层偏差的值较小。造成这一现象的因素主要有两方面，一是异形冻结管处的保温材料很好地抑制了冷量流入空顶管内；二是管幕内其他地方的保温材料很好地束缚住了空顶管内的冷量，使其不能很快传递到周边的土体中去。但是从图 6-75 可以看出，第一个因素所占的比重不大，虽然平均温度存在一些差别，但是差别维持在 1℃ 以内。也就是说，造成图 6-74 中空顶管中线冻土厚度偏差的主要原因是管幕内其他地方的保温材料很好地束缚住了管幕内的冷量，使得空顶管内冷量向外传递受阻。

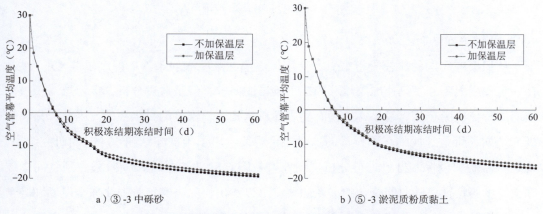

a) ③-3 中砾砂　　　　　　　　b) ⑤-3 淤泥质粉质黏土

图 6-75　积极冻结期空顶管内空气平均温度与时间的关系曲线

图 6-74 中还有一个值得注意的地方，没有加保温层时，冻土出现在空顶管上下段的时间基本同步（③-3 中砾砂土层同一天出现；⑤-3 淤泥质粉质黏土土层间隔 1d），而且下段的增长速率稍快于上段，这一点和实顶管恰好相反。在加保温层后，空顶管中线上段的冻土出现时间要早于下段。出现这种差别的原因可能是在未加保温材料的时候，空顶管内的空气流动较为剧烈，因此空顶管内空气温度较为平均，上下段差不多同时出现冻土。加设保温层后，由于保温层的束缚作用，空顶管内的冷量无法及时传递出去，此时空顶管中线处的冻土主要受到周边土体温度的影响（图 6-76）。又由于异形冻结管偏于上侧，因此在这一侧先出现冻土。对于在图 6-74 的空顶管中线下段冻土厚度增长快于上段增长的原因，主要是由于在自然对流条件下，冷空气多集中于下半部分，热空气受到浮力影响处于上半部分，因此，下半部分的冷量多，冻结速率较快。

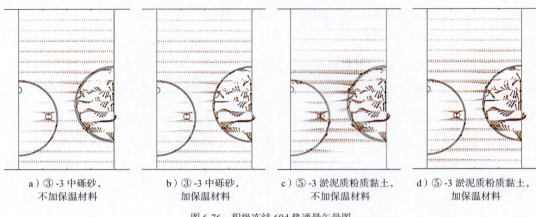

a) ③-3 中砾砂，不加保温材料 b) ③-3 中砾砂，加保温材料 c) ⑤-3 淤泥质粉质黏土，不加保温材料 d) ⑤-3 淤泥质粉质黏土，加保温材料

图 6-76　积极冻结 60d 热通量矢量图

(2) 维护冻结期

从积极冻结期的比较分析来看，使用保温层在某些土层条件下抑制了冻土的发展，在一定程度上不利于迅速冻结以形成冻土帷幕的要求。但是通过分析，保温层对积极冻结期的特征值影响相对较小，并没有实质性影响到冻土帷幕的封水性能。因此，只从积极冻结期评价是片面的、不科学的。对此，后续给出了维护冻结期 60d 时的研究结果，就是否需要加设保温材料进行分析。图 6-77～图 6-82 为维护冻结期阶段，顶管间中线冻土厚度等特征值随时间变化的关系曲线。可以看出，除去实顶管中线冻土厚度和冻土帷幕平均温度的 2 条曲线基本重合外，是否加保温材料对冻结效果还是有一定影响的。

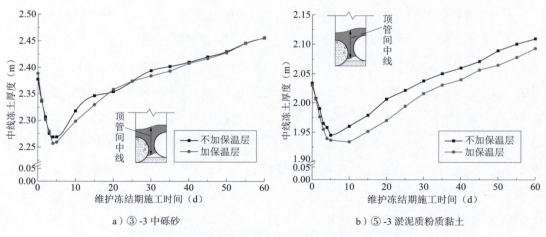

a) ③-3 中砾砂　　　　　　　　b) ⑤-3 淤泥质粉质黏土

图 6-77　维护冻结期顶管间中线冻土厚度与时间的关系曲线

图 6-77 为维护冻结期顶管间中线冻土厚度随时间的变化曲线。可以看出，不同土

层曲线的走势存在一些差别。在图 6-77 a) 中，曲线在维护冻结期前期存在一定差别，不加保温材料时，顶管间中线冻土厚度大于加保温材料的情况。但是在维护冻结期后半段，2 条曲线又基本重合。总体上来说，2 条曲线的差异性很小。图 6-77 b) 中，2 条曲线除了在施工开始前是重合的，其他时段都存在差异。且不加保温材料的曲线维持在加保温材料的上方，即不加保温材料时，顶管间中线冻土厚度的差值约为 5cm，直至维护冻结期结束。产生这一现象的原因可能是土体热物理性质不同，在导热过程中因为空顶管内加设一层保温材料，开挖热扰动的热量多传至在冻土区域内，对冻土厚度产生影响。

如图 6-78 所示，在③-3 中砾砂土层中，是否加保温材料对冻土帷幕随时间的变化影响较小。在维护冻结期的前 30d，是否加保温材料的曲线是完全重合的，即表示这段时间内，冻土帷幕大小是一样的。在 30d 之后，2 条曲线出现了小幅度的偏差。加保温层的冻土帷幕大小的模型值较不加保温层的模型值要大，但是整个维护冻结期内，两者之间的最大差值控制在 0.05m² 以内。产生这种现象的直接原因是在顶管间中线冻土厚度和实顶管中线冻土厚度相差不大（图 6-77 和图 6-80）的情况下，加保温材料模型的空顶管中线上冻土厚度稍大于不加保温材料模型的。

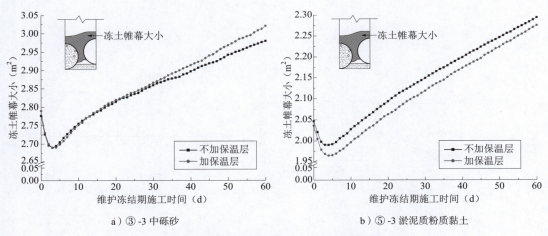

a) ③-3 中砾砂　　　　　b) ⑤-3 淤泥质粉质黏土

图 6-78　维护冻结期冻土帷幕大小与时间的关系曲线

图 6-78 b) 与图 6-78 a) 存在明显的差别。图 6-78 b) 中 2 条曲线的差值保持在 0.05m² 以内，总体上来说，是否加保温材料对冻土帷幕大小的影响是比较小的。在整个维护冻结期阶段内，不加保温材料一直大于加保温材料的值。产生这种现象的原因是在

空顶管中线冻土厚度和实顶管中线冻土厚度相差不大（图 6-77 和图 6-81）的情况下，顶管间中线冻土厚度影响了冻土帷幕的大小。

由图 6-79 和图 6-80 可知，在维护冻结期阶段内，是否增加保温层对冻土帷幕平均温度和实顶管中线冻土厚度的影响非常小，表现在图上即为 2 个模型的曲线几乎完全重合。因此可以得出结论：是否增加保温层对实顶管中线冻土厚度和冻土帷幕的平均温度没有影响。

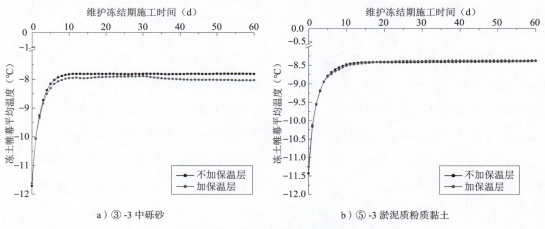

图 6-79 维护冻结期冻土帷幕平均温度与时间的关系曲线

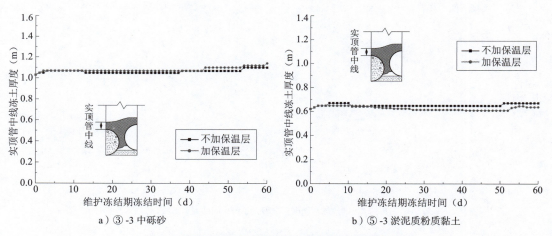

图 6-80 维护冻结期实顶管中线冻土厚度与时间的关系曲线

图 6-81 是维护冻结期空顶管中线冻土厚度随时间变化曲线。可以大致看出，加保温材料的模型空顶管中线冻土厚度稍大于不加保温材料的模型，差距在 5cm 内。造成

这一现象的原因可能和热量传递的方向有关。在维护冻结期阶段，由于空顶管内空气受到开挖扰动的影响，部分空气的温度上升，通过自然对流，这部分热空气运动到空顶管的上侧。此时，空顶管外侧冻土的温度比上部空气的温度低，因此热量从空顶管流入冻土。在未加保温层的时候，这个传递过程很迅速，且冻土的增长很快受到了抑制；而在加了保温材料后，隔绝了大部分的热交换，并且冻土帷幕的增长速率仍然保持在较快的状态。

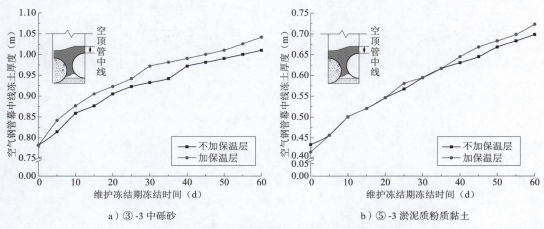

图 6-81　维护冻结期空顶管中线冻土厚度与时间的关系曲线

虽然在图 6-81 中，曲线总体上保持一致性，但是在细节上仍然存在一定的差别。在图 6-81 a) 中，整个维护冻结期，采用保温材料的曲线一直处于不采用保温材料的曲线上方，即前者的空顶管中线冻土厚度大于后者。在图 6-81 b) 中，维护冻结期的前半段，2 条曲线几乎是重合的；而在后半段时间里，采用保温材料的空顶管中线冻土厚度大于不采用保温材料的。对于这种差异，可能的原因在于土层的热学物理性质存在较大区别。不同土层条件下，在隧道开挖后，传入空顶管内部的热扰动所产生的热量差别不大（图 6-82），但是从空顶管传入土体中的热量差别较为明显。在③-3 中砾砂中，空顶管附近土体温度较低，即温度梯度大，由傅里叶定律可知，传出的热量也较多。加设保温层对热量的传出产生了一定的抑制作用。因此，空顶管不加保温材料时中线冻土厚度就比加设保温层的小。而在⑤-3 淤泥质粉质黏土中，情况恰好相反。空顶管附近土体的温度较高，在一开始温度梯度较小，由傅里叶定律可知，传出的热量也不多，对冻土的抑制作用不明显。当维护冻结期施工到一定的时期，此时空顶管附近的冻土温度较低，温度梯度变大，在不加保温材料的情况下，传出的热量多，因而冻土的发展受到抑制，冻结速率变小。

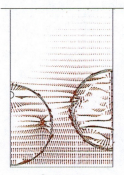 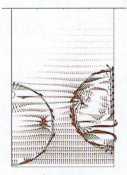 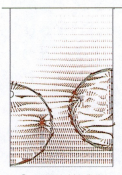 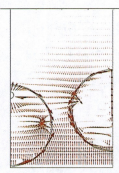

a) ③-3 中砾砂，不加保温材料　　b) ③-3 中砾砂，加保温材料　　c) ⑤-3 淤泥质粉质黏土，不加保温材料　　d) ⑤-3 淤泥质粉质黏土，加保温材料

图 6-82　维护冻结 60d 热通量矢量图

图 6-83 为维护冻结期空顶管内空气平均温度随时间变化的曲线图。从图 6-83 可以看出，在不同土层条件下，2 条曲线的走势发生了较大差异。在图 6-83 a) 中，加保温材料的曲线一直保持在不加保温材料的曲线下方，即前者的平均温度一直比后者低，两者的差值很小，维持在 0.5℃ 以内。但是在图 6-83 b) 中，两者的关系恰好相反，即不加保温材料时空顶管内空气平均温度一直低于加保温材料时的平均温度。造成这一现象的本质原因在于土层的差异性。拱北隧道隧址区不同土层传热能力不同，其中 ③-3 中砾砂最强，⑤-3 淤泥质粉质黏土最弱。在维护冻结期，开挖热扰动产生的热量通过土体向空顶管内传递，由于在前期热扰动产生的热量较为集中，空顶管内外的温差较大，保温材料在该阶段起的作用不大，空顶管内空气平均温度快速回升。在随后的时间内，两幅图出现了差异。

对于图 6-83 a)，在温度迅速回升之后，加保温层的空气平均温度低于不加保温层的。在热量传入方面，空顶管内空气平均温度和隧道开挖面上的温度梯度变大（空顶管下侧距离开挖面只有 30cm 的距离），且混凝土的导热性能良好，在两者共同作用下，是否采用保温材料对于传入空顶管内的热量影响很小，几乎可以忽略不计（图 6-82）。在热量传出方面，在 ③-3 中砾砂土层条件下，空顶管外附冻土（除去异形冻结管附近）的温度较低，因此造成空顶管的温度也较低。在热量传出过程中，为了形成合理的温度梯度，保温材料需要吸收更多的热量。结合上述原因，相比于不加保温层材料，加保温层材料时空顶管内空气平均温度更低。

对于图 6-83 b)，在温度迅速回升之后，出现的现象和图 6-83 a) 恰好相反，加保温层模型的空气平均温度高于不加保温层模型的平均温度。造成这一现象的原因主要有 3 个，在热量传入方面和图 6-83 a) 的分析相同，此处不再赘述；而第二方面也是关于热量传出，对于⑤-3 淤泥质粉质黏土土层，空顶管外附冻土（除去异形冻结管附近）的温度较高；相应地，空顶管的温度就会偏高。在热量传递过程中，保温层吸收的热量较少，就可以形成合理的温度梯度。第三方面，在⑤-3 淤泥质粉质黏土土层条件下，保温层的温度在开挖前就偏高，因此吸收的热量相对偏少。综上所述，在⑤-3 淤泥质粉质黏土条件下，出现加保温层的空气平均温度高于不加保温层的平均温度是合理的。

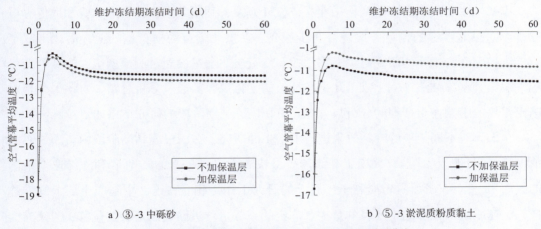

图 6-83 维护冻结期空顶管内空气平均温度与时间的关系曲线

（3）结果分析

通过以上分析，综合考虑积极冻结期和维护冻结期不同的施工工况，可以得出如下结论：

①在积极冻结期，加保温层的初衷是为了让冷量能够集中地传入土层，加速冻结以缩短"冻起来"阶段的时间。但是通过 COMSOL MULTIPHSICS 的数值模拟可以清楚地看出，在空顶管内增加保温层，不仅不能加速土层的冻结，反而对空顶管侧的冻土发展起到了抑制作用。因此，只从积极冻结期来看，添加保温层是不适宜的。

②在维护冻结期，以往的认知是，保温层的存在与否对冻结效果的影响不大。但是通过数值研究发现，空顶管内有保温层对维护冻结期冻结效果产生一定影响。添加保温层虽然能在一定程度上限制冻土帷幕的大小以及顶管间中线冻土的厚度，但是这

些限制并没有在根本上限制冻土的发展，只是起到延迟作用。从另一个方面来看，加保温层对于控制空顶管远离开挖面侧的冻土厚度起到负面作用，添加保温层后，该侧冻土厚度的增长速率较快。如果考虑到地表位移的限制，添加保温层后，很有可能出现位移过大的结果。因此，单从这方面来看，保温层的存在不利于控制空顶管侧的冻胀。

③对于是否需要添加保温层，综合积极冻结期和维护冻结期的分析结果后认为，空顶管内不需要也不应该添加保温材料。

6.4 小结

本章的主要研究内容是依托拱北隧道设计方案，利用大型物理模型试验和数值分析软件，对拱北隧道的设计方案进行初步探究。在拱北隧道的模型基础上，简化出双半管二维模型作为主要的研究对象。采用控制变量法，通过设立对照模型组、改变因变量等，得出管幕冻结法中冻土帷幕几个特征值的变化规律。通过分析总结，对该因变量对冻土帷幕的影响作出合理的分析与解释。对积极冻结期阶段的研究结果如下。

首先，对不同土层的冻结效果进行了初步的研究。在积极冻结期阶段内，通过对数值模拟结果的分析比选，找出了冻结速率最快的土层——③-3中砾砂和冻结速率最慢的土层——⑤-3淤泥质粉质黏土。后续的研究工作是建立在这2个基准土层上的。选择冻结速率最快土层的主要目的是控制冻土的冻胀量，进而控制地表的位移；选择冻结速率最慢的土层是为了保证在任何工况下，冻土帷幕都具有良好的封水性。

其次，研究了异形冻结管不同开启时间对冻结效果的影响。通过对比同步开启、推迟15d、推迟30d、推迟45d以及在积极冻结期完全不开启等5种不同的工况，最后推荐使用同步开启异形冻结管和圆形冻结管的模式。这不仅有利于在积极冻结初期冻土的迅速发展，较快地形成可靠的冻土帷幕，还有利于施工管理。但是值得注意的问题是，数值模拟中采用的是二维模型，仅仅考虑到了垂直方向上的冻胀。拱北隧道的纵向长度为255m，在这么长的隧道线路上采用冻结法，纵向的冻土冻胀量会很大。因此，建议在同步开启的条件下，将隧道纵向上分成几个区域，分段分期进行冻结施工。

在维护冻结期的研究中，第一个研究内容是隧道内空气温度对冻结效果的影响。通过对3种不同隧道内空气温度的模拟,得出最佳的隧道内空气温度为25℃。在这一温度下,不仅对冻结效果的影响很小,而且还充分考虑到了隧道内施工人员的身体舒适问题。随后,考察了隧道内风速对冻结效果产生的影响。由于相关文献中规定,隧道内的极限风速为6m/s,并且考虑到正常的风速范围和完全无风的条件下,共设置了5组不同风速的模型。在分析结果时发现,隧道开挖面的风速对冻结效果有一定的影响,但是这种影响并不显著。因此,就影响冻结效果来说,拱北隧道在一般条件下施工,对开挖面的通风控制要求无需过于严格。

在考虑混凝土中水泥水化热对冻结效果的影响研究中,主要分析了4种不同水泥用量以及完全不考虑水化热影响的5组模型。通过分析计算,发现混凝土中水泥水化热对冻结效果的影响较为明显。考虑混凝土中水泥水化热的情况与不考虑的情况相比,在维护冻结期前半段,顶管间中线冻土厚度、冻土帷幕大小以及空顶管中线冻土厚度都存在明显的差异性。在设计时,必须充分考虑混凝土中水泥水化热的影响,保证在水化热的影响下,冻土还能够有足够的封水性能。因此,建议在施工过程中,喷射混凝土在保证足够强度等条件下,尽量选用水泥用量少的配合比,例如400kg/m^3。

最后,在维护冻结期的研究内,本章讨论了限位管对冻结效果的影响。在研究过程中,以完全不开启异形冻结管为对照模型,用以消除其他因素对研究的干扰,共设立了5组对比模型,限位管的温度依次为:5℃、10℃、15℃、20℃和25℃。通过对比分析,发现限位管是否开启对冻结效果的影响非常显著。特别是在实顶管的外侧,限位管能够抑制冻土的发展,在一定条件下,甚至能够将附近的冻土全部融化。对于空顶管外侧的冻土,限位管是否能够起到很好的作用取决于管幕之间土体的热物性质,但是对于空顶管外侧的冻土,限位管的作用主要是控制其发展的速率,不能完全抑制住冻土的发展。另外还初步讨论了限位管温度的设定,并给出了最佳的限位管设计温度为15℃。

在积极冻结期和维护冻结期,通过是否添加保温材料的模型分析可知:在积极冻结期,加保温材料并没有很好地起到减小能耗的作用,反而在一定程度上抑制了冻土的迅速发展;在维护冻结期,添加保温材料"加速"空顶管外侧冻土的增长,这对控制冻土又产生了不利的影响。

本章通过对上述问题的研究,给出拱北隧道管幕冻结法方案为:在积极冻结期,为了实现迅速"冻起来"的目标,建议异形冻结管和圆形冻结管同时开启。在维护冻结期,隧道内的温度控制在25℃左右,同时对隧道开挖面上的风速不进行严格要求,按照规范要求取值即可;水泥水化热对维护冻结期前期的影响较大,因此在满足其他要求的前提下,尽量使用水泥含量少的喷射混凝土。为了抑制开挖面外侧冻土的发展,限位管在隧道开挖施工时同步开启,温度设定约为15℃最佳。

第 7 章
CHAPTER 7
管幕冻结方案原型试验

7.1 管幕冻结原型试验的设计与实施

本章以港珠澳大桥珠海连接线拱北隧道工程为背景，结合设计要求与现场施工条件，提出管幕冻结原型试验内容与方案，并选择相应试验区域进行管幕冻结法冻结方案原型试验研究。

7.1.1 管幕冻结试验内容与方案

7.1.1.1 试验内容

本次冻结试验主要包含管幕冻结法积极冻结方案研究、管幕冻结法冻结效果动态控制研究、"大冻结管"理论的验证以及土体改良注浆对冻结效果的影响研究。

针对这几方面研究内容，冻结试验分 2 个阶段进行：

第 1 阶段为积极冻结阶段，进行管幕冻结法积极冻结方案研究。包含实顶管单独冻结、实顶管与空顶管协同冻结、实顶管为主和空顶管为辅冻结、空顶管冻结 4 类模式。

第 2 阶段为控制冻结阶段，进行管幕冻结法冻结效果动态控制研究。包含冻土热控限位和冻土冷控限位 2 类模式。

在试验期间，选定少部分试验区域来进行"大冻结管"理论的验证以及土体改良注浆对冻结效果影响研究。

7.1.1.2 试验方案

本试验采用局部管幕冻结试验，选定相邻的实顶管与空顶管这一组合进行试验。

根据冻结试验内容第 2 阶段控制冻结要求，为缩短试验周期，设计了冻土非限位模式、冻土热控限位模式和冻土冷控限位模式 3 类模式。

冻土非限位模式：完成积极冻结之后，继续冻结，任由冻土发展，称为模式 B；

冻土热控限位模式：完成积极冻结之后，开启"高温盐水限位管"，控制冻土发展，维持冻土厚度，称为模式 A；

冻土冷控限位模式：完成积极冻结之后，进行间歇冻结，控制冻土发展，维持冻土厚度，称为模式 C。

以上 3 类模式同时进行试验，以比较冻结试验第 2 阶段控制冻结的效果，进行动态控制研究。同时，在这 3 类模式基础上，结合第 1 阶段积极冻结期间圆形主力冻结管和异形加强冻结管的不同组合方式、"大冻结管"理论的验证和土体改良注浆对冻结效果的影响研究，细分为 14 种小型冻结模式，如表 7-1 所示。

冻结试验各类冻结模式 表 7-1

冻结模式及编号		冻结模式名称
模式 A：冻土热控限位	A1	实顶管与空顶管协同冻结——限位管限位模式
	A2	实顶管为主空顶管为辅冻结——限位管限位模式
	A3	实顶管单独冻结——限位管限定模式
模式 B：冻土非限位	B1	实顶管单独冻结模式
	B2	实顶管与空顶管协同冻结模式
	B3	实顶管与空顶管协同冻结（加强管保温）模式
	B4	实顶管与空顶管协同冻结（注浆改良）模式
	B5	实顶管为主空顶管为辅冻结（加强管保温）模式
	B6	实顶管为主空顶管为辅冻结（注浆改良）模式
模式 C：冻土冷控限位	C1	实顶管与空顶管协同冻结——冻结管冷控限位（注浆改良、空顶管全保温）模式
	C2	实顶管与空顶管协同冻结——冻结管冷控限位模式
	C3	实顶管与空顶管协同冻结——冻结管冷控限位（空顶管全保温）模式
	C4	实顶管与空顶管协同冻结——冻结管与加强管冷控限位模式
	C5	空顶管单独冻结模式

为节省试验费用和时间，考虑管幕顶管管节基本长度为 4m，每种冻结模式仅布置在 1 个管节中。本次试验冻结区域需用 15 个顶管管节。具体每个顶管管节的试验安排

如图 7-1 所示，结合表 7-1 各冻结模式，相应管节试验方案如下。

冻结模式	模式 A（冻土热腔限位模式）				模式 B（冻土非限位模式）						模式 C（冻土冷控限位模式）				
	A1	A1	A2	A3	B1	B5	B2	B3	B4	B6	C1	C2	C3	C5、C4	C4
管节	1	2	3	4	5	6	7	8	9	10	11	12	13	14	15
限位管															
冻结管															
加强管															
加强管保温															
注浆改良															
管节	1	2	3	4	5	6	7	8	9	10	11	12	13	14	15
限位管	积极冻结之后间歇开启				无										
冻结管	始终开启										积极冻结之后间歇开启				
加强管	始终开启	滞后开启	无		滞后开启		始终开启		滞后开启		始终开启			间歇开启	
加强管保温	不保温				保温	不保温	保温	不保温	保温	不保温	保温	不保温			
注浆改良	不注浆改良								注浆改良		不注浆改良				

图 7-1 冻结试验方案安排

（1）冻土热控限位模式（模式 A），试验安排在管节 1~管节 4，具体如下：

管节 1、管节 2 为实顶管与空顶管协同冻结——限位管限位模式（模式 A1），实顶管内圆形主力冻结管与空顶管内异形加强冻结管同时开启，进行积极冻结，待达到设计厚度后，开启实顶管内高温盐水限位管进行热控限位试验，达到限位要求后关闭限位管，观察冻土温度恢复情况。

管节 3 为实顶管为主空顶管为辅的冻结——限位管限位模式（模式 A2），起初开启实顶管内圆形主力冻结管，积极冻结一段时间后开启空顶管内异形加强冻结管，待达到设计厚度后，开启实顶管内高温盐水限位管进行热控限位试验，待达到限位要求后关闭限位管，观察冻土温度恢复情况。

管节 4 为实顶管单独冻结——限位管限定模式（模式 A3），仅开启实顶管内圆形主力冻结管，分析积极冻结效果，待冻土帷幕厚度趋于稳定后，开启实顶管内高温盐水限位管进行热控限位试验，待达到限位要求后关闭限位管，观察冻土温度恢复情况。

（2）冻土非限位模式（模式 B），试验安排在管节 5~管节 10，该试验与热控限位模式（模式 A）同步进行，不做限位处理，任其发展。具体如下：

管节 5 为实顶管单独冻结模式（模式 B1），仅开启实顶管内圆形主力冻结管，分析冻结效果。

　　管节 6 为实顶管为主空顶管为辅冻结（加强管保温）模式（模式 B5），起初开启实顶管内圆形主力冻结管，积极冻结一段时间后开启空顶管内异形加强冻结管，同时对空顶管内异形加强冻结管进行保温处理，分析冻结效果。

　　管节 7 为实顶管与空顶管协同冻结模式（模式 B2），实顶管内圆形主力冻结管与空顶管内异形加强冻结管同时开启，分析冻结效果。

　　管节 8 为实顶管与空顶管协同冻结（加强管保温）模式（模式 B3），实顶管内圆形主力冻结管与空顶管内异形加强冻结管同时开启，同时对空顶管内异形加强冻结管进行保温处理，分析冻结效果。

　　管节 9 为实顶管与空顶管协同冻结（注浆改良）模式（模式 B4），实顶管内圆形主力冻结管与空顶管内异形加强冻结管同时开启，同时对管周土体进行注浆处理，分析冻结效果。

　　管节 10 为实顶管为主空顶管为辅冻结（注浆改良）模式（模式 B6），起初开启实顶管内圆形主力冻结管，积极冻结一段时间后开启空顶管内异形加强冻结管，同时对管周土体进行注浆处理，分析冻结效果。

　　（3）冻土冷控限位模式（模式 C），试验安排在管节 11～管节 15，具体如下：

　　管节 11 为实顶管与空顶管协同冻结——冻结管冷控限位（注浆改良、空顶管全保温）模式（模式 C1），与管节 14 的模式 C4 试验同步进行。同时开启实顶管内圆形主力冻结管与空顶管内异形加强冻结管，并对空顶管内管壁进行全面保温，对管周土体进行注浆处理，待积极冻结形成冻土后，对实顶管内圆形主力冻结管进行间歇控制，分析冷控限位效果。

　　管节 12 为实顶管与空顶管协同冻结——冻结管冷控限位模式（模式 C2），与管节 14 的模式 C4 试验同步进行。同时开启实顶管内圆形主力冻结管与空顶管内异形加强冻结管，待积极冻结形成冻土后，对实顶管内圆形主力冻结管进行间歇控制，分析冷控限位效果。

　　管节 13 为实顶管与空顶管协同冻结——冻结管冷控限位（空顶管全保温）模式（模式 C3），与管节 14 的模式 C4 试验同步进行。同时开启实顶管内圆形主力冻结管与空顶管内异形加强冻结管，并对空顶管内管壁进行全面保温，待积极冻结形成冻土后，对实顶管内圆形主力冻结管进行间歇控制，分析冷控限位效果。

管节 14 为首先进行空顶管单独冻结模式（模式 C5），仅开启空顶管内异形加强冻结管，分析冻结效果。之后进行实顶管与空顶管协同冻结——冻结管与加强管冷控限位模式（模式 C4），同时开启实顶管内圆形主力冻结管与空顶管内异形加强冻结管，待积极冻结形成冻土后，对实顶管内圆形主力冻结管与空顶管内异形加强冻结管同步进行间歇控制，分析冷控限位效果。

管节 15 与管节 14 同步进行模式 C4 试验。

另外，管节 6、管节 8 中对空顶管内异形加强冻结管进行保温处理，管节 11、管节 13 中对空顶管内壁进行整体保温处理，用来验证"大冻结管"理论的合理性。管节 9~管节 11 的管壁周围土体，在冻结施工前进行土体改良注浆处理，以研究土体改良注浆对冻结效果的影响。

积极冻结期各管节工况如图 7-2 所示。积极冻结期间管节 3、管节 6、管节 10 的空顶管内异形加强管滞后开启，分析冻结效果与形成冻土所需时间。同时，在积极冻结前期，管节 11~管节 15 不全面开始冻结，仅对管节 14 开启空顶管内异形加强管，分析空顶管冻结模式下的冻结效果。待完成该项模式试验后，在积极冻结后期，管节 11~管节 15 全面开启实顶管内圆形主力冻结管与空顶管内异形加强冻结管，待形成管幕冻土后，进行后续控制冻结试验。

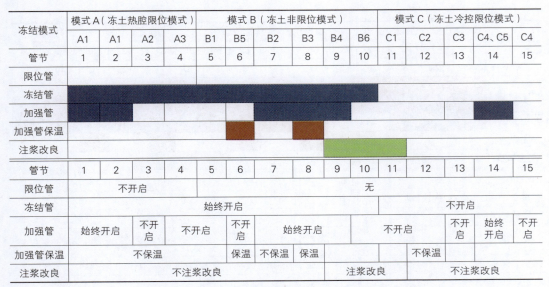

a）积极冻结前期

图 7-2

冻结模式	模式A（冻土热腔限位模式）				模式B（冻土非限位模式）						模式C（冻土冷控限位模式）				
	A1	A1	A2	A3	B1	B5	B2	B3	B4	B6	C1	C2	C3	C4、C5	C4
管节	1	2	3	4	5	6	7	8	9	10	11	12	13	14	15
限位管															
冻结管	■	■	■	■	■	■	■	■	■	■	■	■	■	■	■
加强管	■	■		■	■	■	■	■	■	■	■	■	■	■	■
加强管保温						■		■		■		■		■	
注浆改良									■	■					
管节	1	2	3	4	5	6	7	8	9	10	11	12	13	14	15
限位管	不开启				无										
冻结管	始终开启										开启				
加强管	始终开启		开启	不开启	开启	始终开启		开启			开启				
加强管保温	不保温				保温	不保温	保温	不保温			保温	不保温	保温	不保温	
注浆改良	不注浆改良								注浆改良		不注浆改良				

b）积极冻结后期

图7-2 积极冻结期各管节工况

控制冻结期各管节工况如图7-3所示。待积极冻结形成管幕冻土后，管节1~管节4开启高温盐水限位管，进行冻土热控试验；管节5~管节10不进行任何控制操作，进行冻土非限位试验，观察冻土帷幕持续冻结温度变化情况以及冻土发展情况；管节11~管节15关闭圆形主力冻结管与异形加强冻结管，进行间歇冻结。

冻结模式	模式A（冻土热腔限位模式）				模式B（冻土非限位模式）						模式C（冻土冷控限位模式）				
	A1	A1	A2	A3	B1	B5	B2	B3	B4	B6	C1	C2	C3	C4、C5	C4
管节	1	2	3	4	5	6	7	8	9	10	11	12	13	14	15
限位管	■	■	■	■											
冻结管	■	■	■	■	■	■	■	■	■	■	■	■	■	■	■
加强管	■	■		■	■	■	■	■	■	■	■	■	■	■	■
加强管保温						■		■		■		■		■	
注浆改良									■	■					
管节	1	2	3	4	5	6	7	8	9	10	11	12	13	14	15
限位管	间歇开启				无										
冻结管	始终开启										间歇开启				
加强管	始终开启		开启	无	始终开启		始终开启		始终开启		间歇开启				
加强管保温	不保温				保温	不保温	保温	不保温			保温	不保温	保温	不保温	
注浆改良	不注浆改良								注浆改良		不注浆改良				

图7-3 控制冻结期各管节工况

7.1.2 试验区域的选择

（1）试验管幕的选择

冻结试验管幕由 2 根顶管组成，一根为 5 号原位工程顶管（简称 5 号顶管）、一根为 0 号异位试验顶管（简称 0 号顶管）。5 号顶管为填充混凝土的实顶管，0 号顶管为空顶管，具体布置见图 7-4。试验顶管与工程顶管相同，直径为 $\phi1620mm$，壁厚为 20mm，顶管管节长度为 4～4.2m/节，顶管材料采用 Q235BZ 钢。

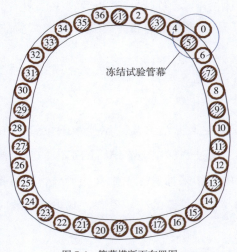

图 7-4 管幕横断面布置图

（2）顶管段的选择

冻结试验共需用 15 个管节，分别在不同管节进行不同的试验，如图 7-1 所示。15 个管节共计 61.6m，根据现场情况试验段布置在缓和曲线段 24.6m 至 86.2m 处，参见图 7-5。

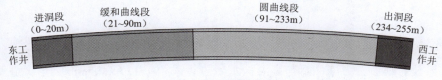

图 7-5 试验区段划分图

5 号顶管与 0 号顶管沿顶进方向的管节分布如图 7-6 所示，5 号顶管和 0 号顶管从东工作井开始，前 6 个管节不作为试验区，从第 7 管节开始，至第 21 管节结束，共计 15 个管节作为试验冻结区管节。

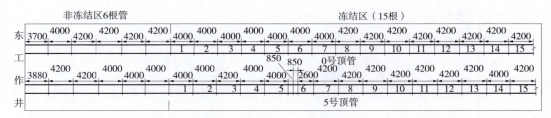

图 7-6 试验冻结区顶管管节分布图（尺寸单位：mm）

下面以拱北隧道工程为背景，结合设计要求与施工现场条件，提出原型冻结试验方案，给出具体的试验管幕及冻结管路的布置方式，并对试验的冻结系统和监测系统进行阐述。

7.1.3 冻结管的布设

（1）整体布置

在 5 号顶管内布置圆形主力冻结管与高温盐水限位管，在 0 号顶管内布置异形加强冻结管，如图 7-7 所示。通过圆形主力冻结管的工作，使 2 根顶管间形成冻土止水帷幕；通过异形加强冻结管的工作来加速冻土帷幕的形成，同时抵御冻土弱化；通过高温盐水限位管的工作来控制实顶管外侧的冻土发展，减小冻胀效应。

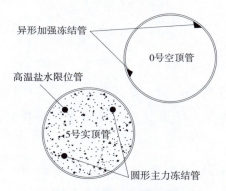

图 7-7 试验管幕冻结管布置

5 号顶管内圆形主力冻结管与高温盐水限位管采用 $\phi 127 \times 4.5$mm 圆形无缝钢管。0 号顶管内异形加强冻结管采用∟ 125×125mm $\times 8$mm 的"L 形"角钢，焊接在管壁内。

（2）5 号顶管内 2 类冻结管的转换使用

5 号顶管除做现场试验用途外，还要考虑后期工程实际施工使用。由于 5 号顶管为混凝土填充实顶管，现场试验后重新布置冻结管困难，所以，需要在 5 号顶管内一次布置现场试验冻结管和原冻结设计方案冻结管。为避免重复布管,可以将设计方案冻结管作为现场试验冻结管使用,但需要加以改造。

原设计方案如图 5-7 和 5-9 所示,顶管内有圆形主力冻结管 2 根,编号为 1 号与 3 号,高温盐水限位管 1 根,编号为 2 号,具体布置及管间角度关系如图 7-8 所示。现场试验冻结管布置如图 7-7 所示,结合原设计方案中冻结管布置可得:

将原冻结设计方案中高温盐水限位管(2 号),改为试验圆形主力冻结管使用;原冻结设计方案中圆形主力冻结管(1 号),作为试验高温盐水限位管使用;在原冻结设计方案基础上增加 1 根圆形主力冻结管(4 号),配合现场试验圆形主力冻结管(2 号)使用;原冻结设计方案中圆形主力冻结管(3 号),现场试验不使用,但需要与试验管同时布置。

4 号冻结管放置原则:将原冻结设计方案中圆形主力冻结管(1 号与 3 号)的相对位置(2 根管夹角 181.62°),应用到试验冻结管中,如图 7-8 所示。

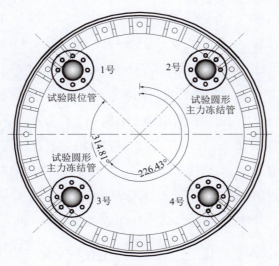

图 7-8　5 号顶管内冻结管布置

5 号顶管内冻结管现场安装情况如图 7-9 所示。

由以上设计可知,原冻结设计方案中,1 号与 3 号作为圆形主力冻结管,2 号作为高温盐水限位管。本次管幕冻结试验方案,2 号与 4 号作为圆形主力冻结管,1 号作为高温盐水限位管。下面就管幕冻结试验涉及的各类冻结管的管路设计进行详细介绍。

图 7-9　5 号顶管内冻结管现场安装情况

（3）圆形主力冻结管

圆形主力冻结管提供主要冷源以形成管幕冻土帷幕，管幕冻结试验采用管②和管④作为圆形主力冻结管。

如图 7-1 所示，管节 1～管节 4 进行冻土热控试验，管节 5～管节 10 进行冻土非限位试验，试验期间圆形主力冻结管保持始终开启状态；管节 11～管节 15 进行冻土冷控试验，试验期间圆形主力冻结管需要进行间歇控制。管节 1～管节 10 可形成一个盐水去回路，管节 11～管节 15 通过供液管也独立形成一个盐水去回路。

具体管路布置如图 7-10 所示，当管节 1～管节 10 进行冻结施工时，供液管①为盐水去路，供液管③为盐水回路；当管节 11～管节 15 进行冻结施工时，供液管②为盐水去路，供液管③为盐水回路。其中供液管①与管③采用 $\phi 48 \times 3.5mm$ 钢管，供液管②采用 $\phi 32 \times 3.5mm$ 钢管，供液管之间连接采用丝扣管箍连接。

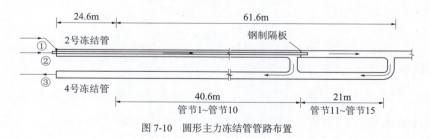

图 7-10　圆形主力冻结管管路布置

图 7-10 中设计的管幕试验圆形主力冻结管管路布置，在管节 14、管节 15 连接处

（即管幕试验区域的端部）和管节10、管节11连接处（即2个盐水去回路分界处）的现场实际布置如图7-11所示。

a）管节10与管节11连接处　　　　　　　　b）管节14与管节15连接处

图7-11　管幕试验圆形主力冻结管节点实际布置

（4）高温盐水限位管

高温盐水限位管主要起到控制实顶管外侧冻土发展、减小冻胀融沉效应的作用。

如图7-7所示，高温盐水限位管主要布置在管幕冻结试验区域管节1～管节4，进行冻土热控限位试验。冻土热控限位试验主要包含管节1～管节2（模式A1）、管节3（模式A2）、管节4（模式A3）3类试验模式，如图7-2所示，故限位管沿顶管方向进行分段限位设置。

1号冻结管作为高温盐水限位管，内置3根 $\phi 32 \times 3.5mm$ 钢管实现分段限位冻结，试验期间封闭管端，使其以套管形式形成自我循环，如图7-12所示。

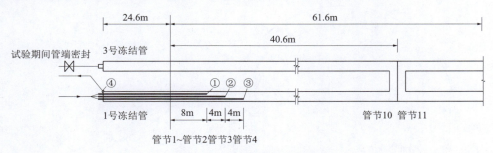

图7-12　高温盐水限位管管路布置

限位管设计大样图见图7-13，其中，管①、管②、管③是盐水去路，采用 $\phi 32 \times 3.5mm$ 钢管；管④是盐水回路，采用 $\phi 48 \times 3.5mm$ 钢管；最外层的冻结套管采用 $\phi 127 \times 5mm$ 钢管。

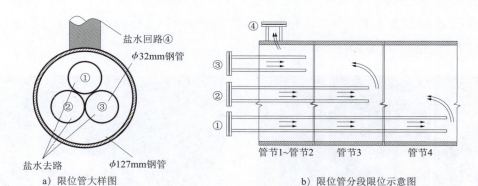

a)限位管大样图　　　　　　　　　b)限位管分段限位示意图

图 7-13　高温盐水限位管的设计

根据图 7-13 中限位管分段限位示意图，限位管操作方法：

开启冻结去路（管③），关闭去路（管②、管③），开启回路（管④），限位范围为管节 1~管节 2；

开启冻结去路（管②），关闭去路（管①、管③），开启回路（管④），限位范围为管节 1~管节 3；

开启冻结去路（管①），关闭去路（管①、管②），开启回路（管④），限位范围为管节 1~管节 4。

（5）异形加强冻结管

异形加强冻结管起到加速冻土帷幕的形成，同时抵御冻土弱化的作用，如图 7-14、图 7-15 所示。试验设置原则：根据 5 号顶管（实顶管）和 0 号顶管（空顶管）的相对位置，对 5 号顶管与 6 号管（空顶管）进行设置，异形加强冻结管夹角为 148.06°。

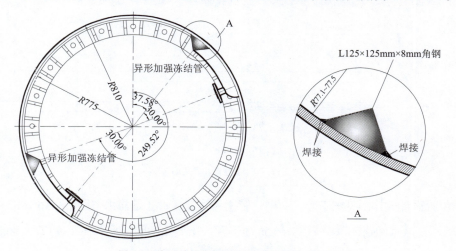

图 7-14　加强冻结管布置情况（尺寸单位：mm）

异形加强冻结管相比高温盐水限位管和圆形主力冻结管的构造要复杂许多。异形加强冻结管在管幕施工前预制在 0 号顶管的各管节上，即采用 ∟125×125mm×8mm 的 "L 形" 角钢焊接在 0 号顶管管壁上，如图 7-14、图 7-15 所示，完成顶管施工后再与盐水干管、橡胶软管等进行连接，并试压验收。

a）安装完成

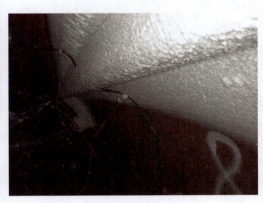

b）冻结过程中

图 7-15　异形加强冻结管实际工作状态

为详细研究异形加强冻结管的冻结效果情况，根据表 7-1 所示的各类冻结模式，异形加强冻结管应根据不同冻结模式实现分段控制，以利于试验研究。图 7-16 为异形加强冻结管内盐水流向控制示意图。为实现异形加强冻结管在不同试验管节的始终开启冻结状态、间歇开启冻结状态、不开启冻结状态 3 种状态，在空顶管内布置盐水干管去回路，盐水干管采用 $\phi 127\times 5mm$ 钢管，不同开启状态下的各管节内异形加强冻结管单独与盐水干管通过 $\phi 40mm$ 橡胶软管连接，形成独立盐水去回路，并通过闸阀对盐水流量进行控制。异形加强冻结管与空顶管内盐水干管连接方式及管路的具体布置见图 7-17。

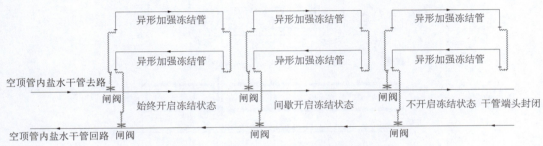

图 7-16　异形加强冻结管内盐水流向控制示意图

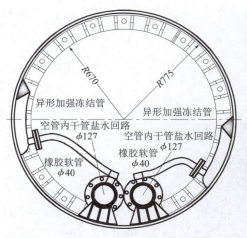 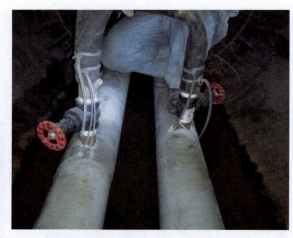

图 7-17　异形加强冻结管与空顶管内盐水干管连接（尺寸单位：mm）

异形加强冻结管紧贴顶管管壁，焊接在预定位置，而在顶管管节接头处布置有法兰盘和加强肋板，导致异形加强冻结管不能沿顶管方向通长连接，每个管节单独安装异形加强冻结管，管节与管节间通过 $\phi40mm$ 橡胶软管连接，见图 7-18、图 7-19 所示。这样导致顶管管节接头处（约 50cm）没有布置异形加强冻结管，为保证管节接头处冻结效果，在顶管管节接头处将异形加强冻结管布置为"L"形，加强管节接头处冻结止水能力。异形加强冻结管在管节接头处"L"形弯头的长度，为顶管环向 30° 对应长度，即顶管周长的 1/12，如图 7-14 所示。

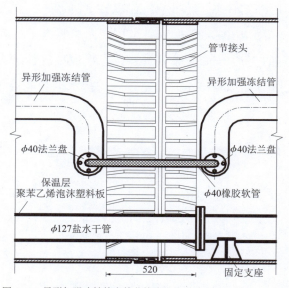

图 7-18　异形加强冻结管在管节接头处的设计（尺寸单位：mm）

图 7-19　异形加强管在管节接头处的实际处理方式

异形加强冻结管在各管节的布置如图 7-20 所示。

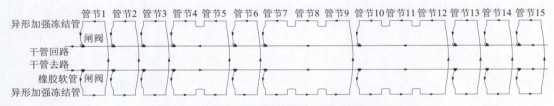

图 7-20　异形加强冻结管在试验管节区域的管路布置

7.1.4　小结

（1）根据管幕冻结试验研究内容，提出了相应的管幕冻结试验方案。采用局部冻结试验，选用了 5 号顶管（实顶管）与 0 号顶管（空顶管）这一组顶管，并布置了 15 个顶管管节，作为试验区域。

（2）在原冻结设计方案基础上，对圆形主力冻结管、高温盐水限位管、异形加强冻结管进行了变更设计，改造成符合本次试验要求的管路布置。

（3）结合管幕冻结试验方案，设计了配套的冻结系统和监测系统，以保证冻结施工正常进行，并能对管幕与土体的温度场与盐水温度进行全面监测。

7.2　管幕冻结法积极冻结方案试验研究

结合现场原型试验，以实顶管内圆形主力冻结管与空顶管内异形加强冻结管的不同开启状态进行组合，形成不同冻结模式，通过试验区域内不同顶管管节进行积极冻结期间的对比试验，分析不同冻结模式下的管幕冻结法积极冻结效果，获得最优积极冻结方案，解决冻结设计方案"冻起来"的问题。

7.2.1 积极冻结试验内容

本次积极冻结试验，以冻结设计方案提出的 2 个月（60d）进行积极冻结形成冻土帷幕为依据，考察不同冻结模式在积极冻结 60d 内的管幕冻土温度场变化情况。主要包括：

（1）实顶管单独冻结模式

如图 7-2 所示，管节 5（模式 B1）仅开启实顶管内圆形主力冻结管进行积极冻结。验证实顶管单独冻结是否可以形成所需的冻土帷幕以及其冻结效果随时间的变化。

（2）实顶管与空顶管协同冻结模式

如图 7-2 所示，管节 2（模式 A1）与管节 7（模式 B2）积极冻结期间同时开启实顶管内圆形主力冻结管和空顶管内异形加强冻结管，这是一种积极冻结时间较短的时效型方案。

管节 2 与管节 7 在积极冻结期间的主要区别为：与管节 2 相邻的管节 1、与管节 7 相邻的管节 6 和管节 8，实顶管内圆形主力冻结管和空顶管内异形加强冻结管均同时开启；与管节 2 相邻的管节 3，其异形加强冻结管滞后开启，在开启前后对管节 2 周围的温度场产生影响。

（3）实顶管为主和空顶管为辅冻结模式

如图 7-2 所示，管节 3（模式 A2）与管节 6（模式 B5）积极冻结期间起初开启实顶管内圆形主力冻结管，待积极冻结一段时间之后，空顶管内异形加强冻结管再开启。

空顶管内异形加强冻结管具体开启时间不尽相同，管节 3 的异形加强冻结管在积极冻结 39d 后开启，管节 6 的异形加强冻结管在积极冻结 12d 后开启。

7.2.2 积极冻结效果分析方法

冻结效果主要是通过冻结区域的温度场来反映。要想获得冻结试验的实际温度场情况，一般通过埋设监测测点进行历时监测而获得。本次冻结试验的测点埋设如图 7-21 所示，15 个测点断面，每个断面共布置 70 个测点。在对冻结效果进行量化分析时，主要采用测点温度 - 时间曲线、冻土帷幕厚度、管幕及周围土体温度云图等进行分析。图 7-21 中 N 为管节编号。

根据本次试验范围与对称性原则，结合冻结试验与实际现场群管冻结的差异性，主要对实顶管与空顶管之间以及实顶管与空顶管一侧进行讨论，如图7-22所示的阴影区域。

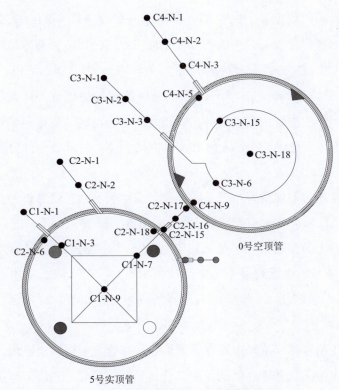

图7-21　管幕及周围土体分析所用测点图

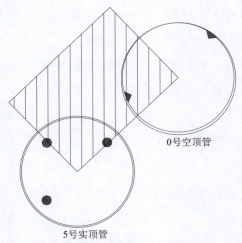

图7-22　管幕冻结试验分析讨论范围

根据本工程的设计资料，室内试验得出冰点范围为 –1.8～0℃，为满足工程所有土层的要求，本次冻结试验冰点取值为 –1.8℃。

7.2.2.1 测点温度 - 时间曲线

测点温度 - 时间曲线就是对每个测点从冻结开始直至结束的温度变化情况进行描述。结合试验实际操作过程，分析测点温度 - 时间曲线，找出管幕冻结温度场随时间变化的规律，为实际工程施工提供预见性指导。

结合图 7-22 所描述的区域，管幕及周围土体温度场主要分为两大部分：顶管内部与顶管外部土体。其中顶管内部主要分析实顶管内部与空顶管内部，顶管外部土体主要分析实顶管上部土体、空顶管上部土体和两管之间土体，共计 5 个部分。

（1）实顶管内部

实顶管内部在顶管腰部位置布置有圆形主力冻结管、在顶管靠近外侧位置布置有高温盐水限位管（简称限位管），并且顶管内部采用混凝土填充密实。通过测温点位可以得到实顶管内混凝土的温度变化情况及其导热性能。主要分析监测点位包括：位于实顶管中心的测点 C1-N-9、靠近圆形主力冻结管的测点 C1-N-7 与 C2-N-18（贴壁）、靠近限位管的测点 C1-N-3 与 C2-N-6（贴壁）。各测点的具体位置如图 7-21 所示。

（2）空顶管内部

空顶管内部在顶管腰部位置布置有异形加强冻结管。通过测温点位可以得到空顶管内空气的温度变化情况及其导热性能。主要分析监测点位包括：位于空顶管中心的测点 C3-N-18、靠近异形加强冻结管并沿两管中心连线方向的测点 C3-N-6 与 C4-N-9（贴壁）、靠近空顶管外侧的测点 C3-N-15 与 C4-N-5（贴壁）。各测点的具体位置如图 7-21 所示。

（3）实顶管上部土体

通过对实顶管上部土体温度监测，可以判断实顶管外侧冻土帷幕发展情况以及冻土厚度变化情况。监测点位包括：靠近限位管正上方的测点 C1-N-1、靠近两管间方向的测点 C2-N-1 和 C2-N-2。各测点的具体位置如图 7-21 所示。实顶管上部土体监测点位受相邻工程顶管影响，布置较少。

（4）空顶管上部土体

通过对空顶管上部土体温度监测，可以判断空顶管外侧冻土帷幕发展情况以及冻土厚度变化情况。监测点位包括：正上方的测点 C4-N-1、C4-N-2 和 C4-N-3，靠近两管间方向的测点 C3-N-1、C3-N-2 和 C3-N-3，各测点的具体位置如图 7-21 所示。

（5）管间土体

顶管间土体形成冻土，对实现管幕冻结法至关重要。只有保证管间冻土温度持续处于低温状态，才能达到顶管间的封水效果。通过对管间土体温度监测，可以判断管间冻土何时交圈，积极冻结能将温度降低至何种状态等。监测点位包括：沿两管中心连线从实顶管至空顶管依次是 C2-N-15、C2-N-16 和 C2-N-17，各测点的具体位置如图 7-21 所示。

在实顶管内部安装圆形主力冻结管后，由于管节顶进时产生的偏转角引起测孔偏斜（以图 7-21 为基准，管节 2、管节 3、管节 5、管节 7、管节 9 分别顺时针偏转 15.5°、14°、11.1°、11.1°、9.6°），导致此部分管节内与圆形主力冻结管相邻的测孔受到影响，无法将安放测点的钢套管打入土体。故在圆形主力冻结管下方重新水平补孔，测点 C2-N-15、C2-N-16、C2-N-17 的位置都有不同程度的下降，如图 7-21 所示。这导致测点偏离空顶管内异形加强冻结管越来越远，则以测点的真实位置监测所得温度相比较于管间设计位置的温度较高，故用监测的温度来进行分析得出的结果将偏于更安全，其结论是可以采用的。

为方便测点温度-时间曲线的观察与分析，将横坐标轴（时间轴）设置为冰点（−1.8℃）处，当曲线进入横坐标轴下方即表示冻土形成。由此，横坐标轴即可看成相变发生的边界线。

7.2.2.2 冻土帷幕厚度

根据顶管外侧土体内的测点温度，采用线性插值计算出冰点位置，从而推算出冻土边界位置，进而得出冻土帷幕厚度。

冻土帷幕厚度主要分析实顶管外侧的测线 C2 与空顶管外侧的测线 C3，如图 7-23 所示。冻土边界位置的变化情况可以直观地反映管幕冻土帷幕发展变化的情况。

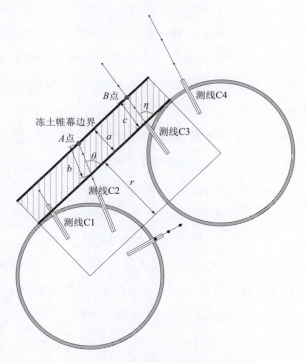

图 7-23 冻土帷幕厚度计算方法示意图

关于冻土帷幕厚度计算方法，是在考虑测孔角度及偏斜后得出的冻土边界离两顶管中心连线的垂直距离，同时利用对称性原则计算得出。

第1步：通过测线C2（C3）上已知测点的温度，利用线性插值方法，确定冰点（-1.8℃）在测线C2（C3）上的位置，即为冻土帷幕边界与测线C2（C3）相交的点$A（B）$在测线C2（C3）上的位置，得出$b(c)$。

第2步：考虑测孔设计角度及偏斜后得出测线C2（C3）的实际偏转角度$\theta(\eta)$，进而得出两顶管顶部连线至冻土帷幕边界的垂直距离$a=b(c)\sin\theta(\eta)$。

第3步：利用上下对称性原理，通过测线C2计算实顶管外侧靠近两顶管间区域冻土帷幕厚度为$2(b\sin\theta+r)$，通过测线C3计算空顶管外侧靠近两顶管间区域冻土帷幕厚度为$2(c\sin\eta+r)$。其中r为顶管的外半径。

在进行实顶管单独冻结模式分析时，由于实顶管单独冻结模式下顶管外侧基本没有冻土形成，冻土主要出现在管间，无法计算外部冻土帷幕厚度。对此，主要通过管间测点温度变化进行计算，并对管间冻土厚度的发展进行分析进行计算。

7.2.2.3　管幕及周围土体温度云图

采集某一时刻全断面所有测点的温度值，根据各测点埋设的实际位置，利用具有插值功能的绘图软件绘制出管幕及周围土体的温度云图。通过绘制不同时刻的温度云图，相互比较，可直观地了解管幕及周围土体温度场的分布规律，从而对冻结效果作出评价、对冻结效果随时间的变化趋势进行分析。另外，管幕及周围土体温度云图着重反映的是图7-22所示阴影区域附近的温度变化情况。

7.2.3　各类冻结模式积极冻结效果具体分析

7.2.3.1　实顶管单独冻结模式

管节5为实顶管单独冻结模式（模式B1），该模式主要考察圆形主力冻结管的冻结效果是否满足设计要求，是否能够在60d内形成可靠的冻土帷幕。

（1）管间土体测点温度-时间曲线

从图7-24可知，首先是离圆形主力冻结管最近的测点C2-5-15在积极冻结15d时进入冰点，其次是测点C2-5-16在30d时进入冰点，最后是测点C2-5-17在45d时进入冰点。由此可知，实顶管单独冻结模式中冷源为实顶管内圆形主力冻结管，离冻结管越近，冻结效果越好。

通过测点依次进入冰点的时间可以得知，在积极冻结15d时管间靠近实顶管附近出现冻土,在30d时冻土发展至两管中间部位(离实顶管壁15cm),在45d时冻土发展至管间靠近空顶管附近(离实顶管壁30cm),两管净距约35.7cm,考虑管节5在顶进中的偏转导致测孔位置倾斜,以及空顶管内部测点C4-5-9温度预测(36~56d之间数据读取失败,通过线性插值获得),可以推断出在实顶管单独冻结模式下,45~50d管间冻土完成交圈,封水路径形成。

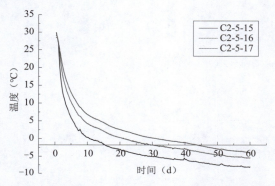

图7-24 实顶管单独冻结模式下管间土体测点温度-时间曲线

(2)管幕及周围土体温度云图

从图7-25各时间节点温度云图可以看出,实顶管单独冻结模式下,管间冻土发展缓慢,在积极冻结40~50d才实现交圈并形成封水路径,这与管间测点温度-时间曲线和冻土帷幕厚度变化分析结果一致。从30~40d冻土发展趋势可以看出,由于空顶管缺乏冷源,冷量易损失,导致管间冻土发展至接近空顶管管壁时受阻,迟迟不能交圈。

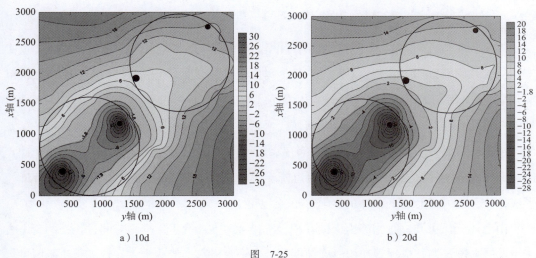

图 7-25

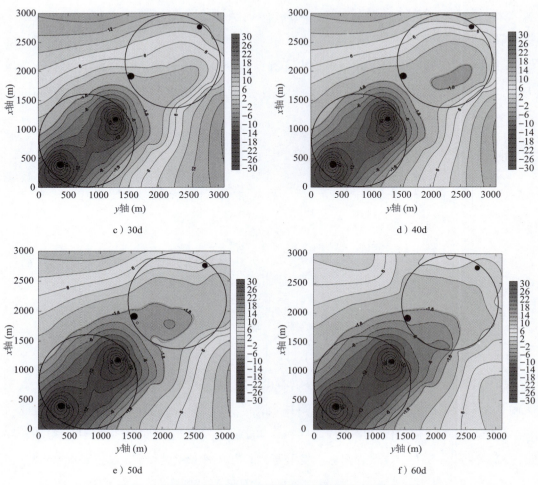

图 7-25 实顶管单独冻结模式下管幕及周围土体温度随时间变化云图

仅实顶管内部温度在圆形主力冻结管的作用下能降至冰点以下,在 50d 之后,整个实顶管温度才完全进入冰点以下,进而向实顶管外侧发展,但是直到积极冻结期 60d,实顶管外侧始终没有形成冻土。这与相邻顶管(4 号和 6 号顶管)热扰动有关,实顶管外侧靠近管间土体的部位有部分冻土形成,与管间冻土一起将实顶管右侧包裹起来。

当两管间冻土交圈后,空顶管内部在靠近管间一侧也出现低温区域(温度处于冰点以下)。60d 时也仅是靠近管间冻土附近降至冰点以下,这也导致空顶管外侧没有冻土形成,空顶管左侧仅接近 1/2 的区域被冻土包裹。

由上述分析可知,管间冻土交圈在积极冻结 40～50d 发生,交圈时间过长,两管上方冻土发展太慢,尤其空顶管在积极冻结期间上方一直没有形成冻土,导致冻土帷幕厚度远远达不到设计要求。同时考虑到试验条件限制（试验管幕结构不对称），空顶管及其周围冻结效果受影响较大，以及试验环境影响（相邻顶管对实顶管影响），实顶管及其周围冻结效果也受到较大影响，在实际工程冻结时，其冻结效果应该会比目前试验结果更好。

(3) 冻结效果总结

①两管间冻土在积极冻结 45~50d 交圈，形成封水路径。

②实顶管内部在圆形主力冻结管的作用下温度降至冰点以下，在实顶管外靠近管间部位能形成约 20cm 厚的冻土。而在实顶管外侧未形成冻土，实顶管靠近管间一侧全部被冻土包裹。

③空顶管内部在圆形主力冻结管的作用下降温效果较差，仅靠近管间冻土附近区域温度降至冰点以下，在空顶管外侧未形成冻土，空顶管靠近管间一侧仅 1/2 区域被冻土包裹。

④空顶管内部温度波动较大，尤其人员进出导致空气流动会产生较大热扰动。

⑤经过 60d 积极冻结期，冻土帷幕厚度不能满足设计要求，尤其空顶管附近冻土厚度更小。

7.2.3.2 实顶管与空顶管协同冻结模式

该模式主要考察圆形主力冻结管和异形加强冻结管同时开启的冻结效果、何时形成封水路径、何时达到设计冻土厚度要求（2m）以及积极冻结 60d 的冻结效果这几个问题，并且关注管幕及周围土体的温度场变化情况。

管节 2 与管节 7 在积极冻结期间均为实顶管与空顶管协同冻结模式，但是管节间的差别主要体现在管节 2 的相邻管节内异形加强冻结管滞后开启，导致管节 2 空顶管温度场较管节 7 在积极冻结前期较弱。

(1) 管间土体测点温度 - 时间曲线

从图 7-26 可知，首先是离圆形主力冻结管与异形加强冻结管最近的测点 C2-2-15、C2-7-15 分别在积极冻结 7.9d、8.9d 进入冰点，其次是测点 C2-2-16、C2-7-16 在 11.3d、15.2d 进入冰点，最后是测点 C2-2-17、C2-7-17 在 15.8d、20.7d 进入冰点。由此可知，实顶管与空顶管协同冻结模式下，其冷源为实顶管内圆形主力冻结管与空顶管内异形加强冻结管，管间冻结效果相比较于实顶管单独冻结模式提升较为明显。从管间测点进入冰点时间可以推测，在 20d 时管间冻土交圈并形成封水路径。根据前述有关管间土体测点位置的分析，实际交圈时间应该会更早。

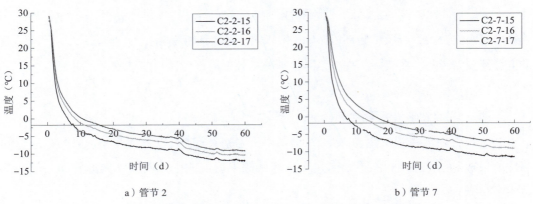

a）管节 2　　　　　　　　　　　　b）管节 7

图 7-26　实顶管与空顶管协同冻结模式下管间土体测点温度 - 时间曲线

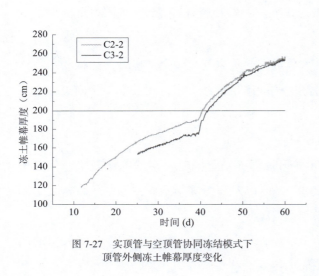

图 7-27　实顶管与空顶管协同冻结模式下
顶管外侧冻土帷幕厚度变化

（2）冻土帷幕厚度

图 7-27 为实顶管与空顶管协同冻结模式下管节 2 顶管外侧冻土厚度变化情况。其中 C2-2 是以管节 2 的 C2 测线为依据计算所得冻土帷幕厚度，即实顶管外侧靠近管间区域冻土；C3-2 是以管节 2 的 C3 测线为依据计算所得冻土帷幕厚度，即空顶管外侧靠近管间区域冻土。

由图 7-27 可以看出，管节 2 在积极冻结 40d 时冻土帷幕厚度只有 180.8cm，在 42d 时冻土帷幕厚度达到设计要求（2m），在 49d 时冻土帷幕厚度发展至 240.4cm。在 40d 之后，管节 2 冻土帷幕厚度发展速度明显加快，这主要是因为管节 3 空顶管内异形加强冻结管开启使得空顶管内部温度大幅度降低，从而对管节 2 周围土体的温度场产生了影响。空顶管和实顶管外侧冻土都是因为上述原因才使得冻土帷幕厚度迅速发展至 2m。采用实顶管与空顶管协同冻结模式在管节接头处的冻结效果则比试验分析的要弱，因此，根据管节 2 的分析结论，形成设计所需冻土帷幕厚度花费时间将在 42d 以上。

从图 7-26 还可以看出，实顶管外侧冻土发展比空顶管好，但是随着相邻管节异形加强冻结管开启，空顶管外侧冻土迅速向实顶管发展靠近，在 20d 时冻土帷幕厚度基本相等。由此可知，空顶管内部温度对实顶管与空顶管外侧冻土发展是很重要的，尤其是对空顶管冻土发展。

(3) 管幕及周围土体温度云图

以管节 2 各时间节点温度云图（图 7-28）进行分析，实顶管与空顶管协同冻结模式下，管间冻土发展迅速，在积极冻结 10d 时即实现交圈，形成封水路径，且经过 60d 积极冻结后管间冻土温度最低可至 $-18 \sim -16$℃。在管间测点温度 - 时间曲线分析时指出 20d 内实现交圈，经过 60d 积极冻结后管间测点温度在 $-12 \sim -7.5$℃ 之间，但同时也考虑管间测点的实际位置已经偏离异形加强冻结管较远。这与管间冻土发展以及温度下降只会比以上分析更快、更低的判断是吻合的，并更明确地指出了管间冻土交圈的时间。

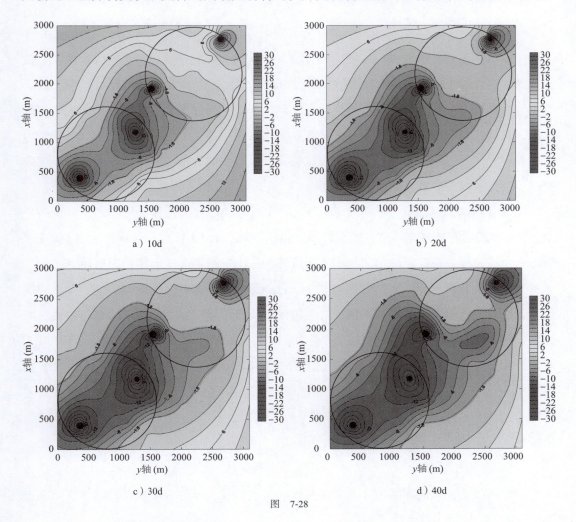

图 7-28

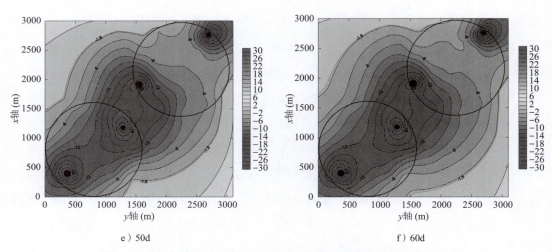

e) 50d　　　　　　　　　　　　f) 60d

图 7-28　管节 2 实顶管与空顶管协同冻结模式下管幕及周围土体温度随时间变化云图

随着时间推移，管间冻土不断向外发展。但从前 40d 冻土发展趋势可以看出，空顶管内部降温效果不理想，从而使得空顶管外侧冻土形成较慢。主要原因为：①客观原因，空顶管右侧虽有异形加强冻结管提供冷源，但缺乏右侧相邻实顶管内圆形主力冻结管的作用，反而大量吸收冷量，导致冷量散失；②主观原因。管节 2 相邻的管节 3 空顶管内没有开启异形加强管，其空顶管内部温度较高，管节 2 与管节 3 在空顶管内部形成了热交换，丧失了较多冷量，这在测点温度-时间曲线与冻土帷幕厚度分析时均有体现。

实顶管内部温度 30d 时基本全部降至冰点以下，40d 时实顶管外侧出现了较少的冻土，60d 时实顶管外侧冻土已发展至较厚。由于相邻顶管（4 号和 6 号顶管）的热扰动导致冻土发展较慢，在实际冻结工程中实顶管外侧冻土发展将会比上述情况更快。

根据以上分析可知，实顶管外侧与空顶管外侧受到一定程度的影响，冻土发展较慢或者无法形成，但是管间冻土发展良好，管间冻土帷幕厚度在 30d 时已基本与顶管顶部持平，约 162cm；在 40d 时约 200cm；在 50d 时冻土帷幕已将管幕完全包裹，管间冻土帷幕已发展至约 240cm。同时，考虑试验条件限制（试验管幕结构不对称），空顶管及其周围冻结效果受影响较大，以及试验环境影响（相邻顶管对实管影响），实顶管及其周围冻结效果也受到较大影响。在实际工程冻结时，其冻结效果应该会比目前试验结果较好。

（4）冻结效果总结

①管间冻土在积极冻结 10d 内交圈并形成封水路径，经过 60d 积极冻结，管间冻土

温度最低可至 –16℃。

②圆形主力冻结管与异形加强冻结管共同作用的情况下，在异形加强冻结管分段冻结的中间区域，30d 内管间冻土帷幕厚度即可达到设计要求；异形加强冻结管分段冻结的端部，需要 42d 以上才能形成 2m 厚冻土帷幕。

③相邻管节的空顶管内部温度降低对实顶管内部温度影响较小，但对管幕周围土体均有不同程度的影响，尤其是对空顶管外侧冻土发展影响更大。

7.2.3.3　实顶管为主和空顶管为辅冻结模式

实顶管为主和空顶管为辅冻结模式的冻结效果分析主要采用管节 3 与管节 6。实顶管内圆形主力冻结管始终开启，空顶管内异形加强冻结管滞后开启，其中管节 3 滞后 12d、管节 6 滞后 39d。主要考察空顶管内异形加强冻结管不同时间点滞后开启的冻结效果、何时形成封水路径、何时达到设计要求冻土厚度（2m）以及积极冻结 60d 时的冻结效果这几个问题，并且关注管幕及周围土体的温度场变化情况。

管节 3 与管节 6 试验环境类似，空顶管一侧相邻管节 2、管节 7 已开启异形加强冻结管，另一侧相邻管节 4、管节 5 没有开启。管节间的差别主要是异形加强冻结管滞后开启时间不同，管节 6 对异形加强冻结管进行保温处理，安装了保温板。

（1）管间土体测点温度 - 时间曲线

管节 3 的管间测点见图 7-21，其位置向外侧偏差较大。结合图 7-29 b）可知，离圆形主力冻结管与异形加强冻结管最近的测点 C2-3-15 温度最低，其次为测点 C2-3-16、C2-3-17。管节 6 实顶管偏移 –3.766°，表明管节 6 的管间测点向异形加强冻结管偏移，导致测点 C2-6-17 离异形加强冻结管最近。由图 7-29 a）可知，在前 12d，即管节 6 异形加强冻结管开启前，离圆形主力冻结管最近的测点（C2-2-15）温度最低；在 12d 后，即管节 6 异形加强冻结管开启后，离异形加强冻结管最近的测点（C2-6-17）温度最低。

首先对管节 6 进行分析。管节 6 的管间测点位置偏移量小，而且是向管间冻结最强区域偏移，能更真实地反映管间最强冻结状态。同时，管节 6 内异形加强冻结管滞后开启，可以判断管节 6 冻结效果肯定不会比实顶管与空顶管协同冻结模式更好。由于实顶管与空顶管协同冻结模式下试验管节的管间测点偏移量较大，无法具体反映管间冻结最强区域的温度场状态，故由管节 6 也可以侧面反映出实顶管与空顶管协同冻结模式效果。

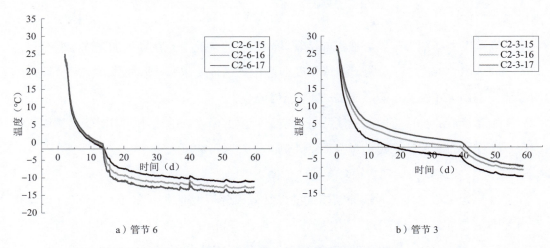

a）管节 6　　　　　　　　　　　　b）管节 3

图 7-29　实顶管为主和空顶管为辅冻结模式下空顶管外侧土体测点温度 - 时间曲线

管节 6 的异形加强冻结管在 12d 开启。从图 7-29 a）可知，测点 C2-6-15、C2-6-16、C2-6-17 分别于 12.7d、12.6d、12.5d 达到冰点，表明管间冻土在 13d 时交圈并形成封水路径。在异形加强冻结管开启后 1d 内即形成了封水路径，这主要是因为管节 6 的管间测点基本没有偏移，位于圆形主力冻结管与异形加强冻结管之间，代表了管间冻土的最强状态。管节 6 在实顶管单独冻结模式下运作 12d，实顶管与空顶管协同冻结模式下运作不足 1d，即可实现冻土交圈，从侧面验证了实顶管与空顶管协同冻结模式下 10d 内实现管间封水是正确的。

由上述分析可知，管节 6 管间温度在 50d 时基本达到平衡状态，表明异形加强冻结管开启后 38d 内管间土体温度可降至最低，并达到平衡状态。由此可以推断异形加强冻结管滞后 22d 开启，两管间冻土即可降至最低。

紧接着对管节 3 进行分析。管节 3 与管节 2、管节 5、管节 7 类似，管间土体内测点偏移较大，因此分析结果肯定会比实际情况要差。

管节 3 的异形加强冻结管在 39d 时开启。从图 7-29 b）可知，测点 C2-3-15、C2-3-16、C2-3-17 分别于 17.7d、39.2d、41.9d 达到冰点，表明管间冻土在 42d 交圈并形成封水路径。

由图 7-29 可以看出，在异形加强冻结管开启（39d）前测点 C2-3-15、C2-3-16、C2-3-17 温度分别为 $-4.69℃$、$-1.75℃$、$-0.13℃$，其中测点 C2-3-16 已接近冰点，表示此时冻土已发展至约 15cm。当异形加强冻结管开启后，管间土体温度迅速降低，靠近空顶管的测点 C2-3-17 在 3d 内降至冰点，可认为管间冻土交圈。在实顶管单独冻结模式下，在 45~50d 管间冻土才能交圈，故管节 3 内异形加强冻结管的开启可以让管间冻土加速交圈，实际交圈时间应该会比推测时间更早。异形加强冻结管开启后，39~50d，管间土体温度下降约 5.2~6℃；50~60d，管间土体温度下降约 1~1.5℃，测点 C2-3-15、C2-3-16、C2-3-17 温度分别为 −10.88℃、−8.88℃、−7.63℃。由测点的温度状态以及降温幅度可知，管间冻土温度还可以继续降低，管间测点温度偏高。

由上述分析可知，管节 3 异形加强冻结管开启较晚，开启后 21d 内管间温度下降幅度虽然放缓，但管间温度在 −11~−7℃之间，仍然有下降空间。由于测点位置偏移较大，故可以预见管间冻结效果肯定会比分析结果较好，具体可结合图 7-25 及图 7-28 分析判断。

（2）冻土帷幕厚度

图 7-30 中，C2-6 是以管节 6 的 C2 测线为依据计算所得冻土帷幕厚度，即管节 6 实顶管外侧靠近管间区域冻土；C3-6 是以管节 6 的 C3 测线为依据计算所得冻土帷幕厚度，即管节 6 空顶管外侧靠近管间区域冻土；C3-3 是以管节 3 的 C3 测线为依据计算所得冻土帷幕厚度，即管节 3 空顶管外侧靠近管间区域冻土。

可以看出，管节 6 实顶管右上方冻土发展较好，但空顶管左上方冻土发展较慢，在 58.5d 时冻土帷幕厚度发展至 2m；管节 3 受异形加强冻结管开启较晚的影响，空顶管外侧出现冻土时间较晚，但是管节 3 异形加强冻结管开启后，空顶管外侧冻土发展较快，在 56d 时冻土帷幕厚度发展至 2m。

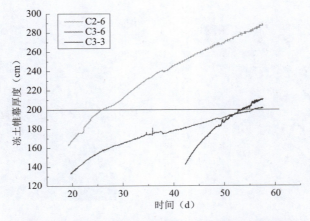

图 7-30　实顶管为主空顶管为辅冻结模式下顶管外侧冻土帷幕厚度变化

比较管节 6 与管节 3 的空顶管外侧冻土发展情况，可以发现：管节 3 的异形加强冻结管比管节 6 较晚开启，但是管节 3 异形加强冻结管开启后，空顶管外侧冻土发展明显快于管节 6，最终比管节 6 提前约 3d 形成 2m 厚冻土帷幕。对于这一现象，考虑管节 6 与管节 3 的试验条件差别，初步判断是管节 6 异形加强冻结管的保温处理对空顶管内部降温起到了相反的效果，从而导致空顶管左上方冻土发展速率相对较慢。

（3）管幕及周围土体温度云图

管节 3 中部分关键部位测点损坏导致温度云图难以真实还原温度分布情况。因此，以管节 6 各时间节点温度云图进行分析，如图 7-31 所示。实顶管为主空顶管为辅冻结模式实质是开启异形加强冻结管前为实顶管单独冻结模式，开启异形加强冻结管后为实顶管与空顶管协同冻结模式。

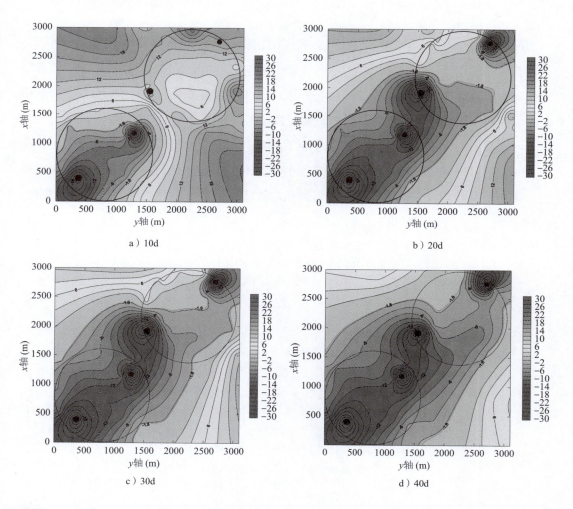

a）10d   b）20d

c）30d   d）40d

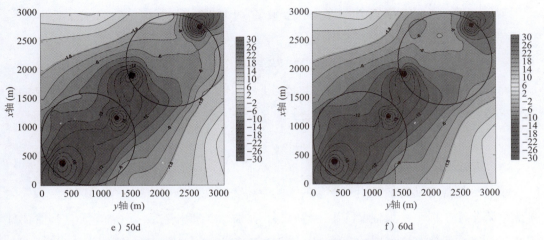

图 7-31 管节 6 实顶管为主空顶管为辅冻结模式下管幕及周围土体温度随时间变化云图

考虑管节 6 在 12d 时开启异形加强冻结管，在前 10d 为实顶管单独冻结模式，管幕周围基本没有冻土形成。当异形加强冻结管开启后，管间冻土迅速降温，从图 7-31 b)可以看出，在 20d 时管间已形成较大范围冻土，表明在 10~20d 管间冻土交圈并形成封水路径。同时从图 7-31 f)可以看出，经过 60d 积极冻结后管间冻土温度最低可至 -18~-16℃。在管间测点温度-时间曲线分析时指出 13d 内实现交圈 [图 7-29 a)]，经过 60d 积极冻结后管间测点温度最低为 -17.38℃，这与温度云图显示是吻合的。

随着时间推移，空顶管内部温度迅速降低，在 50d 时空顶管内部温度基本都降至冰点以下，空顶管中心位置空气温度已降至 -6~-5℃。但在开启异形加强冻结管后空顶管左上方冻土发展较慢，在 30d 时空顶管左上方冻土厚度发展至 161.3cm，在 60d 时空顶管左上方冻土厚度 201.6cm。

实顶管内部温度在 20d 时基本全部降至冰点以下，在 30d 时实顶管外侧出现了较少的冻土，结合图 7-30，实顶管左上方冻土帷幕厚度已达到 204.5cm，满足设计要求。在 30d 时对相邻顶管（4 号和 6 号顶管）进行保温处理后，实顶管外侧冻土发展速率并没有放缓，如图 7-31 c)与 d)所示。在 60d 时实顶管外侧冻土已发展至较厚，约 288cm。

积极冻结 30d 后，比较实顶管与空顶管冻土发展情况，如图 7-31 d)~f)所示，冻土帷幕厚度从实顶管一侧向空顶管一侧递减。与实顶管与空顶管协同冻结模式比较，实顶管与空顶管协同冻结模式下的冻土发展应是管间冻土帷幕最厚，但是实顶管为主空顶管为辅冻结模式下的实顶管外侧冻土帷幕最厚。相对来说，空顶管外侧冻土帷幕较薄，但是仍然可以满足设计要求。

根据上述分析可知，空顶管内异形加强冻结管的开启，使得管间冻土迅速交圈，形成封水路径；对实顶管外侧冻土形成也起到了一定的促进作用，使得实顶管冻土帷幕发展至较厚；加快了空顶管外侧冻土发展，但是异形加强冻结管滞后开启，使得空顶管外侧冻土发展比实顶管外侧慢。

（4）冻结效果总结

①异形加强冻结管的开启对管幕的影响主要表现在空顶管内部，可迅速将空顶管内部温度降至冰点以下，大幅度降温主要在异形加强冻结管开启后11d内。而实顶管内部受异形加强冻结管开启的影响非常小，仅靠近两管之间、离异形加强冻结管较近的部位降温有一定程度增强。

②异形加强冻结管的开启对实顶管外侧土体温度影响较小。可抑制土体温度降温速率的减小，不能明显提升土体降温速率。

③顶管内异形加强冻结管的开启对空顶管外侧土体温度影响较大。能极大增强土体降温速率，加速空顶管外侧冻土形成，使得空顶管外侧冻土帷幕厚度达到设计要求。但是由于异形加强冻结管滞后开启，空顶管外侧冻土发展比实顶管慢，冻土帷幕厚度从实顶管至空顶管是逐渐变小的。

④空顶管内异形加强冻结管的开启对管间土体温度影响较大。在异形加强冻结管开启前仅圆形主力冻结管作用，管间冻土均无法交圈；当异形加强冻结管开启后1~3d，管间冻土就能够顺利交圈并形成封水路径。

⑤异形加强冻结管滞后39d开启，在56d时形成约2m厚冻土帷幕；滞后12d开启，在58.5d时形成约2m厚冻土帷幕。表明在60d积极冻结期满后，空顶管外侧冻土帷幕厚度均能达到设计要求（2m）。

⑥异形加强冻结管滞后12d开启，管间冻土温度在积极冻结50d时温度降至最低，冻土温度接近平衡，由此可以推测异形加强冻结管滞后22d开启，60d积极冻结期满后管间冻土温度可降至最低。

7.2.4 小结

管幕冻结法提出采用圆形主力冻结管、异形加强冻结管和高温盐水限位管3类不同作用的冻结管。通过对圆形主力冻结管与异形加强冻结管不同开启方式的组合，提出了不同模式下的积极冻结方案，主要包括实顶管单独冻结模式、实顶管与空顶管协同冻结模式、实顶管为主空顶管为辅冻结模式。

主要介绍了积极冻结试验内容，通过测点温度-时间曲线、冻土帷幕厚度、管幕及周围土体温度云图等对不同冻结模式下的积极冻结效果进行分析，得出如下结论：

①实顶管单独冻结模式下，积极冻结效果较差，管间冻土交圈形成封水路径需要45~50d。经过60d积极冻结期，实顶管周围被冻土包裹，但空顶管内部降温效果较差，顶管外侧无法形成冻土，冻土帷幕厚度无法满足设计要求。

②实顶管与空顶管协同冻结模式下，积极冻结效果最好，管间冻土交圈形成封水路径在10d内完成。对于相邻管段均处于实顶管与空顶管协同冻结模式下的情况，30d内即可形成2m厚的冻土帷幕；对于相邻管段分别为实顶管与空顶管协同冻结模式与实顶管单独冻结模式的情况，需要42d以上形成2m厚的冻土帷幕，且实顶管单独冻结模式下的相邻管段开启异形加强冻结管对空顶管内部温度及上方冻土发展影响较大。经过60d积极冻结后，管间冻土温度最低可达–18~–16℃；实顶管外侧与空顶管外侧在靠近管间的冻土厚度发展均较好，受两侧试验条件限制，管间冻土帷幕厚度最大。

③实顶管为主空顶管为辅冻结模式下，异形加强冻结管的开启能迅速降低空顶管内部温度，空顶管内部降温主要集中在开启后11d。同时，能极大提高空顶管外侧冻土发展，异形加强冻结管分别滞后39d和12d开启，空顶管外侧靠近管间区域均能在积极冻结60d内形成2m厚冻土帷幕，满足设计要求。但是空顶管外侧冻土发展明显滞后于实顶管外侧，形成冻土帷幕厚度由实顶管一侧向空顶管一侧递减。

④实顶管为主空顶管为辅冻结模式下，异形加强冻结管开启后管间冻土能够在1~3d内交圈形成封水路径，并使得管间冻土温度迅速降低。从异形加强冻结管滞后12d开启的情况来看，管间冻土温度在50d时达至最低–18~–16℃，可以将异形加强冻结管滞后时间调整为22d。

据此给出如下建议：

①单独冻结模式冻结效果较差，难以形成较厚的冻土帷幕厚度。以积极冻结期60d为准，可以考虑实顶管为主空顶管为辅冻结模式。从冻土帷幕厚度满足设计要求来看，异形加强冻结管滞后39d开启可满足要求；从管间冻土温度达到最低来看，异形加强冻结管滞后22d开启可满足要求。

②实顶管与空顶管协同冻结模式冻结效果最好，可提前达到设计冻土帷幕厚度要求。若从缩短冻结施工工期考虑，可实行该冻结模式，在 30d 即可达到设计要求。现场施工可根据实测温度进行选择与调整。

7.3 空顶管内部保温对冻结效果影响研究

针对管幕冻结法中的空顶管，提出"大冻结管"理论，即将整个空顶管内空气温度降下来，作为一个大冻结管，有利于空顶管周围冻土形成。为了验证"大冻结管"这一理论，结合原型试验，进行了空顶管内部保温对冻结效果影响研究。

具体研究方式为：

①局部保温方式——仅对异形加强冻结管保温。

②整体保温方式——对空管进行全断面保温。

通过对局部保温、整体保温、不保温这 3 类试验的冻结效果进行比较，获得空管内部保温对冻结效果的影响，同时，验证"大冻结管"理论的正确性。

如前文所述，顶管顶进过程的旋转导致测温孔位随之旋转产生偏差，同时测温点位在每个管节进入土体位置有所不同，从而导致每个测温点在不同管节的实际位置均有不同偏差。从测温点的温度来比较不同管节的冻结效果没有意义。因此，主要从冻土帷幕厚度的变化来判断冻结效果的好与坏，根据空顶管内部是否保温对冻结效果影响做出判断。在选取冻土帷幕厚度计算区域时，主要采用了 C3-N-1、C3-N-2、C3-N-3 这 3 个测点进行计算，观察空顶管上方靠近管间区域冻土帷幕变化情况。

7.3.1 局部保温试验分析

分别对管节 6 与管节 8 进行了局部保温，即仅对异形加强冻结管保温。

（1）管节 8 与管节 7、管节 9 对比

比较管节 8 与管节 7、管节 9 的冻结施工环境，自身都属于实顶管与空顶管协同冻结模式。而与管节 7 相邻的管节 6 为实顶管为主空顶管为辅冻结模式，异形加强冻结管滞后 12d 开启；与管节 9 相邻的管节 10 也为实顶管为主空顶管为辅冻结模式，异形加强冻结管滞后 39d 开启；而管节 8 分别与管节 7、管节 9 相邻。可见，管节 8 所处的冻结施工环境比管节 7、管节 9 稍好，在不考虑异形加强冻结管保温这一影响因素下，管节 8 的冻结效果会比管节 7、管节 9 稍好。若此时对比发现管节 7、管节 9 比管节 8 的冻结效果更好，则表明局部保温——异形加强冻结管保温将对管幕冻结产生不利的影响。

由图 7-32 可以看出，对于空顶管上方靠近管间冻土帷幕厚度变化情况，管节 7、管节 9 均明显比管节 8（保温）冻土帷幕厚度要大很多，随着冻土不断发展，其差距还在增大。

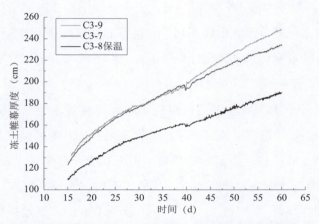

图 7-32　局部保温时实顶管与空顶管协同冻结模式下的冻土帷幕厚度变化

结合图 7-32 和表 7-2 可知，在积极冻结 20d 时，实顶管与空顶管协同冻结模式下的冻土帷幕厚度还没有包裹住顶管（≤162cm），此时管节 8（保温）的冻土帷幕厚度分别比管节 7、管节 9 少 21.6cm 和 25.6cm；在积极冻结 60d 时，管节 8（保温）的冻土帷幕厚度发展至 189.8cm，不满足设计要求（200cm），而管节 7、管节 9 分别发展至 233.9cm 和 248.7cm，分别比管节 8（保温）多 44.1cm 和 58.9cm。由此可知，随着积极冻结时间的推移，管节 8（保温）与管节 7、管节 9 的冻土帷幕厚度差距从开始的 21～26cm 扩大至最后的 44～59cm，差距增大了 1 倍多。表明管节 8（保温）的冻土帷幕厚度增长速率比管节 7、管节 9 慢，而且最后其厚度都没有达到设计要求。

局部保温时实顶管与空顶管协同冻结模式下的冻土帷幕节点时间厚度　　表 7-2

时间（d）	C3-7（cm）	C3-8（保温）（cm）	C3-9（cm）
20	148.3	126.7	152.3
30	177.3	148.9	177.7
40	193.8	159.6	196.8
50	218.4	175.2	227.4
60	233.9	189.8	248.7

根据上述分析可以得出：采取局部保温的管节 8，其空顶管上方靠近管间的冻土帷幕厚度明显小于不保温状态下的管节 7、管节 9。而且随着积极冻结的进行，管节 8（保温）的冻土帷幕边界发展速率也比管节 7、管节 9 慢，即管节 8（保温）在空顶管上方的冻结效果比管节 7、管节 9 较差。表明局部保温——异形加强冻结管保温，对空顶管上方靠近管间区域的冻土帷幕厚度发展不利，对空管上方靠近管间的冻结效果产生不利影响，甚至导致冻土帷幕厚度达不到设计要求。

（2）管节 6 与管节 3、管节 10 对比

比较管节 6 与管节 3、管节 10 的冻结施工环境。管节 6 是实顶管为主空顶管为辅冻结状态，异形加强冻结管滞后 12d 开启；管节 3、管节 10 冻结模式与管节 6 相同，异形加强冻结管滞后 39d 开启。管节 6 的异形加强冻结管开启时间比管节 3 与管节 10 提前 28d，在不考虑异形加强冻结管保温这一影响因素时，管节 6 的冻结效果应比管节 3、管节 10 要好。若此时对比发现管节 3、管节 10 比管节 6 的冻结效果更好，则表明局部保温——异形加强冻结管保温将对管幕冻结产生不利的影响。

由图 7-33 可以看出，对于空顶管上方靠近管间的冻土帷幕厚度变化情况，虽然管节 6（保温）的冻土帷幕比管节 3、管节 10 形成时间更早，但是在异形加强冻结管开启后，管节 3、管节 10 的冻土帷幕厚度增长速率明显快于管节 6（保温）。管节 3 冻土帷幕厚度在积极冻结 55d 时发展至与管节 6（保温）相同，管节 10 冻土帷幕厚度在积极冻结 47d 时发展至与管节 6（保温）相同。经过 60d 积极冻结，管节 3、管节 10 的冻土帷幕厚度明显大于管节 6（保温）。管节 3 与管节 10 的冻土帷幕厚度差异主要是因为管节 10 的相邻管节 11 也同时开启了异形加强冻结管，对管节 10 影响较大。

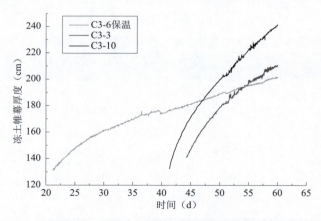

图 7-33 局部保温时实顶管为主空顶管为辅冻结模式下的冻土帷幕厚度变化

结合图 7-33 和表 7-3 可知，在积极冻结 30d 时，管节 6（保温）由于早已开启异形加强冻结管，冻土帷幕厚度已接近 162cm，而管节 3、管节 10 没有开启异形加强冻结管，空顶管附近基本没有冻土形成；在 45d 时，管节 3、管节 10 的异形加强冻结管开启后仅 6d，冻土帷幕厚度分别发展至 146.9cm 和 171.cm，而管节 6（保温）发展至 180.9cm，此时管节 3、管节 10 的冻土帷幕厚度比管节 6（保温）分别少 34.2cm 和 9.2cm；而在积极冻结 60d 时，管节 3、管节 10 的冻土帷幕厚度分别发展至 210.4cm 和 240.9cm，管节 6（保温）才发展至 201.6cm，刚好达到冻结设计要求（200cm），此时管节 3、管节 10 的冻土帷幕厚度比管节 6（保温）分别多 8.7cm 和 39.3cm。由此可知，随着积极冻结时间的推移，在异形加强冻结管开启后，管节 3、管节 10 的冻土帷幕厚度迅速增大，并且在 60d 积极冻结期内超过管节 6（保温）。表明在圆形主力冻结管与异形加强冻结管同时开启后，管节 6（保温）的冻土帷幕厚度增长速率比管节 3、管节 10 慢。

局部保温时实顶管为主空顶管为辅冻结模式下的冻土帷幕节点时间厚度　　表 7-3

时间（d）	C3-3（cm）	C3-6（保温）（cm）	C3-10（cm）
30	—	161.3	—
40	—	174.5	—
45	146.9	180.9	171.7
50	178.9	189.2	200.0
55	196.7	195.8	222.7
60	210.4	201.6	240.9

根据上述分析可以得出：虽然管节 6（保温）的异形加强冻结管比管节 3、管节 10 提前 28d 开启，但是在经过 60d 积极冻结之后，其空顶管上方靠近管间区域的冻土帷幕厚度不及管节 3、管节 10。因此可以判断，管节 6（保温）在空顶管上方的冻结效果比管节 3、管节 10 较差，表明局部保温——异形加强冻结管保温对空顶管上方靠近管间的冻土帷幕厚度发展不利，对冻结效果产生不利影响。

7.3.2　整体保温试验分析

对管节 11 进行整体保温，即对空顶管内壁进行全断面保温。

比较管节 11 与管节 12 的冻结施工环境，自身都属于实顶管与空顶管协同冻结状态，与管节 11 相邻的管节 10 提前 39d 开启圆形主力冻结管，在 39d 后管节 10～管节

13全部进入实顶管与空顶管协同冻结状态。可见，管节11所处的冻结施工环境与管节12基本相同，仅管节11的相邻管节有圆形主力冻结管开启，对空顶管上方冻土帷幕发展有比较微弱的有利影响。若此时对比发现管节11冻结效果比管节12的差，则表明整体保温——全断面保温将对管幕冻结产生不利的影响。

在分析管节11与管节12时，由于考虑的是空顶管的全断面保温状态，主要分析2个区域：空顶管上方靠近管间冻土厚度，以测线C3计算所得；空顶管正上方冻土厚度，以测线C4计算所得。

首先，对相同管节的C3与C4比较。如图7-34所示，C3-11（保温）的冻土帷幕厚度比C4-11（保温）较小；C3-12的冻土帷幕厚度比C4-12较小。由此看出空顶管上方靠近管间冻土比空顶管正上方冻土发展较快，这与实际情况相符。

然后，对不同管节的C3和不同管节的C4单独比较，分析空顶管内全断面保温对不同冻结区域的影响。

由图7-34可以看出，无论是空顶管上方靠近管间的冻土帷幕还是空顶管正上方冻土帷幕，管节12的冻土帷幕厚度明显比管节11（保温）的要大。

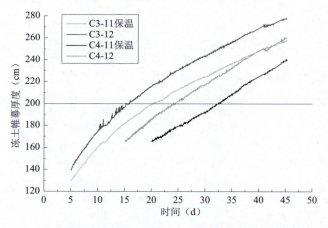

图7-34　整体保温时实顶管与空顶管协同冻结模式下的冻土帷幕厚度变化

结合图7-34和表7-4可知，对于空顶管上方靠近管间区域的冻土帷幕（C3-11与C3-12），在积极冻结10d时，管节11（保温）的冻土帷幕厚度比管节12少13.7cm；在30d时，管节11（保温）的冻土帷幕厚度发展至224.1cm，而管节12发展至242.9cm，此时管节11（保温）比管节12少18.9cm；在45d时，管节11（保温）的冻土帷幕厚度发展至256.9cm，而管节12发展至271.0cm，此时管节11（保温）比管节12少20.4cm。

由此可知，随着积极冻结时间的推移，管节 11（保温）与管节 12 的冻土帷幕厚度差距从开始的 13.7cm 扩大至最后的 20.4m，差距逐渐增大。表明管节 11（保温）的冻土帷幕不仅厚度比管节 12 小，而且增长速率比管节 12 慢，即管节 11（保温）的冻土帷幕边界发展比管节 12 慢。

局部保温时实顶管与空顶管协同冻结模式下的冻土帷幕节点时间厚度　　表 7-4

时间（d）	C3-11（保温）（cm）	C3-12（cm）	C4-11（保温）（cm）	C4-12（cm）
10	160.4	174.1	—	—
15	182.0	197.0		165.0
20	199.4	215.5	165.8	186.0
25	212.9	230.5	179.5	202.7
30	224.1	242.9	192.3	216.3
35	236.3	256.1	207.9	231.3
41	249.9	271.0	227.0	250.5
45	256.9	277.4	239.1	259.2

对于空顶管正上方的冻土帷幕（C4-11 与 C4-12），在积极冻结 20d 时，管节 11（保温）的冻土帷幕厚度比管节 12 少 20.2cm；在 30d 时，管节 11（保温）的冻土帷幕厚度发展至 192.3cm，而管节 12 发展至 216.3cm，此时管节 11（保温）比管节 12 少 23.9cm；在 45d 时，管节 11（保温）的冻土帷幕厚度发展至 239.1cm，管节 12 发展至 259.2cm，此时管节 11（保温）比管节 12 少 20.2cm。由此可知，随着积极冻结时间的推移，管节 11（保温）与管节 12 的冻土帷幕厚度差距一直维持在 20～24cm，差距变化较小。表明管节 11（保温）的冻土帷幕仅厚度比管节 12 小，厚度增长速率基本维持稳定，即冻土帷幕边界发展速率基本稳定。

根据上述分析可以得出：采取整体保温的管节 11，其空顶管上方靠近管间区域和空顶管正上方的冻土帷幕厚度均明显小于不保温状态下的管节 12。而且随着积极冻结的进行，管节 11（保温）在空顶管上方靠近管间的冻土帷幕边界发展速率也比管节 12 慢，管节 11（保温）在空顶管正上方的冻土帷幕边界发展速率基本稳定。因此可以判断，管节 11（保温）在空顶管上方的冻结效果比管节 12 较差，表明整体保温——全断面保温，对空顶管上方的冻土帷幕厚度发展不利，对冻结效果产生不利影响。

7.3.3 小结

无论对异形加强冻结管保温还是对整个空顶管内壁保温,空顶管上方冻土帷幕的发展都不如没有采取保温措施的管节。表明空顶管内部保温对冻结效果会产生不利影响。

而且对于空顶管上方靠近管间冻土而言,随着积极冻结时间推移,保温的管节与不保温的管节,两者之间冻土帷幕厚度的差距越来越大。表明采取保温之后空顶管上方靠近管间冻土帷幕发展会越来越慢。

第 8 章
CHAPTER 8
管幕间止水帷幕冻结范围动态控制技术研究

结合现场原型试验，主要针对热控限位和冷控限位两种控制冻结方法进行详细研究，分析冻土在不同控制方法下的冻结效果，为管幕冻结法动态控制冻土帷幕范围的方案实施提供一定的依据。

8.1 冻土热控限位研究

8.1.1 冻土热控限位试验介绍

冻土热控限位是指通过试验管路，人工提供热源带走管幕冻土帷幕中多余冷量，限制冻土发展。在管幕冻结法冻结方案设计时，考虑实顶管单独冻结效果较好，其外侧冻土发展较快，在实顶管内部靠近迎土侧设置了高温盐水限位管，简称限位管。作为管幕冻土中的热源，主要起到限制隧道外侧冻土发展的作用，尤其是对实顶管外侧的冻土。限位管内循环的盐水温度，比冻土温度要高，以控制冻土厚度的增加。

如试验方案介绍，试验管节 1～管节 4 为冻土热控限位模式，进行冻土热控限位试验。冻土热控限位试验在积极冻结之后进行，在施工现场制作限位盐水箱，并布置加热与降温装置，将限位盐水温度调整到合适温度，泵送入高温盐水限位管路。其中高温盐水限位管采用套管形式形成自回路，方便试验操作。

冻土热控限位试验过程：在试验初期先通入 2℃ 的限位盐水；待管幕及周围冻土温度场趋于稳定后，上调限位盐水温度至 8℃；待管幕及周围冻土温度场趋于稳定后，关闭高温盐水限位管，观察分析管幕及周围冻土温度场的恢复情况。

根据实际试验过程，从高温盐水限位管开启前 5.7d 开始，依次经历限位盐水温度为 2℃时运行 5d、限位盐水温度为 8℃时运行 10d、关闭限位盐水管后运行 7d，共计约 28d，如表 8-1 所示。

冻土热控限位试验各时间段的状态　　　　　　　　　　表 8-1

试验时间（d）	0～5.7	5.7～10.7	10.7～20.7	20.7～27.7
试验状态	限位开启前	限位盐水 2℃	限位盐水 8℃	限位关闭后

由于本次试验的限位盐水温度根据实际监测情况进行人工控制，故限位盐水温度波动较大，一般在设计温度 ±2℃之间波动，即 2℃的盐水温度控制在 0～4℃，8℃的盐水温度控制在 6～10℃。试验过程中限位盐水在各时间节点的设计温度与实际温度如表 8-2 所示。

冻土热控限位试验各时间节点限位盐水温度　　　　　　表 8-2

试验时间（d）	6.7	7.7	10.7	11.7	12.7	16.7	20.7
限位盐水设计温度（℃）	2	2	2	8	8	8	8
限位盐水实际温度（℃）	0.69	−0.25	2.81	8.5	8.5	7.56	9.31

在积极冻结之后，管节 4 在实顶管单独冻结模式下冻土厚度没有达到要求，管节 3 在实顶管为主空顶管为辅冻结模式下空顶管一侧冻土厚度较薄，因此，将以管节 2 分析冻土热控限位试验效果。

8.1.2　冻土热控限位效果分析

冻土热控限位试验冻结效果分析方法与积极冻结相同，将从测点温度-时间曲线、冻土帷幕厚度、管幕及周围土体温度云图 3 个方面进行分析。

8.1.2.1　测点温度-时间曲线

（1）实顶管内部

从图 8-1 可以看出，限位管开启前（0～5.7d），在实顶管与空顶管协同冻结模式下，积极冻结之后实顶管内部温度已基本稳定。5.7d 后开启限位管，限位盐水温度为 2℃，此后测点 C1-2-3、C2-2-6 和 C1-2-9 温度迅速上升，测点 C1-2-7 温升幅度较小，测点 C2-2-18 基本没有什么变化，反而随着冻结过程温度有所降低。结合测点位置可知，离限位管最近的测点 C1-2-3 温升幅度最大，离限位管最远的测点 C2-2-18 基本没有受到影响。

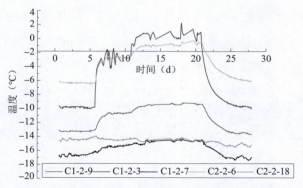

图 8-1 冻土热控限位模式下实顶管内部测点温度 - 时间曲线

限位管运行 5d，实顶管内部温度场趋于稳定，温度基本没有变化。在 10.7d 时将限位盐水温度上升至 8℃，实顶管内部测点温度也迅速产生变化，其变化规律与限位盐水温度为 2℃时相同，离限位管越近温升幅度越大，如测点 C1-2-3。但是限位盐水温度由 2℃上升至 8℃后的温度变化幅度明显没有限位管刚开启时大。

限位管再运行 10d，实顶管内部温度场趋于稳定，温度基本没有变化，此时实顶管测点 C1-2-3 与 C2-2-6 变成正温。在 20.7d 时关闭限位管，实顶管内部测点温度大幅下降，恢复至限位前的水平，其温度降幅与上升幅度相关，限位管附近测点温升越高，其降幅也越大。

由此可知，实顶管内部离限位管越近的测点受影响越大，离限位管越远的测点受影响越小。圆形主力冻结管及相距较近的管壁间区域，在圆形主力冻结管与异形加强冻结管的双重作用下，温度基本没有升高。这一规律从图 8-1 的温度波动也能得到验证。

此外，由于限位盐水温度采用人工控制，控制精度较低，限位盐水温度波动较大，导致管幕及周围冻土温度场随着限位盐水温度的波动而变化。从图 8-1 可以看出，测点 C1-2-3 波动最明显，其次是测点 C2-2-6。可知离限位管越近的测点波动幅度越大、越明显。因此可以认为，离限位管越近的部位受限位管盐水温度影响越大，与上述分析结论相同。

结合图 8-1 和表 8-3 进行分析。在 2℃的限位盐水作用下：限位管开启 5d 后温度场已稳定，此时实顶管内部温升幅度相差较大。限位管附近温度上升幅度最大，测点 C1-2-3 和 C2-2-6 分别上升 7.13℃和 3.75℃，尤其是位于实顶管内部混凝土中测点，而与管壁接触测点同时受到外部冻土影响，温升幅度相对较小。圆形主力冻结管连线上测点 C1-2-9 和 C1-2-7 的温升幅度分别为 2.5℃和 1.06℃，由于离圆形主力冻结管较近，温升幅度也较小，越近温升越小。而在圆形主力冻结管与相距较近的管壁间测点 C2-2-18 温度下降了 0.31℃，主要是因为测点离限位管较远，同时离圆形主力冻结管与异形加强冻结管较近，限位管对其影响较弱。

冻土热控限位模式下实顶管内部测点节点时间温度　　　　表 8-3

试验过程	时间（d）	C1-2-9 温度（℃）	C1-2-3 温度（℃）	C1-2-7 温度（℃）	C2-2-6 温度（℃）	C2-2-18 温度（℃）
限位开启前	5.7	−13.06	−9.81	−16.19	−6.38	−14.00
2℃第 1 天	6.7	−11.25	−3.13	−15.69	−3.13	−14.31
2℃第 2 天	7.7	−11.00	−2.38	−15.44	−2.50	−14.44
2℃第 5 天	10.7	−10.56	−2.69	−15.13	−2.63	−14.31
8℃第 1 天	11.7	−9.81	0.31	−14.94	−1.38	−14.38
8℃第 2 天	12.7	−9.63	0.75	−15.13	−0.94	−14.75
8℃第 6 天	16.7	−9.31	0.50	−14.63	−0.75	−14.44
8℃第 10 天	20.7	−9.38	0.94	−14.63	−0.44	−14.56
关闭第 1 天	21.7	−10.88	−5.69	−15.38	−2.44	−14.75
关闭第 4 天	24.7	−13.31	−9.25	−17.00	−5.31	−15.31
关闭第 7 天	27.7	−13.69	−9.81	−17.31	−6.06	−15.44

对温度变化的测点进行分析。测点 C1-2-9、C1-2-3、C1-2-7、C2-2-6 的温度在限位管开启 1d 时分别上升 1.81℃、6.68℃、0.5℃、3.25℃；在限位管开启 2~5d 内各测点分别上升 0.69℃、0.44℃、0.56℃、0.5℃。由上述数据可以看出，离限位管较近的测点 C1-2-3 其升温主要集中在限位管开启 1d，2~5d 的升温幅度占 5d 内的 6%；而离限位管较远的测点 C1-2-7 温度升幅较小，但 2~5d 的升温幅度占 5d 内的 53%。同理分析测点 C1-2-9 与 C2-2-6，可以得出：离限位管越近的测点受限位管影响越大，同时影响时间越短；离限位管越远的测点受限位管影响越小，但是影响时间越长。这表明离限位管越远，其限位作用的滞后性越明显。

限位开启 5d 时，限位盐水温度由 2℃调整为 8℃，运行 10d 后温度场已稳定。与限位管开启前比较，限位管附近测点 C1-2-3 和 C2-2-6 分别上升 10.75℃和 5.94℃，圆形主力冻结管连线上测点 C1-2-9 和 C1-2-7 的温升幅度分别为 3.69℃和 1.56℃，而在圆形主力冻结管与管壁间测点 C2-2-18 温度下降了 0.56℃。可以看出，限位盐水调整为 8℃，其温度变化规律与限位盐水温度为 2℃时相同，仅温升幅度不相同，8℃的限位盐水温升幅度更明显。但测点 C2-2-18 温度并没有因为限位盐水温度升高而上升，相反有所降低，这更加表明该测点区域基本不受限位管影响。

对温度变化的测点进行分析。测点 C1-2-9、C1-2-3、C1-2-7、C2-2-6 的温度在 8℃限位盐水运行 1d 时分别上升 0.75℃、3℃、0.19℃、1.25℃；在 8℃限位盐水运行 2～10d 内分别上升 0.44℃、0.63℃、0.31℃、0.94℃。由上述数据可以看出，离限位管较近的测点 C1-2-3 其升温主要集中在限位管开启后第 1 天，2～10d 的升温幅度占 10d 内的 17%；而离限位管较远的测点 C1-2-7 温度升幅较小，但 2～5d 的升温幅度占 5d 内的 63%，可以得出与 2℃限位盐水运行时相同的结论。

限位管关闭温度场恢复阶段：结合图 8-1 和表 8-3 可以看出，限位管开启 15d 后关闭，实顶管内部温度场迅速恢复，限位管关闭 7d 后与限位管开启前比较，限位管附近测点 C1-2-3 和 C2-2-6 温度基本与达到限位前的状态，分别仅上升 0℃和 0.31℃；圆形主力冻结管连线上测点 C1-2-9 和 C1-2-7 的温度分别下降了 1.13℃和 0.63℃；圆形主力冻结管与管壁间的测点 C2-2-18 温度也下降了 1.44℃。可以看出，限位关闭后 7d 内，圆形主力冻结管附近的测点温度已恢复至限位开启前，并有不同程度的降低，其中圆形主力冻结管与管壁间冻结效果最好，温度降低最明显；限位管附近的测点仅实顶管壁附近的测点 C-2-6 比限位前温度高出约 0.3℃，基本恢复。由上述分析可知，离圆形主力冻结管越远的测点恢复越慢，但 7d 恢复期基本足够达到要求。

对温度变化的测点进行分析。如表 8-3 所示，限位管关闭后，测点 C1-2-9、C1-2-3、C1-2-7、C2-2-6、C2-2-18 的温度与限位管开启前比较，在 1d 内分别高出 2.19℃、4.13℃、0.81℃、3.94℃、–0.75℃；4d 时分别高出 –0.25℃、0.56℃、–0.81℃、1.06℃、–1.31℃。可以看出，离限位管近的测点恢复较慢，而离圆形主力冻结管近的测点恢复较快。限位管关闭后 4d 与关闭后 7d 比较，温度差距较小。在限位管关闭 4d 后，仅限位管附近的测点温度比限位管开启前高出约 1℃，可知温度场恢复主要集中在前 4d，对于限位管附近的测点温度降至限位管开启前的温度状态将需要较长时间。

从上述分析可知：

①在限位管开启后，离限位管较近的区域温升幅度越明显，温升时间越短，且限位盐水温度越高，温升幅度越大；离圆形主力冻结管较近的区域在圆形主力冻结管的作用下，温升幅度较小；圆形主力冻结管与相距较近的管壁间区域，在圆形主力冻结管与异

形加强冻结管的双重作用下，温度没有升高，反而在持续下降，基本不受限位管影响。

②在限位管关闭后温度恢复期，离圆形主力冻结管越近的区域温度恢复越快，经过7d时间温度基本恢复至限位前。

③限位盐水温度为2℃时，实顶管测点温度虽有上升，但仍在冰点以下；而限位盐水温度为8℃时，限位管附近测点温度升至冰点以上，限位效果更明显。

（2）空顶管内部

结合图8-2和表8-4可知，测点C3-2-18、C3-2-15、C4-2-5由于位于空顶管内部2根异形加强冻结管正中间，即空顶管内离异形加强冻结管最远处，其温度波动非常大，但均在一定范围内（图中所示测点直线变化段是因为温度数据缺失）。测点C3-2-6、C4-2-9因靠近异形加强冻结管的缘故，温度较低，并且随着时间推移温度缓慢降低。

在5.7d时实顶管内限位管开启，限位温度维持2℃运行5d，在10.7d时限位盐水温度上升至8℃，运行10d，即在20.7d时关闭限位管。然而图8-2和表8-4均未显示出在冻土热控限位过程中，空顶管内部测点有相应的变化。测点温度虽然因为在空顶管内而起伏不定，但整体还是处于降温状态。由此可以断定，实顶管内限位管的开启对空顶管内部温度基本没有影响。

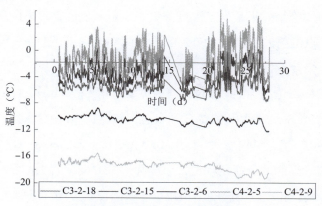

图8-2　冻土热控限位模式下空顶管内部测点温度-时间曲线

冻土热控限位模式下空顶管内部测点节点时间温度　　表8-4

试验过程	时间（d）	C3-2-18 温度（℃）	C3-2-15 温度（℃）	C3-2-6 温度（℃）	C4-2-5 温度（℃）	C4-2-9 温度（℃）
限位开启前	5.7	−3.44	−0.06	−8.75	3.19	−15.56
2℃第1天	6.7	−5.19	−2.63	−9.69	0.56	−16.44

续上表

试验过程	时间(d)	C3-2-18温度(℃)	C3-2-15温度(℃)	C3-2-6温度(℃)	C4-2-5温度(℃)	C4-2-9温度(℃)
2℃第2天	7.7	-5.75	-4.06	-10.19	-2.00	-16.75
2℃第5天	10.7	-4.81	-2.19	-9.94	1.50	-16.63
8℃第1天	11.7	-7.63	-3.38	-9.88	-0.44	-17.00
8℃第2天	12.7	-5.50	-3.50	-10.69	0.31	-17.63
8℃第6天	16.7	-5.88	-5.81	-11.31	-4.44	-17.38
8℃第10天	20.7	-7.19	-1.44	-10.31	2.31	-16.94
关闭第1天	21.7	-4.63	-0.88	-10.44	3.13	-17.75
关闭第2天	22.7	-3.06	-1.69	-10.31	0.19	-18.13
关闭第7天	27.7	-5.94	-6.06	-12.19	-4.00	-19.06

（3）实顶管外侧

从图8-3可以看出，在5.7d时开启限位管，限位盐水温度2℃。此后测点C1-2-1温度迅速上升，其次是测点C2-2-2，而测点C2-2-1温度基本没有变化。结合测点位置可知，离限位管最近的测点C1-2-1温升幅度最大，离限位管最远的测点C2-2-1温升幅度最小。

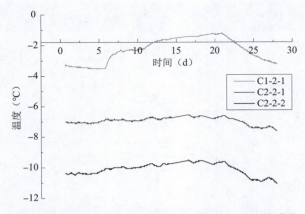

图8-3　冻土热控限位模式下实顶管外侧土体测点温度-时间曲线

限位管运行5d，实顶管外侧温度场趋于稳定，温度基本没有变化。在10.7d时将限位盐水温度上升至8℃，实顶管外侧测点温度也随之发生变化，其变化规律与限位盐水温度为2℃时相同，离限位管越近温升幅度越大，如测点C1-2-1。但是限位盐水温度由2℃上升至8℃后的温度变化幅度明显没有限位管刚开启时大。

限位管再运行10d，实顶管外侧温度场趋于稳定，温度基本没有变化，此时实顶管外侧土体测点C1-2-1变成正温，表明实顶管外侧基本无冻土。在20.7d时关闭限位管，实顶管外侧测点温度大幅下降，恢复至限位前的水平，其温度降幅与上升幅度相关，限位管附近测点温升越高，其降幅也越大。

由此可以得知，实顶管外侧离限位管越近的测点受影响越大，离限位管越远的测点受影响越小。其中实顶管外侧靠近两管间区域测点C2-2-1温度基本没有升高；在2℃限位盐水作用下实顶管外侧测点C1-2-1处于冰点以下，表明实顶管外侧仍然被冻土包裹，仅冻土温度升高。但在8℃限位盐水作用下实顶管外侧测点C1-2-1已处于冰点以上，表明实顶管外侧冻土已融化。

结合图8-3和表8-5进行分析。在2℃的限位盐水作用下：限位开启5d后温度场已稳定。此时在实顶管外侧的冻土，靠近限位管附近温度上升幅度最大。测点C1-2-1上升1.25℃，使得实顶管外侧部分冻土减弱。实顶管外侧靠近两管间的冻土，测点C2-2-2升温0.19℃，温升幅度较小；而测点C2-2-1升温0.06℃，温度基本没有变化。表明离限位管越远，温升幅度越小。同时，实顶管外侧靠近两管间冻土升温不明显，但是测点没有降温，表明抑制了实顶管外侧靠近两管间冻土发展。

冻土热控限位模式下实顶管外侧土体测点节点时间温度　　　　表8-5

试验过程	时间（d）	C1-2-1温度（℃）	C2-2-1温度（℃）	C2-2-2温度（℃）
限位开启前	5.7	−3.50	−6.94	−10.13
2℃第1天	6.7	−2.63	−6.88	−10.06
2℃第2天	7.7	−2.38	−6.88	−10.00
2℃第5天	10.7	−2.25	−6.88	−9.94
8℃第1天	11.7	−1.88	−6.69	−9.75
8℃第2天	12.7	−1.69	−6.88	−9.94
8℃第6天	16.7	−1.44	−6.63	−9.63
8℃第10天	20.7	−1.25	−6.69	−9.69
关闭第1天	21.7	−1.50	−6.81	−9.94

续上表

试验过程	时间（d）	C1-2-1 温度（℃）	C2-2-1 温度（℃）	C2-2-2 温度（℃）
关闭第 2 天	22.7	−1.88	−6.88	−10.13
关闭第 7 天	27.7	−3.19	−7.56	−11.00

在 8℃的限位盐水作用下：限位管开启 5d 时，限位盐水温度由 2℃调整为 8℃，运行 10d 后温度场已稳定。与限位管开启前比较，测点 C1-2-1 上升 2.25℃，使得实顶管外侧冻土温度明显上升，尤其测点 C1-2-1 升至冰点以上，实顶管外侧冻土融化。实顶管外侧靠近两管间区域的冻土，测点 C2-2-2 和 C2-2-1 分别升温 0.44℃、0.25℃，温升幅度较小。可以看出，限位盐水调整为 8℃，其温度变化规律与限位盐水温度为 2℃时相同，仅温升幅度不相同，8℃的限位盐水温升幅度更明显。

限位管关闭温度场恢复阶段：限位管开启 15d 后关闭，实顶管内部温度场迅速恢复。关闭 7d 后，与限位管开启前比较，实顶管外侧测点 C1-2-1 上升 0.31℃，基本恢复至限位管开启前的状态；实顶管外侧靠近两管间的冻土，测点 C2-2-2 和 C2-2-1 温度分别下降 0.88℃、0.63℃。可以看出，与开启前相比限位管关闭后 7d 内，实顶管外侧冻土温升较大，温度恢复较慢；实顶管外侧靠近两管间冻土温升较小，温度不仅未恢复，还降低了近 1℃。

从上述分析可知：

①实顶管外侧冻土离限位管越近，限位管作用越明显，温升幅度越大。

②实顶管外侧冻土在 2℃限位盐水作用下，冻土温度升高，但仍然在冰点以下；在 8℃限位盐水作用下，冻土温度迅速升至冰点以上，实顶管外侧冻土融化。

③实顶管外侧靠近两管间区域冻土温度基本没有升高。在 2℃限位盐水运行 5d 和 8℃盐水运行 10d，共 15d 后，冻土温度升高不明显，约 0.5℃。而当限位管关闭后，实顶管外侧靠近两管间区域冻土温度迅速恢复，在 7d 后比限位管开启前降低了约 1℃。由此可见限位管作用明显，抑制了实顶管外侧靠近两管间冻土温度。

（4）空顶管外侧

结合图 8-4 和表 8-6 可知，空顶管外侧土体温度基本没有变化，也没有较大的波动起伏，实顶管内限位管的开启与关闭、限位盐水温度的升高等均没有对此产生影响。因此可以判断，实顶管内部限位管对空顶管外侧土体温度基本没有影响。

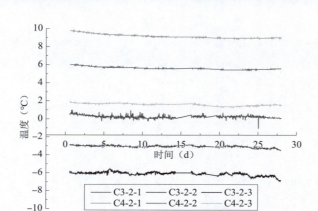

图 8-4 冻土热控限位模式下空顶管外侧土体测点温度 - 时间曲线

冻土热控限位模式下空顶管外侧土体测点节点时间温度　　表 8-6

试验过程	时间（d）	C3-2-1 温度（℃）	C3-2-2 温度（℃）	C3-2-3 温度（℃）	C4-2-1 温度（℃）	C4-2-2 温度（℃）	C4-2-3 温度（℃）
限位开启前	5.7	0.25	−3.00	−5.63	9.31	5.69	1.69
2℃第 1 天	6.7	0.25	−3.00	−5.81	9.31	5.69	1.75
2℃第 2 天	7.7	0.13	−3.06	−5.94	9.25	5.69	1.75
2℃第 5 天	10.7	0.00	−3.13	−6.00	9.19	5.56	1.56
8℃第 1 天	11.7	0.06	−2.88	−6.25	9.13	5.56	1.63
8℃第 2 天	12.7	0.44	−3.06	−6.25	9.06	5.63	1.63
8℃第 6 天	16.7	0.25	−3.00	−6.13	9.06	5.63	1.63
8℃第 10 天	20.7	0.19	−3.00	−6.06	8.94	5.44	1.38
关闭第 1 天	21.7	-0.06	−3.06	−6.06	8.94	5.44	1.31
关闭第 2 天	22.7	0.25	−3.00	−6.00	8.94	5.44	1.44
关闭第 7 天	27.7	0.13	−3.38	−6.81	8.94	5.56	1.56

（5）管间土体

从图 8-5 可以看出，管间冻土温度虽有波动起伏，但是整体上仍然处于下降趋势。在 5.7 ~ 20.7d，限位管开启期间，管间冻土温度下降速率较慢。而在 20.7 ~ 27.7d，即限位管关闭阶段，管间冻土温度下降速率明显加快。由此可以看出，限位管不会导致管间冻土温度迅速回升，仅降低了管间冻土降温速率，抑制冻土温度降低。

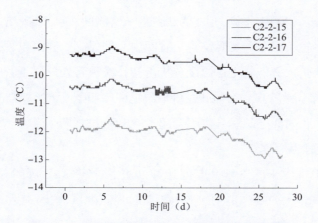

图 8-5 冻土热控限位模式下管间土体测点温度 - 时间曲线

根据表 8-7，对限位管开启前（5.7d）与限位管关闭前（20.7d）进行比较。管间测点 C2-2-15、C2-2-16、C2-2-17 分别下降了 0.56℃、0.56℃、0.63℃；而限位管关闭后 7d 内，管间测点 C2-2-15、C2-2-16、C2-2-17 分别下降了 0.81℃、0.69℃、0.75℃。可以发现，限位管的开启运行，对管间的冻土降温速率起到了明显的抑制作用，在限位管运行 15d 内的降温幅度还不及限位管关闭后 7d 内的降温幅度。

冻土热控限位模式下管间土体测点节点时间温度　　表 8-7

试验过程	时间（d）	C2-2-15 温度（℃）	C2-2-16 温度（℃）	C2-2-17 温度（℃）
限位开启前	5.7	−11.56	−10.19	−9.06
2℃第 1 天	6.7	−11.81	−10.31	−9.06
2℃第 2 天	7.7	−11.88	−10.38	−9.25
2℃第 5 天	10.7	−11.88	−10.44	−9.31
8℃第 1 天	11.7	−11.81	−10.50	−9.25
8℃第 2 天	12.7	−12.19	−10.69	−9.56
8℃第 6 天	16.7	−11.94	−10.56	−9.44
8℃第 10 天	20.7	−12.13	−10.75	−9.69
关闭第 1 天	21.7	−12.31	−10.94	−9.88
关闭第 2 天	22.7	−12.25	−10.94	−9.88
关闭第 7 天	27.7	−12.94	−11.44	−10.44

由上述分析可知，无论 2℃限位盐水还是 8℃限位盐水，均未导致管间冻土温度回

升,仅减缓了管间冻土降温速率。但是考虑到管节 2 管间测点 C2-2-15、C2-2-16、C2-2-17 的具体位置,相比较于测点的实际位置,管间中心部位冻土离限位管更近,受限位管影响更大。此外,从实顶管外侧土体温度分析可知,实顶管外侧靠近管间区域在限位管作用 15d 后温度升高不超过 0.5℃,同时在圆形主力冻结管和异形加强冻结管的双重作用下,可以间接证明管间冻土的温升也不会超过 0.5℃。

8.1.2.2 冻土帷幕厚度

采用前述章节中关于冻土帷幕厚度计算方法,对管节 2 的实顶管外侧靠近管间区域冻土厚度(图 8-6 中 C2-2)和空顶管外侧靠近管间区域冻土厚度(图 8-6 中 C3-2)进行计算。

从图 8-6 可以看出,试验过程中冻土帷幕厚度受计算方法影响波动频繁,但是在冻土热控限位阶段,即 5.7~20.7d 内,冻土帷幕厚度一直控制在 255~270cm 之间,波动幅度不大。

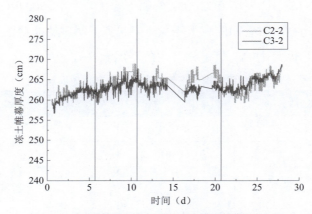

图 8-6 冻土热控限位模式下顶管外侧冻土帷幕厚度变化

结合表 8-8 可知,在限位管开启前(0.7~5.7d),实顶管与空顶管外侧冻土帷幕厚度呈现逐渐增大的变化,在 5.7d 时实顶管外侧与空顶管外侧分别增大至 263.2cm 和 262.2cm,5d 内分别增大约 3.9cm 和 3.4cm。在 5.7d 后开启限位管,限位盐水温度为 2℃,在 5.7~10.7d 期间冻土帷幕厚度仍然在逐渐增大。在 10.7d 时实顶管外侧与空顶管外侧分别为 265.8cm 和 265.4cm,5d 内分别增大 2.6cm 和 3.2cm。直至 10.7d 时,限位盐水温度由 2℃调整为 8℃,在 10.7~20.7d 期间冻土帷幕厚度有所减小。在 20.7d 时实顶管外侧与空顶管外侧分别为 264.2cm 和 262.6cm,10d 内分别减小 1.6cm 和 2.8cm。在 20.7d 时关闭限位管,在 20.7~27.7d 期间冻土帷幕厚度明显增大。在 27.7d 时实顶管外侧与空顶管外侧分别为 266.8cm 和 267.0cm，7d 内分别增大 2.6cm 和 4.4cm。

冻土热控限位模式下顶管外侧冻土帷幕节点时间厚度　　　表 8-8

试验过程	时间（d）	C2 冻土帷幕厚度（cm）	C3 冻土帷幕厚度（cm）
限位开启前	0.7	259.3	258.8
	5.7	263.2	262.2
2℃第 1 天	6.7	265.0	262.2
2℃第 2 天	7.7	263.9	263.8
2℃第 5 天	10.7	265.8	265.4
8℃第 1 天	11.7	262.3	262.0
8℃第 2 天	12.7	265.8	261.7
8℃第 6 天	16.7	263.0	262.2
8℃第 10 天	20.7	264.2	262.6
关闭第 1 天	21.7	262.8	265.0
关闭第 2 天	22.7	260.4	262.2
关闭第 7 天	27.7	266.8	267.0

根据上述分析，结合图 8-6 可以看出，限位管的开启，在限位盐水为 2℃时降低了冻土帷幕发展速率，但是冻土帷幕厚度仍在增长；当限位盐水温度调整为 8℃后，冻土帷幕厚度开始减小，冻土帷幕边界在向内侧收缩，抑制了冻土帷幕厚度发展，表明冻土帷幕边界在回缩。但是在限位管关闭后，冻土帷幕厚度开始逐渐增大，7d 后达到限位试验过程中冻土帷幕厚度的最大值。表明限位管对抑制冻土帷幕厚度发展有较明显的作用，且限位盐水温度越高越明显。

8.1.2.3　管幕及周围土体温度云图

以管节 2 的各时间节点温度云图对冻土热控限位试验的 3 个阶段分别进行分析。3 个阶段分别是：限位开启后，限位盐水温度为 2℃（即 5.7~10.7d）、限位盐水温度由 2℃调整为 8℃后（即 10.7~20.7d）、限位管关闭后（即 20.7~27.7d）。

图 8-7 是限位盐水温度为 2℃时，管幕及周围土体温度场变化云图。由图 8-7 可以看出，限位管开启前，实顶管外侧、实顶管外侧靠近管间区域、空顶管外侧靠近管间区域的冻土均较厚。在限位管开启后，实顶管外侧靠近限位管区域的冻土温度迅速升高并

融化；随着限位的进行，实顶管外侧冻土融化面积逐渐增大，冻土帷幕边界向空顶管方向收缩，实顶管外侧靠近限位管区域的冻土平均温度明显升高。

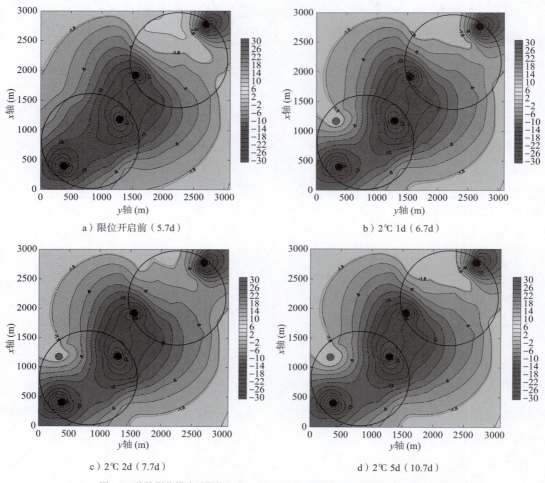

图 8-7　热控限位模式（限位盐水 2℃）下管幕及周围土体温度随时间变化云图

管间冻土帷幕厚度并没有因为限位管的开启产生明显变化，但是管间上部靠近实顶管的冻土温度由于离限位管较近，温度有一定的升高。管间中心部位冻土，即圆形主力冻结管与异形加强冻结管之间冻土，比较图 8-7 a）与 b）可以发现，在限位管刚开启 1d 时温度最低，即 –18～–16℃。且温度云图显示仍然在增大，但在后续基本没有明显变化。

实顶管内部靠近限位管区域温度迅速升高，发展至冰点以上。实顶管中心温度在限位前为 –14～–12℃，限位开启 1d 时即升至 –12～–10℃，之后变化不大。由此可以看出，实顶管中心温度升温在 1d 之内就达到稳定值。

空顶管内部及上部土体并没有因为限位的开启而产生规律性的变化。

由此可见，限位管开启后，影响最大的是实顶管内部与实顶管外侧冻土。实顶管内部温度明显升高，而且限位管附近区域温度发展至冰点以上。管间冻土帷幕厚度和温度基本稳定，没有明显变化。限位管的开启一定程度上抑制了冻土帷幕的继续发展，起到了控制效果。

图 8-8 是限位盐水温度为 8℃时，管幕及周围土体温度场变化云图。由图 8-8 可以看出，在限位盐水温度由 2℃调整为 8℃后，实顶管外侧冻土融化面积明显增大，冻土边界继续向管间靠拢。但是管间中心部位的冻土，即圆形主力冻结管与异形加强冻结管之间的冻土，温度基本没有什么变化，导致实顶管右上方冻土温度梯度明显增大。

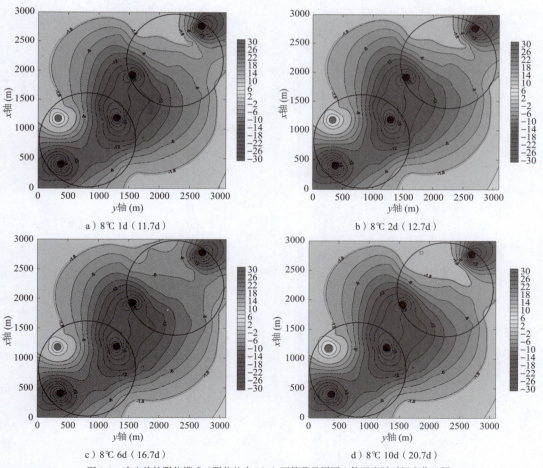

图 8-8　冻土热控限位模式（限位盐水 8℃）下管幕及周围土体温度随时间变化云图

同时，实顶管内部靠近限位管区域温度继续升高。限位管附近冰点以上区域随限位温度升高明显增大。实顶管中心区域，温度为 –12～–10℃的区域明显缩小。

空顶管内部及上部土体并没有因为限位管的开启而产生规律性的变化。

由此可见，限位盐水温度为 8℃时，管幕及周围土体温度场变化规律与限位盐水温度为 2℃的相同。随着限位盐水温度的升高，实顶管内部及实顶管外侧冻土温度明显升高，冻土融化范围也增大。但是对管间冻土温度影响较小，实顶管右上方冻土温度梯度明显增大。

图 8-9 是限位管关闭后及开启前的管幕及周围土体温度场变化云图。

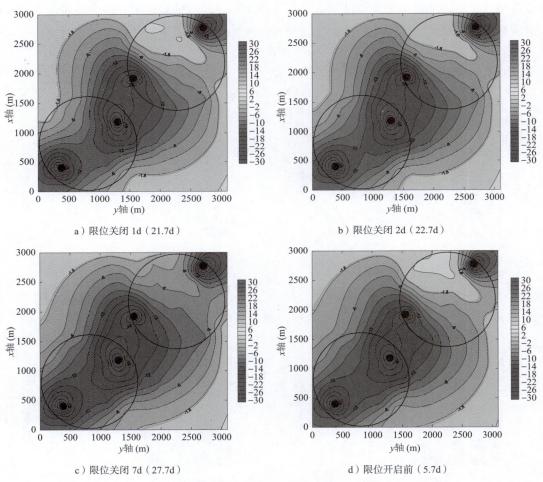

a）限位关闭 1d（21.7d）　　　　　　b）限位关闭 2d（22.7d）

c）限位关闭 7d（27.7d）　　　　　　d）限位开启前（5.7d）

图 8-9　冻土热控限位模式（限位关闭后）下管幕及周围土体温度随时间变化云图

由图 8-9 可以看出，限位管关闭后实顶管外侧土体温度逐渐降低，在限位管关闭 2d

时，实顶管外侧有冻土形成。限位管关闭 7d 时与限位管开启前比较，实顶管外侧冻土厚度基本恢复，冻土面积略有减小。

管间冻土帷幕厚度没有明显变化。管间中心部位的冻土，即圆形主力冻结管与异形加强冻结管之间的冻土，在限位管关闭 7d 时，冻土温度 –20～–18℃的区域发展至较大面积，表明管间冻土温度最低处开始缓慢降温。

实顶管内部靠近限位管区域温度迅速恢复。实顶管中心区域，在限位管关闭 2d 时，温度从 –12～–10℃降至 –14～–12℃，在限位管关闭 7d 时，温度为 –14～–12℃的区域恢复至限位管开启前。

由此可见，限位管关闭 7d 内，实顶管内部的温度场能恢复至限位管开启前，实顶管外侧冻土厚度也基本能够恢复。管间冻土温度比限位管开启前明显降低，可知限位管的开启能抑制两管间冻土温度下降。

8.1.3 冻土热控限位效果总结

①采用高温盐水限位管对管幕及周围土体进行冻土热控限位，可以认定为局部限位控制。主要是对实顶管内部及实顶管周围冻土影响较大，尤其是离限位管较近的区域。

②实顶管内部的温度场受限位管开启影响最大，尤其是限位管附近温度可升至冰点以上，温升幅度明显，在 2℃限位盐水作用下最高上升 7℃，而在 8℃限位盐水作用下最高上升 10℃；实顶管外侧冻土融化，能抑制实顶管外侧冻土发展的厚度；但是对实顶管外侧靠近管间区域的冻土影响较小，在 2℃限位盐水作用下冻土温度上升 0～0.2℃，在 8℃限位盐水作用下冻土温度上升 0.25～0.5℃；管间冻土温度在限位管的影响下仍在下降，但是降温速率明显减小，限位管开启 15d 内下降 0.5～0.7℃；空顶管内部及空顶管外侧冻土基本没有受到影响。

③限位管关闭后 7d 内，实顶管内部和实顶管外侧靠近管间区域冻土能迅速恢复至冻土热控限位试验初期限位管开启前，温度甚至略微降低；实顶管外侧温度恢复较慢，相差约 0.3℃；管间冻土温度在 7d 内降低 0.7～0.8℃，相比较于限位管开启时，降温速率明显加快。空顶管内部和空顶管外侧冻土的温度没有什么变化。

④从冻土帷幕厚度来看，限位盐水为 2℃时，降低了冻土帷幕发展速率，但是冻土帷幕厚度仍在增长；限位盐水温度调整为 8℃后，冻土帷幕厚度开始减小，冻土帷幕边界向内侧收缩。但是，无论冻土帷幕厚度增大还是缩小，其变化范围不超过 5cm，表明限位管开启后能够较好地控制冻土帷幕的发展，且冻土帷幕厚度变化有限，其中限位盐

水温度2℃时能大幅减小冻土帷幕厚度增长速率，而限位盐水温度+8℃时能直接减小冻土帷幕厚度。

8.2 冻土冷控限位研究

8.2.1 冻土冷控限位试验介绍

冻土冷控限位是指通过升高冻结系统内冻结盐水温度或者对冻结管进行开关控制实现间歇冻结，以减小冷源提供的冷量，从而控制冻土帷幕厚度的增大，抑制冻土外边界的继续扩大。

冻土冷控限位与热控限位的区别在于，冷控限位是从减小冻结系统单位时间内提供的冷量来实现限位控制，而热控限位是通过另外在冻结区提供热源来吸收冷量的方式来实现限位控制。从节约成本来考虑，冷控限位更经济。

本次冻土冷控限位试验主要通过升高冻结系统内冻结盐水温度的方法来进行。试验在管幕冻结完成60d积极冻结之后进行，通过冷冻机来调节冻结盐水温度。在冷控限位试验前，冻结盐水温度维持在 −30～−28℃；当限位试验开始后，将冻结盐水温度调整为 −25℃，尽量减小温度波动范围，密切观察并分析管幕及周围土体的温度场变化情况。待温度场稳定后，将冻结盐水温度调整为 −22℃，继续对管幕及周围土体的温度场变化情况实时分析。待温度场再次稳定后，将冻结盐水温度恢复至 −30～−28℃，当恢复至冷控限位试验前状态时即完成试验。

根据实际试验过程，从冻结盐水温度升温3.5d开始，依次经历冻结盐水温度升至 −25℃时运行11d、冻结盐水温度升至 −22℃运行7d、冻结盐水温度恢复至 −30～−28℃运行7d，共计约29d，如表8-9所示。

冻土冷控限位试验各时间段的冻结盐水温度　　　　表8-9

试验时间（d）	0～3.5	3.5～14.5	14.5～21.5	21.5～28.5
冻结盐水设计温度（℃）	−30～−28	−25	−22	−30～−28

对于冻结盐水温度的调整，应根据试验监测结果分析是否达到控制冻土帷幕厚度并抑制冻土边界扩大的要求，然后确定是否需要继续上调冻结盐水温度。本次试验中盐水温度上调了2次，分别为 −25℃和 −22℃。试验过程中限位盐水在各时间节点的设计温度与实际温度如表8-10所示，可以看出，冻结盐水实际温度波动基本控制都在1℃以

内,仅在 10.7d 时由于试验过程中停电的原因导致冻结盐水温度有所起伏,在试验结果分析时应予以注意。

为方便与冻土热控限位试验进行对比,冻土冷控限位效果的分析仍然选择管节 2 进行。

冻土冷控限位试验各时间节点冻结盐水温度　　表 8-10

试验过程	时间(d)	冻结盐水设计温度(℃)	冻结盐水实际温度(℃)
升温前	3.5	−30~−28	−28.00
−25℃第 1 天	4.5	−25	−25.94
−25℃第 3 天	6.5	−25	−25.38
−25℃第 7 天	10.7	−25	−20.00
−25℃第 11 天	14.5	−25	−25.31
−22℃第 1 天	15.7	−22	−22.25
−22℃第 3 天	17.7	−22	−22.13
−22℃第 7 天	21.5	−22	−21.69
恢复第 1 天	22.5	−30~−28	−28.44
恢复第 3 天	24.7	−30~−28	−29.25
恢复第 7 天	28.5	−30~−28	−29.06

8.2.2 冻土冷控限位效果分析

冻土冷控限位试验冻结效果分析方法与积极冻结相同,将从测点温度 - 时间曲线、冻土帷幕厚度、管幕及周围土体温度云图 3 个方面进行分析。

8.2.2.1 测点温度 - 时间曲线

(1)实顶管内部

如图 8-10 所示,在 0~3.5d 时,即冻结盐水温度降至 −25℃之前,离限位管较近的测点 C1-2-3 和 C2-2-6 受热控限位试验的影响还在降温恢复。在冻结盐水温度升至 −25℃后,即 3.5~14.5d 期间,实顶管内部测点温度明显升高,其温升主要集中在 3.5~7d 时间段内,即升温后 3.5d 内;后期温度变化幅度较小,基本平稳。当冻结盐水温度升至 −22℃后,即 14.5~21.5d 时,测点温度继续上升,前期温升速率与冻结盐水温度的变化情况与升至 −25℃的相比,明显增大,虽然后期温升速率降低,但温度升高仍然较明显；当冻结盐水温度恢复至 −30～−28℃ 后，即 21.5～28.5d 时间内，温度迅速下降，7d 内不仅恢复至冻结盐水温度升高前的水平，测点温度还有所降低。

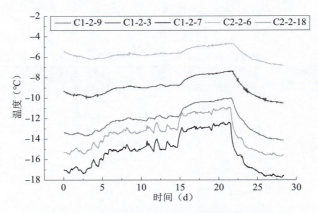

图 8-10　冻土冷控限位模式下实顶管内部测点温度 - 时间曲线

测点温度越低，随冻结盐水温度变化越明显，测点温度无论是升高还是降低均如此。结合测点的具体位置，可知离圆形主力冻结管越近，测点温度越低，受冻结盐水温度影响越大。从测点 C1-2-7 和 C2-2-18 因冻结盐水温度不稳定而随之波动的情况也可以看出，离圆形主力冻结管越近的测点，对冻结盐水温度的变化越敏感，受影响越大。

由表 8-11 分析得知：

冻结盐水温度上升至 −25℃：测点温度在 −25℃ 下第 1 天内温度变化微弱，这主要是因为冻结盐水温度上升至 −25℃ 后在第 4 天（此时为凌晨）又开始回落至 −30～−28℃，在 4.5d 时重新开始升温。冻结盐水温度在 −25℃ 情况下第 3 天，测点 C1-2-9、C1-2-3、C1-2-7、C2-2-6、C2-2-18 的温度分别上升 1.31℃、0.81℃、1.69℃、0.38℃、1.63℃。可以看出，离圆形主力冻结管较近的测点温升幅度明显更大，如测点 C1-2-9、C1-2-7、C2-2-18 上升幅度超过 1℃，而测点 C2-2-6 温升不超过 0.5℃。冻结盐水温度在 −25℃ 情况下第 3 天～第 11 天，各测点温度上升幅度均不超过 0.5℃。由此可见，除了第 1 天冻结盐水温度升高又回落，温度场变化微弱，实顶管内部测点温度变化主要发生在第 2 天～第 3 天内，后 8d 基本处于稳定状态，这与图 8-10 的分析结果基本相似（降温集中在前 3.5d 内）。而且冻结盐水温度在 −25℃ 的第 11 天，实顶管内部温度上升均不超过 2℃，离圆形主力冻结管最近的测点 C1-2-7 升高 1.94℃，离圆形主力冻结管最远的测点 C2-2-6（贴近实顶管外侧顶管壁），仅升高了 0.56℃。

冻土冷控限位模式下实顶管内部测点节点时间温度　　　　　表 8-11

试验过程	时间（d）	C1-2-9 温度（℃）	C1-2-3 温度（℃）	C1-2-7 温度（℃）	C2-2-6 温度（℃）	C2-2-18 温度（℃）
升温前	3.5	-13.56	-9.88	-16.81	-6.19	-15.00
-25℃第 1 天	4.5	-13.25	-9.69	-16.50	-6.13	-14.75
-25℃第 3 天	6.5	-12.25	-9.06	-15.13	-5.81	-13.38
-25℃第 7 天	10.7	-12.25	-9.00	-14.69	-5.81	-13.13
-25℃第 11 天	14.5	-11.81	-8.75	-14.81	-5.63	-13.06
-22℃第 1 天	15.7	-10.88	-8.19	-13.31	-5.38	-11.75
-22℃第 3 天	17.7	-10.38	-7.69	-12.88	-4.94	-11.38
-22℃第 7 天	21.5	-10.00	-7.44	-12.50	-4.69	-10.94
恢复第 1 天	22.5	-11.63	-8.13	-15.63	-5.19	-13.88
恢复第 3 天	24.7	-13.31	-9.75	-17.00	-6.25	-15.13
恢复第 7 天	28.5	-14.13	-10.50	-17.56	-6.81	-15.56

冻结盐水温度由 -25℃上升至 -22℃：-22℃时的第 1 天，测点 C1-2-9、C1-2-3、C1-2-7、C2-2-6、C2-2-18 的温度分别上升 0.94℃、0.56℃、1.5℃、0.25℃、1.31℃，温升幅度与 -25℃时的第 2 天温升幅度相当。但是在 -22℃时的第 2 天~第 7 天，测点 C1-2-9、C1-2-3、C1-2-7、C2-2-6、C2-2-18 的温度分别上升 0.88℃、0.75℃、0.81℃、0.69℃、0.81℃，上升幅度在 0.5~1℃之间。可以看出，在 2~7d 时间内虽然温升速率较小，但是温度在逐渐升高。-22℃时第 7 天的测点温度与 -30~-28℃时的相比，测点 C1-2-9、C1-2-3、C1-2-7、C2-2-6、C2-2-18 的温度分别上升 3.56℃、2.44℃、4.31℃、1.50℃、4.06℃，并且还有缓慢上升的趋势。由此可见，冻结盐水温度为 -22℃时，达到平衡所需时间更长，且实顶管内部温度上升较高。离圆形主力冻结管最近的测点 C1-2-7 升高 4.31℃，离圆形主力冻结管最远的测点 C2-2-6（贴近实顶管外侧管壁）也上升了 1.5℃，可以预见对实顶管外侧冻土影响较大。

冻结盐水温度由 -22℃恢复降温至 -30~-28℃：在 -30~-28℃的第 3 天，测点开始从 -22℃降温至 C1-2-9、C1-2-3、C1-2-7、C2-2-6、C2-2-18 的温度相比较于升温前分别上升 0.25℃、0.13℃、-0.19℃、-0.06℃、-0.13℃，可以看出第 3 天的温度已基本恢

复至升温前的 −30~−28℃。而在第 7 天，实顶管内部各测点温度相比较于升温前降低了 0.5~0.8℃。由此可见，冻结盐水温度恢复后，实顶管内部温度场恢复较快，3d 内基本可以完成。

从上述分析可知：

①离圆形主力冻结管越近的区域，受冻结盐水温度变化影响越大。

②冻结盐水温度上升至 −25℃ 的第 3 天测点温度基本达到平衡状态，后期温度变化不明显；而冻结盐水温度上升至 −22℃ 第 1 天温升幅度最大，后期温升也比较明显，7d 内仍然没有达到平衡；当冻结盐水温度恢复至 −30~−28℃ 后，3d 内实顶管内部温度场基本可以恢复至试验升温前的状态。

③在冻结盐水温度为 −25℃ 下运行 11d 时，实顶管内部温度上升 0.56~1.94℃；在冻结盐水温度为 −25℃ 下运行 11d 和 −22℃ 下运行 7d，实顶管内部温度总共上升 1.5~4.31℃。

（2）空顶管内部

空顶管内部测点温度波动一直比较大，尤其是位于空顶管内部 2 根异形加强冻结管正中间的测点 C3-2-18、C3-2-15、C4-2-5，波动幅度和频率都很大，如图 8-11 所示，在冻结盐水温度变化时没有明显的区别。

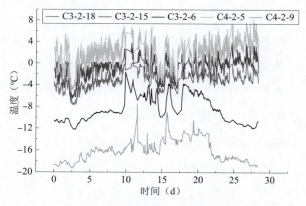

图 8-11　冻土冷控限位模式下空顶管内部测点温度 - 时间曲线

测点 C3-2-6 和 C4-2-9 由于离异形加强冻结管较近，随冻结盐水温度的变化而频繁波动，结合图 8-11 和表 8-12，测点 C3-2-6 和 C4-2-9 的温度，在 3.5d（−30~−28℃）时分别为 −11℃ 和 −18.13℃，在 14.5d 时（−25℃）分别为 −9~−8℃ 和 −17~−16℃，在 21.5d 时（−22℃）分别为 −7~−6℃ 和 −13~−10℃，在 28.4d 时（温度恢复至 −30~−28℃）分别

降至 –10.7℃和 –18.75℃，可以看出异形加强冻结管附近测点温度变化明显。

在 10~20d 时间段内，测点 C3-2-6 和 C4-2-9 温度波动起伏较大，主要是试验过程中停电导致冷冻机停机以及冷冻机温度控制不恰当引起的。

冻土冷控限位模式下空顶管内部测点节点时间温度　　　　表 8-12

试验过程	时间（d）	C3-2-18 温度（℃）	C3-2-15 温度（℃）	C3-2-6 温度（℃）	C4-2-5 温度（℃）	C4-2-9 温度（℃）
升温前	3.5	–5.19	–1.63	–11.00	0.50	–18.13
–25℃第 1 天	4.5	–5.00	–2.75	–10.69	0.00	–17.44
–25℃第 3 天	6.5	–3.44	0.19	–8.88	4.94	–15.94
–25℃第 7 天	10.7	–0.81	2.13	–5.50	5.44	–14.44
–25℃第 11 天	14.5	–5.75	–4.44	–8.38	–2.81	–16.63
–22℃第 1 天	15.7	–1.00	–0.38	–6.38	1.63	–10.50
–22℃第 3 天	17.7	–2.56	0.31	–8.63	3.56	–14.06
–22℃第 7 天	21.5	–0.88	1.19	–6.75	3.13	–12.88
恢复第 1 天	22.5	–1.88	–1.69	–8.56	–0.31	–17.31
恢复第 3 天	24.7	–0.06	3.50	–10.56	7.31	–17.25
恢复第 7 天	28.4	–3.56	–1.69	–10.69	0.75	–18.75

（3）实顶管外侧

从图 8-12 可以看出，实顶管外侧冻土温度变化规律与实顶管内部比较相似。在 0~3.5d 时间段内，即冻结盐水温度升至 –25℃前，离限位管较近的测点 C1-2-1 受冻土热控限位试验影响还在降温恢复。在冻结盐水温度升至 –25℃后，在 3.5~14.5d 时段内实顶管外侧靠近管间区域的测点 C2-2-1 和 C2-2-2 温度明显升高，且测点 C2-2-2 温升更明显。同时其温升主要集中在 3.5~7d 期间，即温度升高后的 3.5d 内，后期温度变化幅度较小，基本平稳。当冻结盐水温度升至 –22℃后，在 14.5~21.5d 时段内，不仅测点 C2-2-1 和 C2-2-2 的温度继续上升，测点 C1-2-1 温度也开始上升，前期温升速率较大，后期温升速率降低，但是温度升高仍然较明显。当冻结盐水温度恢复至 –30~–28℃后，在 21.5~28.5d 期间，温度迅速下降，7d 内不仅恢复至冻结盐水温度升高前的水平，测点温度还有所降低。

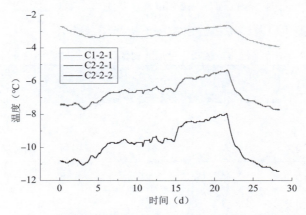

图 8-12　冻土冷控限位模式下实顶管外侧土体测点温度 - 时间曲线

从图 8-12 可以看出，测点温度越低，随冻结盐水温度变化越明显，测点温度无论是升高还是降低均如此。结合测点的具体位置，可知离圆形主力冻结管越近，测点温度越低，受冻结盐水温度影响越大。从测点 C2-2-1 和 C2-2-2 因冻结盐水温度不稳定而随之波动也可以看出，离圆形主力冻结管越近的测点，对冻结盐水温度的变化越敏感，受影响越大。

从表 8-13 可以看出，冻结盐水温度上升至 -25℃后，测点 C1-2-1 在前 11d 内温度基本没有变化。由此可见，-25℃的冻结盐水对测点 C1-2-1 影响较小，即对实顶管外侧冻土基本没有影响。而测点 C2-2-1 和 C2-2-2 在升温 1d 时（4.5d）温度变化较小，仅上升 0.31℃，这主要是因为冻结盐水温度上升至 -25℃后的第 1 天（此时为凌晨）又开始回落至 $-30\sim-28$℃，在 4.5d 时又重新开始升温。冻结盐水在 -25℃的温度下持续 3d 时，测点 C2-2-1 和 C2-2-2 温度分别上升 0.94℃、1.19℃。从温度变化幅度可以看出，离圆形主力冻结管较近的测点温升幅度明显更大。在 -25℃时的 3~11d 时段内，测点 C2-2-1 和 C2-2-2 温度均上升 0.19℃。由此可见，除了 -25℃时的第 1 天内冻结盐水温度升高又回落，冻土温度场变化较小，实顶管内部测点温度升高主要发生在其 2~3d 时段内，在后期 8d 内基本处于稳定状态，这与图 8-12 分析结果基本相似（降温集中在 3.5d 内）。而且在 -25℃下运行 11d 后，测点 C2-2-1 和 C2-2-2 温度分别上升 1.13℃、1.38℃，表明在 -25℃下，实顶管外侧靠近管间区域冻土温度上升幅度为 1~1.5℃。

冻土冷控限位模式下实顶管上部土体测点节点时间温度 表8-13

试验过程	时间（d）	C1-2-1 温度（℃）	C2-2-1 温度（℃）	C2-2-2 温度（℃）
升温前	3.5	-3.31	-7.63	-10.94
-25℃第1天	4.5	-3.31	-7.31	-10.63
-25℃第3天	6.5	-3.25	-6.69	-9.75
-25℃第7天	10.7	-3.31	-6.56	-9.69
-25℃第11天	14.5	-3.25	-6.50	-9.56
-22℃第1天	15.7	-3.06	-6.06	-8.69
-22℃第3天	17.7	-2.81	-5.81	-8.44
-22℃第7天	21.5	-2.69	-5.38	-7.94
恢复第1天	22.5	-2.94	-6.38	-9.69
恢复第3天	24.7	-3.56	-7.19	-10.81
恢复第7天	28.4	-3.94	-7.69	-11.44

从表8-13可以看出，冻结盐水温度由-25℃上升至-22℃的第1天，测点C1-2-1、C2-2-1、C2-2-2温度分别上升0.19℃、0.4℃、0.88℃。在2~7d时，测点C1-2-1、C2-2-1、C2-2-2温度分别上升0.38℃、0.69℃、0.75℃，结合图8-12可以看出，-22℃下实顶管外侧冻土温度第1天上升幅度最大，在2~7d时虽然温升速率变小，但是冻土温度仍然在逐渐升高。-22℃第7天时，测点C1-2-1、C2-2-1、C2-2-2的温度与-30~-28℃下的相比分别上升0.63℃、2.25℃、3.0℃，并且还有缓慢上升的趋势。由此可见，冻结盐水温度为-22℃时，达到平衡所需时间更长，且实顶管外侧靠近管间区域冻土温度上升较高，高达2~3℃，而实顶管外侧冻土温度上升较低，仅0.56℃。

从表8-13可以看出，冻结盐水温度由-22℃恢复降温至-30~-28℃的第3天（24.7d），测点C1-2-1、C2-2-1、C2-2-2温度相比较于试验初期升温前，分别上升-0.25℃、0.44℃、0.13℃。在第3天（24.7d）实顶管外侧冻土温度已恢复，但实顶管外侧靠近管间区域冻土温度仍然有较小的差距。在第7天（28.4d），实顶管内部各测点温度相比较于试验升温前降低了0~0.6℃。由此可见，冻结盐水温度恢复后，7d内实顶管外侧冻土也恢复至试验升温前的状态。

从上述分析可知：

①由于实顶管外侧靠近管间区域离圆形主力冻结管与异形加强冻结管较近，受冻结盐水温度升高的影响明显。当盐水温度升高至 –25℃时，11d 后冻土温度升高了 1～1.5℃；当盐水温度升高至 –22℃时，7d 后相比较于试验前冻土温度升高了 2～3℃；当冻结盐水温度恢复至 –30～–28℃时，7d 内冻土恢复到升温前的温度。

②实顶管外侧冻土受冻结盐水温度升高影响较小，盐水温度升高至 –25℃时，冻土温度基本没有变化，冻土温度虽然没有升高，但也没有继续降低，表明这抑制了冻土的发展；当盐水温度升高至 –22℃时，7d 内冻土温度升高 0.56℃；当冻结盐水温度恢复至 –30～–28℃时，3d 天内冻土恢复到升温前的温度。

③盐水温度升高至 –25℃和 –22℃，均能够抑制实顶管外侧冻土帷幕边界发展，实顶管外侧冻土温度上升均不明显。但是盐水温度升高至 –22℃时实顶管外侧靠近管间区域冻土温度上升明显，升幅约为 –25℃时的 2 倍。

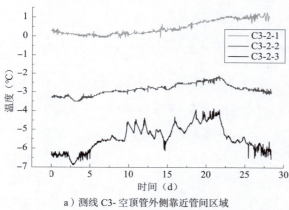

a）测线 C3- 空顶管外侧靠近管间区域

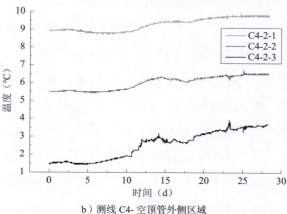

b）测线 C4- 空顶管外侧区域

图 8-13　冻土冷控限位模式下空顶管外侧土体测点温度 - 时间曲线

（4）空顶管外侧

由于空顶管外侧土体温度（测线 C4）和空顶管外侧靠近管间区域土体温度（测线 C3）温差较大，为方便观察分析土体测点温度随时间变化，故在图 8-13 中分开描述。

从图 8-13 a）可以看出，离异形加强冻结管较近的测点 C3-2-3 温度变化明显，并且随冻结盐水温度的起伏而产生较大的不稳定变化。而离异形加强冻结管较远的测点 C3-2-2 和 C3-2-1 的温度变化较小。表明空顶管外侧靠近管间区域的冻土，离异形加强冻结管越近则受冻结盐水温度影响越大。从图 8-13 b）也可知，离异形加强冻结管较近的测点 C4-2-3 温度变化比测点 C4-2-2 和 C4-2-1 更明显，同样表明空顶管外侧的冻土，离异形加强冻结管越近则受冻结盐水温度影响越大。对比测点 C3-2-3 与 C4-2-3，测点 C3-2-3 的温度 - 时间曲线随冻结盐水温度波动幅度明显更大，是因为测点 C3-2-3 离实顶管内的圆形主力冻结管和空顶管内的异形加强冻结管更近，其降温效果更明显，受冻结盐水温度变化影响更大。由此可以得知，随着冻结盐水温度的变化，空顶管外侧离冷源越近的区域变化越明显。

由于 10~15.3d 内冻结试验现场供电不稳定（停电），导致冻结盐水温度波动较大（一般呈现为冻结盐水温度升高）。如图 8-13 a）所示，测点 C3-2-3 随之产生较大波动，相比较于图 8-12 所示测点 C2-2-3 的温度变化情况，测点 C3-2-3 冻土温度变化较大；如图 8-13 b），测点 C4-2-3、C4-2-2、C4-2-1 温度 - 时间曲线在 10~16d 期间出现波峰，这也是由于冻结盐水温度的频繁升高引起的。由此，在对冻结盐水温度保持在 -25 ℃ 分析时仅分析 3.5~9.5d 的情况，在对冻结盐水温度保持在 -22 ℃ 时仅分析 16~21.5d 的情况。

从图 8-13 a）可以看出，在冻结盐水温度为 -25 ℃ 时，测点 C3-2-3 温度约在 7.5d 时基本达到平衡，测点 C3-2-2 与 C3-2-1 温度上升幅度非常缓慢，冻结盐水温度的频繁波动对其影响也较小。而在冻结盐水温度为 -22 ℃ 时，测点温度上升幅度明显比 -25 ℃ 时较大，经过 7d 后测点温度持续上升，没有减缓趋势，表明随着时间推移，测点温度会继续上升。当冻结盐水温度恢复至 -30~-28 ℃ 时，测点 C3-2-3 的温度降幅明显，迅速恢复至试验初期（3.5d）；测点 C3-2-2 也能逐渐降温，但是测点 C3-2-1 温度基本维持稳定。由此可知，对于空顶管外侧靠近管间区域，冻结盐水温度为 -25 ℃ 时可以较好地抑制冻土温度上升，冻结盐水温度为 -22 ℃ 时冻土温度上升幅度明显，在其后的恢复阶段离异形加强冻结管越远恢复越困难，7d 内最远测点 C3-2-1 温度基本没有恢复，仅维持稳定。

从图 8-13 b）可以看出，在冻结盐水温度为 -25 ℃ 时，仅测点 C4-2-3 温度略有升高，测点 C4-2-2 和 C4-2-1 基本没有变化，但是冻结盐水温度的频繁波动对其影响较大，这与测线 C3 不同。在冻结盐水温度为 -22 ℃ 时，测点温度上升幅度明显比 -25 ℃ 时较大，冻结盐水温度稳定后，测点温度持续缓慢上升。当冻结盐水温度恢复至 -30~-28 ℃ 时，测点温度基本维持稳定，没有降温趋势。由此可知，对于空顶管外侧区域，仅测点温度比空顶管外侧靠近管间区域高，在不同冻结盐水温度下的变化规律基本相似，但是在冻结盐水温度恢复后，空顶管外侧区域温度并没有恢复。

冻结盐水温度保持在 –25℃时（3.5～9.5d），从表 8-14 可知，冻结盐水温度升至 –25℃后第 6 天，即试验第 9.5 天，空顶管外侧靠近管间区域的测点 C3-2-3、C3-2-2、C3-2-1 温度依次升高 1.06℃、0.50℃、0.13℃；空顶管外侧区域的测点 C4-2-3、C4-2-2、C4-2-1 温度依次升高 0.38℃、0.13℃、–0.13℃。从上述数据可以发现，冻结盐水温度由 –30～–28℃升高至 –25℃后的 6d 内，仅测点 C3-2-3 由于离实顶管内圆形主力冻结管和空顶管内异形加强冻结管最近，温度上升约 1℃，其余测点温度上升均不超过 0.5℃，且 C4-2-1 仍有较小的降温。表明冻结盐水温度为 –25℃时，能抑制冻土帷幕边界的发展，且离冷源较近的测点温度上升幅度也有限。

冻土冷控限位模式下空顶管外侧土体测点节点时间温度　　表 8-14

试验过程	时间（d）	C3-2-1 温度（℃）	C3-2-2 温度（℃）	C3-2-3 温度（℃）	C4-2-1 温度（℃）	C4-2-2 温度（℃）	C4-2-3 温度（℃）
升温前	3.5	0.06	–3.50	–6.56	8.94	5.50	1.50
–25℃第 1 天	4.5	–0.06	–3.31	–6.25	8.88	5.50	1.44
–25℃第 3 天	6.5	–0.06	–3.06	–5.56	8.81	5.50	1.56
–25℃第 6 天	9.5	0.19	–3.00	–5.50	8.81	5.63	1.88
–25℃第 11 天	14.5	0.38	–2.75	–5.56	9.44	6.31	2.88
–22℃第 1 天	15.7	0.38	–2.75	–4.88	9.44	6.19	2.69
–22℃第 3 天	17.7	0.63	–2.56	–4.81	9.44	6.06	2.69
–22℃第 7 天	21.5	0.94	–2.19	–4.13	9.69	6.38	3.31
恢复第 1 天	22.5	1.06	–2.50	–5.31	9.69	6.44	3.38
恢复第 3 天	24.7	1.00	–2.81	–5.56	9.75	6.44	3.50
恢复第 7 天	28.4	1.00	–2.94	–6.56	9.75	6.50	3.69

冻结盐水温度保持在 –22℃时（15.7～21.5d）时，从表 8-14 可知，冻结盐水温度升至 –22℃后第 7 天（21.5d），相比较于试验初期升温前（3.5d），空顶管外侧靠近管间区域的测点 C3-2-3、C3-2-2、C3-2-1 温度依次升高 2.44℃、1.31℃、0.88℃；空顶管外侧区域的测点 C4-2-3、C4-2-2、C4-2-1 温度依次升高 1.81℃、0.88℃、0.75℃。从上述数据可以发现，冻结盐水温度在 –22℃时，测点上升温度明显加快。在 –22℃下维持 7d 后，不论空顶管外侧还是空顶管外侧靠近管间区域的测点，相比较于试验初期（3.5d）上升都很明显，离异形加强冻结管最远的测点 C3-2-1 和 C4-2-1 温度也升高 0.88℃和 0.75℃，

接近1℃。表明冻结盐水温度为-22℃时，很好地抑制了冻土帷幕边界的发展，但同时也使得冻土温度上升明显，离冷源较近的测点温度上升幅度达到约2.5℃，同时其上升趋势并没有停止，仍有上升空间。

冻结盐水温度恢复至-30~-28℃（21.5~28.4d），从表8-14可知，冻结盐水温度恢复至-30~-28℃后第7天（28.4d），相比较于冻结盐水温度恢复之前（21.5d），空顶管外侧靠近管间区域的测点C3-2-3、C3-2-2、C3-2-1温度依次下降2.44℃、0.75℃、-0.06℃；空顶管外侧区域的测点C4-2-3、C4-2-2、C4-2-1温度依次下降-0.38℃、-0.13℃、-0.06℃。从上述数据可以发现，冻结盐水温度在-30~-28℃维持7d后，测点C3-2-3和C3-2-2温度开始恢复，且仅测点C3-2-3恢复至试验初期（3.5d）时温度，而其余测点温度仍在上升。表明在-30~-28℃的冻结盐水温度运行7d时，仅能恢复空顶管外侧靠近管间区域在冷源附近的冻土温度，而空顶管外侧靠近管间区域离冷源较远处和空顶管外侧土体温度并没有下降，仅上升幅度有所下降。所以，在冻结盐水温度升高时一定要严加控制，当盐水温度上升较大后，此部分土体温度恢复较慢。

从上述分析可知：

①由于空顶管外侧靠近管间区域离圆形主力冻结管与异形加强冻结管较近，受冻结盐水温度升高的影响明显。当盐水温度升高至-25℃后第6天（9.5d），离冷源较近的冻土温度可升高约1℃；当盐水温度升高至-22℃后第7天（21.5d），相比较于试验前离冷源较近的冻土温度升高约2.5℃；当冻结盐水温度恢复至-30~-28℃时，7d内仅离冷源较近的冻土温度恢复至升温前（3.5d）的状态。

②空顶管外侧冻土受冻结盐水温度升高影响较小，在盐水温度升高至-25℃时，冻土温度基本没有变化，6d内上升幅度不超过0.5℃，表明其较好地抑制了冻土的发展；当盐水温度升高至-22℃时，7d后相比较于试验前离冷源较近的冻土温度升高约1.8℃；当冻结盐水温度恢复至-30~-28℃时，7d均没有降温趋势，温度无法恢复。

③盐水温度升高至-25℃，能够较好地抑制空顶管外侧冻土帷幕边界发展，空顶管外侧冻土温度上升幅度较小；而盐水温度升高至-22℃，也能够较好地抑制空顶管外侧冻土帷幕边界发展，但是空顶管外侧冻土温度上升明显，对冻结止水效果不利。

（5）管间土体

根据前述章节可知，测点C2-2-15、C2-2-16、C2-2-17并非描述的是管间冻土温度最低处。虽然测点C2-2-15离圆形主力冻结管和异形加强冻结管相对较近，但是3个测点离冷源均不远,属于管间冻结的主要部位,其受冻结盐水温度变化都比较明显。

从图 8-14 可以看出,在冻结盐水温度为 −25℃时,管间冻土测点温度在第 7.5 天基本达到平衡,测点温度在其后的 7.5 ~ 14.5d 期间随冻结盐水温度而波动起伏。冻结盐水温度为 −22℃时,在 14.5 ~ 17.5d 时段内,测点温度上升幅度明显较大;而在 17.5 ~ 21.5d 时段内,测点温度上升幅度略有减小,但没有减缓趋势,仍持续上升。表明随着时间推移,在 −22℃下的测点温度会继续上升。当冻结盐水温度恢复至 −30 ~ −28℃时,测点温度迅速恢复至试验初期(3.5d)。由此可知,管间冻土温度由于离冷源非常近,对冻结盐水温度变化非常敏感,冻结盐水温度的升高与降低都会对管间冻土温度产生较大影响。同时,冻结盐水温度为 −25℃时,管间冻土温度上升至一定程度后会逐渐稳定;而冻结盐水温度为 −22℃时,管间冻土温度随时间推移上升幅度在减小,但是上升趋势没有变化,管间温度上升幅度较大。

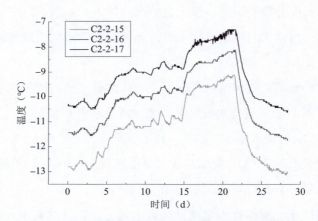

图 8-14 冻土冷控限位模式下管间土体测点温度 - 时间曲线

冻结盐水温度保持在 −25℃时(3.5 ~ 14.5d),从表 8-15 可知,截止冻结盐水温度升至 −25℃后第 11 天(14.5d),管间的测点 C2-2-15、C2-2-16、C2-2-17 温度依次升高 1.75℃、1.69℃、1.63℃,表示冻结盐水温度维持 −25℃的 11d 内,管间测点升高 1.6 ~ 1.8℃。而在冻结盐水温度升至 −25℃后第 3 天(6.5d),管间的测点 C2-2-15、C2-2-16、C2-2-17 温度依次升高 1.44℃、1.31℃、1.25℃;在冻结盐水温度升至 −25℃后第 3 天 ~ 第 11 天(6.5 ~ 14.5d),管间的测点 C2-2-15、C2-2-16、C2-2-17 温度依次升高 0.31℃、0.38℃、0.38℃,从以上数据可以看出,冻结盐水温度上升至 −25℃,管间冻土温度升高主要在前 3d,上升约 1.2 ~ 1.5℃;在试验的后续 8d 内,温度上升不到 0.4℃。

冻土冷控限位模式下管间土体测点节点时间温度　　　　　表 8-15

试验过程	时间（d）	C2-2-15 温度（℃）	C2-2-16 温度（℃）	C2-2-17 温度（℃）
升温前	3.5	−12.69	−11.44	−10.44
−25℃第 1 天	4.5	−12.44	−11.13	−10.13
−25℃第 3 天	6.5	−11.25	−10.13	−9.19
−25℃第 7 天	10.7	−11.19	−10.00	−9.13
−25℃第 11 天	14.5	−10.94	−9.75	−8.81
−22℃第 1 天	15.7	−9.94	−9.00	−8.13
−22℃第 3 天	17.7	−9.56	−8.63	−7.81
−22℃第 7 天	21.5	−9.13	−8.13	−7.31
恢复第 1 天	22.5	−11.25	−9.75	−8.75
恢复第 3 天	24.7	−12.56	−11.13	−10.13
恢复第 7 天	28.4	−13.06	−11.69	−10.56

冻结盐水温度保持在 −22℃时（14.5~21.5d），从表 8-15 可知，冻结盐水温度升至 −22℃后第 7 天（21.5d），管间的测点 C2-2-15、C2-2-16、C2-2-17 温度相比较于 −25℃时（14.5 d）依次升高 1.81℃、1.63℃、1.50℃，表示冻结盐水温度维持 −22℃的 7d 内，管间测点升高 1.5~1.8℃。而在冻结盐水温度升至 −22℃后第 3 天（17.7 d），管间的测点 C2-2-15、C2-2-16、C2-2-17 温度依次升高 1.38℃、1.13℃、1℃；在冻结盐水温度升至 −22℃后第 3 天~第 7 天（17.7~21.5 d），管间的测点 C2-2-15、C2-2-16、C2-2-17 温度依次升高 0.44℃、0.5℃、0.5℃。从以上数据可以看出，冻结盐水温度上升至 −22℃，管间冻土温度在前 3d 上升约 1~1.4℃；在试验的后续 4d 内，冻土温度上升约 0.4~0.5℃。由此可知，冻结盐水温度由 −25℃上升至 −22℃，前 3d 冻土的温升较大，但是后 4d 温升也比较明显，并且仍有上升空间。冻结盐水温度为 −22℃时 7d 后，相比较于试验初期（3.5d）管间温度上升约 3.1~3.6℃，上升幅度较大。

冻结盐水温度恢复至 −30~−28℃（21.5~28.4d），从表 8-15 可知，冻结盐水温度恢复至 −30~−28℃后第 7 天（28.4d），相比较于试验初期（3.5d），管间的测点 C2-2-15、C2-2-16、C2-2-17 温度依次下降 0.38℃、0.25℃、0.13℃，表明管间冻土温度 7d 内不仅全部恢复，而且有较小幅度下降。在冻结盐水温度恢复至 –30 ~ –28℃后第 3 天（24.7 d），相比较于试验初期（3.5d），管间的测点 C2-2-15、C2-2-16、C2-2-17 温度依次上升 0.13℃、0.31℃、0.31℃，表明管间冻土温度 3d 内已恢复至接近试验初期水平，冻土温度降低主要集中在 3d 内。从上述数据可以发现，当冻结盐水温度从 –22℃ 恢复至 –30 ~ –28℃后，3d 内管间温度已基本接近试验初期（3.5d），7d 内相比较于试验初期下降 0.1 ~ 0.4℃。

从上述分析可知：

①由于管间冻土离圆形主力冻结管与异形加强冻结管非常近，受冻结盐水温度升高影响很大。盐水温度升高至 –25℃后，11d 内冻土温度升高约 1.6 ~ 1.8℃；盐水温度升高至 –22℃后，7d 内相比较于冷控试验初期升温前的冻土温度升高约 3.1 ~ 3.6℃；当冻结盐水温度恢复至 –30 ~ –28℃后，3d 内冻土温度基本恢复，7d 内相比较于试验初期下降 0.1 ~ 0.4℃。

②冻结盐水温度升高至 –22℃对管间冻土温度的影响明显比升高至 –25℃时要大，其温升幅度相差至少 2 倍，因为 –22℃时管间冻土温度上升幅度仍然较大，没有达到平衡。

8.2.2.2　冻土帷幕厚度

采用前述冻土帷幕厚度计算方法，对管节 2 实顶管外侧靠近管间区域冻土厚度（图 8-15 中 C2-2）和空顶管外侧靠近管间区域冻土厚度（图 8-15 中 C3-2）进行计算。

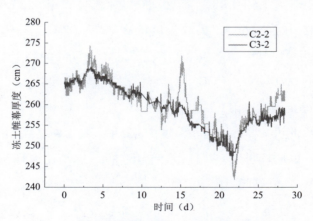

图 8-15　冻土冷控限位模式下顶管外侧冻土帷幕厚度变化

从图 8-15 可以看出，试验过程中冻土帷幕厚度受计算方法影响波动频繁，尤其是实顶管外侧靠近管间区域冻土厚度（C2-2）波动幅度较大，这主要是因为冻土帷幕厚度是由测点温度通过插值计算而得，其中 C2-2 在土体内仅 2 个测点，对于测点以外冻土厚度计算误差较大，而 C3-2 在土体内有 3 个测点，冻土帷幕边界一直处于各测点之间，冻土厚度计算误差较小。在冻土冷控限位阶段（3.5~21.5d），冻土帷幕厚度变化趋势非常明显。

结合表 8-16 可知，在试验初期，冻结盐水温度为 –30~–28℃时（0~3.5d），实顶管与空顶管外侧冻土帷幕厚度逐渐增大，在 3.5d 时实顶管外侧与空顶管外侧分别增大至 271.4cm 和 268.6cm；当冻结盐水温度升至 –25℃后（3.5~14.5d），冻土帷幕厚度逐渐减小，在 14.5d 时实顶管外侧与空顶管外侧冻土帷幕的厚度分别为 258.9cm 和 258.3cm，11d 内分别减小 12.4cm 和 10.3cm；当冻结盐水温度升至 –22℃后（14.5~21.5d），冻土帷幕厚度继续减小，在 21.5d 时实顶管外侧与空顶管外侧的冻土帷幕厚度分别为 251.2cm 和 247.6cm，7d 内分别减小 7.8cm 和 10.7cm；当冻结盐水温度恢复至 –30~–28℃后（21.5~28.4d），冻土帷幕厚度明显增大，在 28.4d 时实顶管外侧与空顶管外侧的冻土帷幕厚度分别为 260.9cm 和 257.4cm，7d 内分别增加 9.7cm 和 9.8m。

冻土冷控限位模式下顶管外侧冻土帷幕不同时间节点的厚度　　表 8-16

试验过程	时间（d）	C2 冻土帷幕厚度（cm）	C3 冻土帷幕厚度（cm）
升温前	3.5	271.4	268.6
–25℃第 1 天	4.5	266.1	267.9
–25℃第 3 天	6.5	262.3	265.2
–25℃第 7 天	10.7	258.4	261.1
–25℃第 11 天	14.5	258.9	258.3
–22℃第 1 天	15.7	263.9	258.3
–22℃第 3 天	17.7	258.6	254.4
–22℃第 7 天	21.5	251.2	247.6
恢复第 1 天	22.5	250.4	251.9
恢复第 3 天	24.7	256.3	256.7
恢复第 7 天	28.4	260.9	257.4

从冻土帷幕厚度变化情况可知，冻结盐水温度升至 –25℃后，11d 内顶管外侧靠近管间冻土帷幕厚度减小约 10～12cm；冻结盐水温度升至 –22℃后，7d 内顶管外侧靠近管间冻土帷幕厚度减小约 8～11cm；冻结盐水温度恢复至 –30～–28℃后，7d 内顶管外侧靠近管间冻土帷幕厚度增加约 10cm。可以看出，在冻结盐水温度升高后，冻土帷幕厚度明显减小，且冻结盐水温度为 –22℃时的减小速率大于冻结盐水温度为 –25℃时，表明冻结盐水温度升高不仅抑制了冻土帷幕边界的发展，同时冻土帷幕边界在逐渐向顶管回缩。当冻结盐水温度恢复 7d 后，冻土帷幕厚度虽有增大，但是并没有增大至试验初期水平。

因此，当积极冻结冻土帷幕发展至较厚时，可通过提高冻结盐水温度来抑制冻土帷幕边界的发展。同时根据现场冻土帷幕实际厚度，当冻土帷幕厚度减小至接近设计厚度时，降低冻结盐水温度，使得冻土帷幕厚度控制在设计范围内。

8.2.2.3　管幕及周围土体温度云图

与冻土热控限位试验相同，以管节 2 的各时间节点温度云图对冻土冷控限位试验的 3 个阶段分别进行分析。3 个阶段分别是：冻结盐水温度升至 –25℃阶段（3.5～14.5d）、冻结盐水温度由 –25℃升至 –22℃阶段（14.5～21.5d）、冻结盐水温度恢复至 –30～–28℃阶段（21.5～28.4d）。

图 8-16 是冻结盐水温度升至 –25℃时管幕及周围土体温度场变化云图。由图 8-16 可以看出，在冻结盐水温度升高前，冻结盐水温度为 –30～–28℃时，实顶管外侧、实顶管外侧靠近管间、空顶管外侧靠近管间的冻土均较厚，如图 8-16 a）所示。

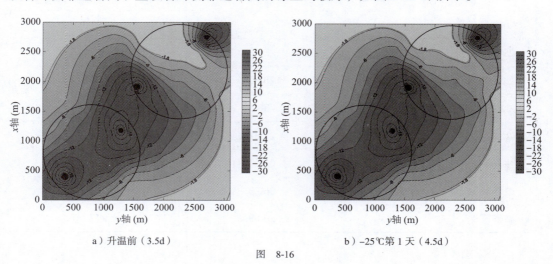

a）升温前（3.5d）　　　　　　b）–25℃第 1 天（4.5d）

图　8-16

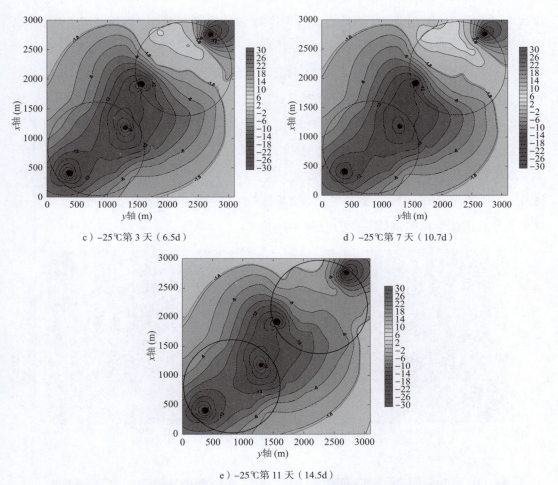

图8-16 冻土冷控限位模式（-25℃）下管幕及周围土体温度随时间变化云图

在冻结盐水温度升高至-25℃后，实顶管内部与管间冻土温度逐渐升高。

管间中心部位冻土，即圆形主力冻结管与异形加强冻结管之间冻土在冻结盐水温度升高至-25℃第1天，温度场变化较小。但是随着-25℃冻结盐水运行，在1d时管间冻土温度最低处为-18～-16℃，在7d时管间冻土温度最低处只有-16～-14℃，管间冻土温度升高约2℃。

实顶管内部在冻结盐水温度升高至-25℃后，在1d时温度最低处为-14～-12℃，在11d时温度最低处只有-12～-10℃，实顶管内部中心温度升高约2℃。

从图8-16中虽没有看出冻土帷幕厚度的明显变化，但是实顶管内部与管间冻土温度的升高，而顶管外侧冻土温度没有明显的变化，使得温度梯度明显减小，冻土帷幕平均温度减小。说明离冷源越近,受冻结盐水温度影响越大。顶管外侧冻土温度和冻土帷幕厚度没有明显变化,表示冻结盐水温度升高至 –25℃也一定程度上抑制了冻土帷幕的发展。

图 8-17 是冻结盐水温度升至 –22℃时管幕及周围土体温度场变化云图。由图 8-17 可以看出,在冻结盐水温度升高至 –22℃后,实顶管内部与管间冻土温度继续升高。管间中心部位冻土,即圆形主力冻结管与异形加强冻结管之间冻土温度场变化明显。冻结盐水温度升高至 –22℃之前,管间冻土温度最低处为 –16～–14℃;在冻结盐水温度升高至 –22℃后第 1 天,管间冻土温度最低处只有 –14～–12℃,管间冻土温度升高约 2℃。随着 –22℃冻结盐水运行,管间冻土温度最低处 –14～–12℃的面积不断缩小,表明管间冻土正在升温,但是最低温度仍为 –14～–12℃。

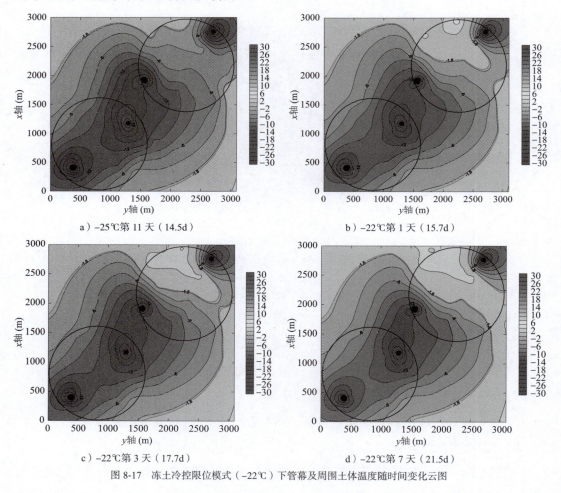

图 8-17 冻土冷控限位模式(–22℃)下管幕及周围土体温度随时间变化云图

实顶管内部随着冻结盐水温度升高至 –22℃运行,如图 8-17 a)～c)所示,温度最

低处 −14～−12℃的面积不断缩小，当冻结盐水温度升高至 −22℃第 7 天，如图 8-17 d），实顶管内部温度最低处只有 −10～−8℃，实顶管内部中心温度升高了近 4℃。上述比较是在冻结盐水温度升高至 −25℃之后进行的，而冻结盐水温度升高至 −22℃运行相比较于 −30～−28℃时运行，温度上升幅度会更大。

此外，还可以看出冻土帷幕厚度的变化，冻土帷幕边界在明显回缩，温度云图中的等温线（−6℃）也在往冷源处移动，表明管幕及周围冻土温度场均在上升。而且温度梯度明显减小，冻土帷幕平均温度正在减小。可知，冻结盐水温度升高至 −22℃后温度场的变化比冻结盐水温度升高至 −25℃更明显，温度升高幅度更大。

图 8-18 是冻结盐水温度恢复至 −30～−28℃前后，管幕及周围土体温度场变化云图。由图 8-18 可以看出，在冻结盐水温度恢复至 −30～−28℃后，实顶管内部与管间冻土温度迅速降低。

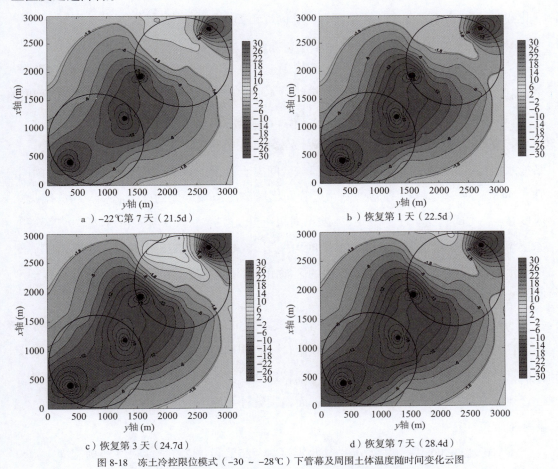

图 8-18　冻土冷控限位模式（−30～−28℃）下管幕及周围土体温度随时间变化云图

管间中心部位冻土温度场变化明显。冻结盐水温度恢复至 –30～–28℃的第 1 天内，管间冻土温度最低处由 –12～–10℃迅速降至 –16～–14℃，管间冻土温度降低约 4℃。随着 –30～–28℃冻结盐水的运行，管间冻土温度最低处 –16～–14℃的面积迅速扩大，在冻结盐水温度恢复至 –30～–28℃的第 7 天，管间冻土温度最低处达到 –20～–18℃。

实顶管内部温度场变化明显。冻结盐水温度恢复至 –30～–28℃的 1 d 内，实顶管内部温度最低处由 –10～–8℃迅速降至 –12～–10℃，实顶管内部温度降低约 2℃。随着 –30～–28℃冻结盐水运行，管间冻土温度最低处 –16～–14℃的面积迅速扩大，在冻结盐水温度恢复至 –30～–28℃的第 7 天，实顶管内部温度最低处已接近 –14℃。

还可以看出冻土帷幕厚度逐渐增大，冻土帷幕边界明显在向外发展，温度云图中的等温线（–6℃）也在往外移动，表明管幕及周围冻土温度场在下降。而且温度梯度明显增大，冻土帷幕平均温度正在增大。可知，冻结盐水温度恢复至 –30～–28℃后温度场变化明显，7d 内不仅温度逐渐恢复，两管间冻土温度降至更低。

8.2.3 冻土冷控限位效果总结

①采用控制冻结盐水温度对管幕及周围土体进行冻土冷控限位，可以认定为整体限位控制。对整个管幕及周围土体温度场均有不同程度影响，而且离圆形主力冻结管和异形加强冻结管越近，即离冷源越近，冻结盐水温度的变化对其影响越大。

②实顶管内部与管之间冻土冻结效果最好，冻结盐水温度变化对它们影响最大。冻结盐水温度在 –25℃时可使实顶管内部与管间冻土温度上升 1～2℃，而在 –22℃时可上升 2～4℃；对于实（空）顶管外侧靠近管间区域离冷源较近处的冻土温度，当冻结盐水温度在 –25℃时可上升 1～1.5℃，–22℃时可上升 2～3℃；对于实（空）顶管外侧区域的冻土温度，当冻结盐水温度为 –25℃时可上升 0～0.5℃，–22℃时可上升 0.6～2℃；对于空顶管内部离异形加强冻结管较远的区域由于本身温度波动频繁，冻结盐水温度的变化对其影响不怎么明显。

③当冻结盐水温度由 –22℃恢复至 –30～–28℃后 7d 内，实顶管内部、管间冻土、实顶管外侧冻土能迅速恢复至冻土冷控限位试验初期升温前，温度甚至略微降低。但是空顶管外侧冻土在靠近管间区域且离冷源较近处温度才能恢复至升温前，空顶管外侧靠近管间区域且离冷源较远处恢复较慢，而空顶管外侧冻土温度并不会恢复至升温前，温度基本维持稳定。

④从冻土帷幕厚度来看，冻结盐水温度为 –25℃和 –22℃均能很好地抑制冻土帷幕

边界的扩展，并且逐渐回缩。但是从测点温度-时间曲线与温度云图来看，冻结盐水温度为 -25℃时管幕及周围土体温度上升幅度比冻结盐水温度为 -22℃更小。同时，冻结盐水温度为 -25℃时，其温度升高主要集中在前 3d 内，后期变化较小。从控制冻胀融沉、限制冻土发展来说，冻结盐水温度为 -25℃可满足要求，同时，对管幕及周围土体温度场影响相对较小。因此，实际工程中可以通过在 $-30 \sim -25$℃之间调整冻结盐水温度来实时控制冻土帷幕厚度的变化。

8.3　动态控制在节约冻结能耗中的作用

通过管幕冻结法冻土帷幕动态控制方法研究，获得管幕冻结冻土帷幕控制方法和相关参数，并应用于冻结施工阶段。冻结施工自 2015 年 1 月 12 日至 2016 年 8 月 15 日，共 582d，实际用电量 38940152kW·h。管幕冻结设计制冷量为 3149kW，根据设计制冷量，理论用电量应为 $3419 \times 582 \times 24=47756592$kW·h，用电量节约（47756592-38940152）/47756592×100%=18%。由此可知，通过管幕冻结冻土帷幕控制方法不仅控制冻土发展，减小冻胀对周边环境的影响，同时也节约了一定的能耗。

第 9 章
CHAPTER 9
管幕冻土组合体抗渗及力学性能研究

9.1 概述

9.1.1 要解决的问题

管幕冻结法冻结后形成的钢顶管-冻土帷幕复合结构受力特征以及可能发生的破坏模式鲜有学者进行研究，因此，这种复合结构受力特性尚未十分明了，进行施工时对于工程安全的判断难以把握，施工安全得不到保障。本章节依托拱北隧道工程背景，对钢顶管-冻土帷幕复合结构受力特征进行研究，找出可能出现的破坏模式，为本工程的进行提供一定的安全指导，杜绝安全隐患。

9.1.2 主要研究内容

（1）室内模型试验

按照相似比缩小实际钢管-冻土复合结构（简称复合结构）承载模型，并进行模型试验；对模型加载，并记录复合结构位移；观察位移随荷载变化的曲线，找出位移随荷载变化的特征。模型试验在不同的温度下进行，得到不同温度下该复合结构承载力与跨中冻土及钢管位移曲线，了解不同温度下这种复合结构的承载性能。

（2）钢管-冻土接触面冻着（剪切）强度试验

进行钢管与冻土接触面之间的剪切试验，通过不同角度接触面加载试验，得到钢管与冻土接触面剪切破坏包络线。通过不同温度下的试验得到不同温度下剪切破坏的包络线，获得复合结构的剪切强度。

（3）钢管-冻土复合结构力学特性数值模拟研究

利用有限元分析软件 ANSYS，建立与实验室模型相同的模型，将计算出的荷载-位移曲线与试验结果相对比，找出最吻合曲线时计算模拟的参数。

按实际结构建立模型，建模时有限元软件中各参数使用与试验结果最吻合时的值，查看复合结构在有限元软件的计算下内部受力情况，采取相应的强度准则来判断各种条件下复合结构可能出现的破坏模式。

比较不同条件下复合结构受力破坏模式的区别，得到判断复合结构受力是否安全的标准，提出具有参考价值的建议。

9.2 钢顶管-冻土复合结构的模型试验研究

9.2.1 模型试验相似准则

模型试验的相似性必须满足几何相似性、材料相似性、强度相似性、荷载相似性这几点要求，利用一定的关系将实验室模型的各物理量组合在一起，类比原模型（实际工程）。

（1）几何相似

试验模型与原模型在外观、尺寸上具有相似的关系，可用尺度模型比来表示其几何相似性，几何相似常数 C_g 用下式计算：

$$C_g = \frac{r_m}{r_p} \tag{9-1}$$

式中：r_m——试验模型钢管半径；

r_p——实际工程钢管半径。

一旦确定了试验模型的几何相似常数，则其他几何尺寸可通过 C_g 推导或者表示出来。

拱北隧道实际工程中选用 $\phi1620mm$ 的钢管作为顶管，管间距为 350~355mm，管壁厚为 20~24mm。考虑到实验室试验机的空间大小，模型试验中钢管的直径为 50mm，其几何相似比为 $C_g=50/1620=1/32.4$，故管间距应为 7.4mm，钢管壁厚度为 0.617mm。考虑到按照几何相似比缩小后管间冻土太薄，尺寸太小可能掩盖其真实的力学性能，故模型试验中钢管间距为 30mm。

（2）材料相似

材料的相似主要通过弹性模量的比值 C_E 来表示。

$$C_E = \frac{E_\mathrm{m}}{E_\mathrm{p}} \tag{9-2}$$

式中：E_m——试验模型中各材料的弹性模量；

E_p——原模型中各材料的弹性模量。

当 $C_E=1$ 时，说明试验模型与原模型材料相同，为了与实际工程模型吻合，本试验中所有材料均与原模型相同，因此，材料相似比为1。

（3）强度相似

假定在应力集度始终未恒定的情况下，各模型单元尺寸无论怎样变化，其平衡条件均不受影响，且在出现破坏前，应力与应变均不受单元尺寸变化的影响，于是，材料的极限强度值决定着材料强度比的大小。

$$C_\mathrm{s} = \frac{\sigma_\mathrm{m}}{\sigma_\mathrm{p}} = \frac{\varepsilon_\mathrm{m}}{\varepsilon_\mathrm{p}} \tag{9-3}$$

式中：σ_m——试验模型中各材料的极限强度；

σ_p——原模型中各材料的极限强度；

ε_m——试验模型中各材料的极限应变；

ε_p——原模型中各材料的极限应变。

（4）荷载相似

原模型中，复合结构的荷载来自周围围岩压力，为均布荷载；而实验室条件有限，试验中要得到均布荷载下复合结构的位移是十分困难的。为了获得最为直观的试验结果，本试验将荷载简化为一个跨中集中力，简化过程按照产生相同的挠度时结构力学中均布荷载与集中荷载的等效关系进行简化。

9.2.2 试验方案设计

（1）力学模型的简化

拱北隧道实际工程中，隧道边开挖边支护，因此，实际工程的受力模型为每道支撑之间的钢管 - 冻土复合结构，取其中一段复合结构分析，其本质可以看成两端约束，中间受均布荷载的梁。

隧道开挖后钢管 - 冻土复合结构共同承担的围岩压力是均布荷载，然而在室内试验中，均布荷载的施加难以实现，为更有效地获得试验结果，可将荷载等效成一个跨中集中荷载。在实际工程中，相邻的钢顶管一根为实顶管（填充混凝土），一根为空顶管。

考虑到试验过程中可能出现的差异变形情况，以及试验机的空间大小，选取相邻 2 根"一空一实"钢顶管以及周围冻土作为最小结构单元进行力学试验，在跨中施加集中荷载，如图 9-1 所示。

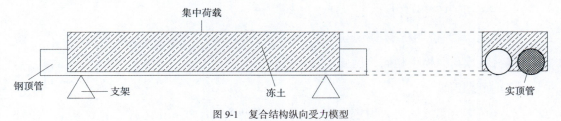

图 9-1　复合结构纵向受力模型

由于简支结构应力分布及变形较为直观，因此，试验模型的支架可做成简支形式。而此模型受力后挠度最大的地方为跨中位置，因此可在跨中位置设置 3 个位移计，分别用来测量施加荷载后复合结构中空顶管、实顶管以及管间冻土的挠度变化情况。

（2）复合结构的破坏形式

复合结构受力破坏应该从 3 方面来考虑：一是构成复合结构的顶管+冻土各自在受力时内部有无破坏发生；二是复合结构的材料在共同受力情况下是否能协调变形，接触面有无脱开的情况发生；三是复合结构的材料在共同受力情况下接触面上是否发生滑移。相比于顶管，冻土在强度、刚度等方面要小得多，加之管幕冻结法中管间的冻土较薄，因此，在材料的破坏方面主要取决于冻土的破坏，在冻土材料强度满足要求的同时，检验复合结构是否出现脱开以及滑移的破坏。空顶管、实顶管差异变形示意图如图 9-2 所示。

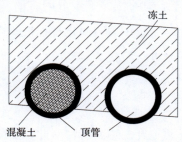

图 9-2　空顶管、实顶管差异变形示意图

钢管-冻土复合结构的破坏形式主要分为以下几种情况：

①复合结构在荷载作用下，变形会受到纵向弯矩所产生的拉压应力，冻土抗拉强度要比其抗压强度低得多。因此，在受拉区冻土可能会被拉裂开来，冻土的密封性受到破坏，冻土丧失其封水能力。

②实际工程中相邻 2 根冻结管因其刚度不同，受到荷载时会产生不同的挠度，如图 9-2 所示，管间冻土要跟随钢管发生变形，管间冻土两侧会产生不同的变形，而冻土较常温土的塑性差，因此，可能出现冻土被剪切破坏或者被拦腰拉断的情况。

③当顶管和冻土接触面上黏聚力较小时，接触面上某个点冻土与钢管发生滑移，接触面上会产生裂隙，可能形成水流通道，可认为复合结构发生破坏。

④当顶管和冻土接触面上黏聚力大于冻土的抗剪强度时，接触面上冻土与钢管结合牢固，不发生滑移，而此管间冻土内部可能先发生剪切破坏。

综上所述，钢管 - 冻土复合结构的破坏形式多样，必须分析各破坏发生时的条件，才能为工程设计提供一定的理论依据。

（3）试验参数的选取

在实际工程中，对复合结构的力学特性可能产生影响的参数有：

①冻结管布置：管幕冻结法是在钢管中加入冻结管，冻结管布置的方案不同，冻结时冻土的温度分布也会不同，冻结后形成的复合结构力学性能也会有所区别。但在工程应用中，通常将冻土帷幕等效为均质模型，因此，利用冻土帷幕温度范围内的某一个温度值来代替整个冻土帷幕的温度，即冻土帷幕的平均温度，而整个冻土帷幕的力学参数取值为这一温度下的力学参数。本模型试验将冻土视为均质材料，确定的工程中冻结管的布置方案如图 5-1 所示。

②冻结管形状：一般情形下冻结管的形状为圆形；但在管幕冻结法施工中，选用槽钢扣在钢管内壁上形成了异形冻结管。因此，冻结管的形状为圆形和异形两种。

③钢管内部填充情况：一根为实顶管（填充混凝土），而另一根为空顶管。在受力时由于相邻钢管刚度的差异会导致钢管变形不同，而差异变形会使管间的冻土产生拉应力。

④冻土温度：不同温度下冻土的各物理力学参数都不同，而且复合结构之间的黏聚力也会随着温度的变化而变化。

⑤钢管直径及管壁厚度：钢管直径以及管壁厚度直接影响到钢管刚度，不同管径及管壁厚度会导致复合结构具有不同的受力与变形特征。

⑥相邻钢管间距：相邻钢管间距不同会影响到管间冻土的尺寸，而复合结构受力时管间冻土的变形与破坏是复合结构破坏的关键位置。因此，钢管间距也会影响到复合结构的受力特性。

⑦管间下部冻土到两钢管圆心连线的厚度：实际工程中管幕内部冻土开挖到暴露出

管壁，管间冻土的余留量也直接影响到复合结构的封水能力、抵御施工热扰动能力以及冻土的力学性能。

⑧荷载：实际工程中复合结构不可能达到极限承载力的情况，而在不同的荷载下复合结构会表现出不同的力学特征。

综上所述，试验模型的影响因素较多，若将上述所有影响因素都作为试验参数进行试验，则工作量繁杂，所需进行的试验数量非常大。因此，必须挑选出对试验影响最主要、试验灵敏度最高而且必须能被量化的因素作为本试验的试验参数，然后针对挑选出的试验参数进行试验方案的设计。

对于室内试验模型，在钢管中加入冻结管实现起来非常困难，并且试验模型中冻土不考虑温度梯度的分布，把冻土当做各向同性材料进行试验，因此冻结管的加入与否对室内试验模型的影响不大，故影响因素中的①、②可不列入试验参数选择范围。拱北隧道管幕冻结法的施工方案中，相邻2根钢管分别为实顶管和空顶管，因此，室内试验中的纵向受力模型中一根填充混凝土（实顶管）一根不填充（空顶管）。冻土温度可作为试验变化参数，选取 −5℃、−10℃、−15℃以及 −20℃这4个温度，实际工程中冻土帷幕的温度往往在这一温度范围内。室内试验钢管的直径、厚度与长度按与实际情况的几何比缩小。但前文也提到，钢管间距若按照实际尺寸等比例缩小，则室内试验中管间冻土非常薄，可能一加载就马上破坏，不能体现管间冻土的力学意义，因此，室内试验中管间距取一个合理值。试验模型按照工程实际情况，露出约 1/3 钢管弧面。而钢管表面粗糙度难以量化，实际情况中钢管的锈蚀程度难以控制，因此，模型试验中的钢管统一采用光滑表面，而不再将这一因素作为试验变化参数。而冻土不含盐是最基本的情况，含盐后冻土力学强度降低，分析结果时考虑强度折减即可，因此，含盐量也不作为试验参数考虑。综上分析，各参数的选取情况如表 9-1 所示。

模型试验参数的选取 表 9-1

影响参数	选取情况	影响参数	选取情况
冻结管的布置	否	钢管内填充混凝土	一根填充一根不填充
冻结管的形状	否	钢管外径	50mm
管间距	30mm	钢管壁厚	0.5mm
上覆冻土厚度	40mm	钢管长度	250mm

续上表

影响参数	选取情况	影响参数	选取情况
下部冻土到钢管圆心连线	15mm	冻土温度	−5℃、−10℃、−15℃以及−20℃
钢管表面粗糙度	否	冻土含盐量	不含盐
荷载	超过实际工程	—	—

（4）试验内容

试验模型主要探究在不同温度下复合结构受荷载时钢管与冻土变形协调性，因此，试验设计温度为 −5℃、−10℃、−15℃ 以及 −20℃，每个温度下做 2 个试样，共计 8 个试样，进行 8 次试验。

9.2.3 试样制作与试验装置

（1）模型试验试样制作

由于拱北隧道段所处地层大部分为③-3 以及⑤-2 的砂土层，因此，本试验所用冻土采用重塑砂土，含水率为 28.5%。

制备特殊的模具。模具由 5 块 10mm 厚的钢板组成，其中两侧钢板切割出钢管的形状，便于插入钢管。拼装好的试样盒内部净尺寸为 170mm×240mm×80mm，如图 9-3 所示。

图 9-3 承载力模型试样盒

空顶管与实顶管如图9-4所示。先将空顶管与实顶管放入试样盒中（图9-5），最后将配置好的重塑砂土填入试样盒内，振捣密实。将试样盒放入冰箱养护，待砂土冻结后，将试样盒拆卸。拆卸后的试样如图9-6所示。

图9-4　空顶管与实顶管

图9-5　放入钢管的试样盒

图9-6　脱模后的承载力试验试样

（2）试验装置及其改进

模型试验在WDT-100微机控制冻土单轴压缩试验机上进行。该试验机与普通单轴压缩试验机最大的不同是能提供一个密闭的、与试样温度一样的环境进行试验，试验装置最大加载能力为100kN，精度1%。按应力速率控制加载方式进行试验，应力速率取为0.01Pa/s，加载和数据全由计算机根据设定好的参数自动控制和采集，采集间隔为0.1s。

试验机及其计算机数据采集系统的界面如图9-7所示。

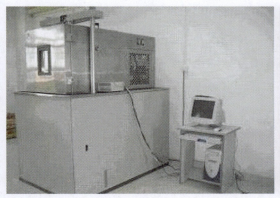
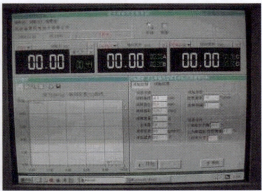

图 9-7　WDT-100 冻土试验机

考虑到试验加载时空顶管与实顶管会产生不同的竖向变形，因此，加载头需进行改进，能在加载过程中体现 2 根顶管差异变形的过程。改进后的加载头如图 9-8 所示。为防止加载过程中因应力集中，导致加载头周围土体首先发生破坏而使加载头陷入冻土中，加载头宽度做成 30mm，减少应力集中的影响。

图 9-8　加载头装置

试验过程中，需记录空顶管、管间冻土以及实顶管三者中间的位移，因此，试验的支座台也需特殊制定，如图 9-9 所示。试验装置拼装好，放入试样，如图 9-10 所示。

图 9-9　支座及位移计　　　　　　　图 9-10　承载力试验加载

9.2.4 试验结果分析

模型试验主要是测得荷载变化时空顶管、实顶管以及管间冻土跨中的位移。由于空顶管与实顶管刚度不同，因此，会产生差异变形，如图9-2所示。

在三者共同变形的时候，由于空顶管和实顶管差异变形的存在，空顶管与实顶管的位移可构成一个梯形，而管间冻土的位移则正好是梯形的中位线。因此，从几何关系上来看，若变形是刚性的，管间冻土的位移应该正好是实顶管与空顶管位移之和的一半，即两者的平均值。

因此，用三者位移之间的关系可以判断复合结构是否发生破坏，以及发生了何种类型的破坏。

（1）–5℃时试验结果分析

–5℃时空顶管、实顶管以及管间冻土跨中位置处位移随试验荷载的变化曲线如图9-11所示。

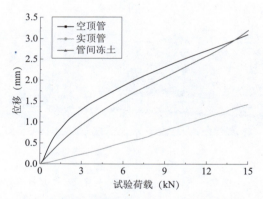

图9-11 空顶管、实顶管及管间冻土荷载-位移曲线（–5℃）

由图9-11可以看出，试验开始阶段，同一荷载下空顶管位移最大，管间冻土次之，实顶管位移最小。随着荷载增大，空顶管位移趋于缓和，而管间冻土位移一直增加，在荷载大约为14kN时，管间冻土位移超过空顶管位移。

空顶管位移随荷载的变化呈非线性，说明空顶管不但发生弯曲变形，其跨中处可能被压扁，空顶管弯曲的同时下部往上收缩，因此，位移曲线呈现先快后慢的趋势。试验前空顶管跨中竖直方向外径为50.6mm，水平方向外径为50.92mm；试验后测得，空顶管跨中竖直方向外径为50.6mm，水平方向外径为50.90mm。试验前后空顶管跨中处直径基本没有发生变化，因此，试验中产生的变形都在弹性变形范围内。

加入空顶管、实顶管平均位移进行对比，如图 9-12 所示。

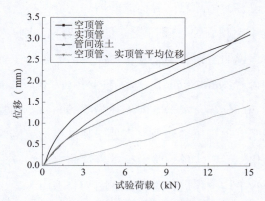

图 9-12　加入空顶管、实顶管平均位移（-5℃）

从图 9-12 可以看出，在荷载为 1.68kN、空顶管位移为 0.9mm、管间冻土位移大约为 0.59mm 时，管间冻土位移曲线与平均位移曲线分开，说明此时冻土与钢顶管（主要是与空顶管）变形不协调。但是前文提到，只有当变形为刚性的时候，即空顶管只发生弯曲变形而不会被压扁的时候，空顶管、实顶管平均位移与管间冻土位移曲线出现分叉时才可认为冻土与钢管发生了脱离，而试验情况下钢管显然被压扁了。因此，管间冻土要扣除钢管被压扁的位移量，之后得到的结果再与空顶管、实顶管平均位移进行对比，这时分叉点才可认为是钢管与冻土脱开的时刻。

（2）-10℃时试验结果分析

-10℃时空顶管、实顶管以及管间冻土跨中位置处位移随试验荷载的变化曲线如图 9-13 所示。

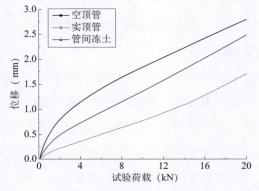

图 9-13　空顶管、实顶管及管间冻土荷载-位移曲线（-10℃）

由图 9-13 可以看出，-10℃时冻土已具有一定的刚度，整个试验过程中冻土的位移变化没有超过空顶管的位移，但随着试验荷载的增加，管间冻土的位移逐渐接近空顶管的位移。整个试验过程中空顶管位移随荷载呈非线性变化，刚开始可认为是线性变化，但很快就呈现出非线性，说明空顶管不止发生弯曲变形，其跨中处也可能被压扁。试验前空顶管跨中竖直方向外径为 50.88mm，水平方向外径为 50.96mm；试验后测得，空顶管跨中竖直方向外径为 50.86mm，水平方向外径为 50.96mm。试验前后空顶管跨中处直径基本未发生变化，说明空顶管压扁变形一直处于弹性变形范围内。而实顶管位移随荷载的增加基本呈线性变化，说明实顶管跨中只发生弯曲变形，并未被压扁。

加入空顶管、实顶管平均位移进行对比，如图 9-14 所示。

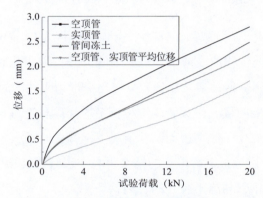

图 9-14　加入空顶管、实顶管平均位移（-10℃）

可以看出，在试验荷载为 7kN、管间冻土位移为 0.95mm、空顶管位移为 1.4mm 时，管间冻土位移曲线和平均位移曲线分开，意味着钢管与冻土可能发生了脱离，但需要后文数值计算结果进一步修正。因此，在未修正压扁效应情况下，空顶管位移为 1.4mm 时可假设钢管与冻土发生分离，记录下它们分叉时的结果。

（3）-15℃时试验结果分析

-15℃温度下空顶管、实顶管以及管间冻土跨中位置处位移随试验荷载的变化曲线如图 9-15 所示；加入空顶管、实顶管平均位移进行对比，如图 9-16 所示。

随着温度的降低，冻土的刚度增加，复合结构整体刚度增加，此时随着荷载的增加，冻土位移增长比空顶管位移增长要缓慢。对比管间冻土位移曲线与空顶管、实顶管平均位移曲线可以发现，在试验荷载为 6.55kN、管间冻土变形为 0.58mm、空顶管变形为 0.88mm 的时候，管间冻土位移曲线与平均位移曲线分开。与前面 -5℃、-10℃时不同，分开后管间冻土位移曲线朝下发展，但是这一情况与–5℃、–10℃时钢顶管与冻土位移前半段（钢管变形尚处于弹性变形时）基本相似，推测此温度下试验荷载范围内钢管可能弯曲变形占主导，压扁量较小。

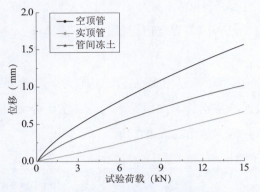 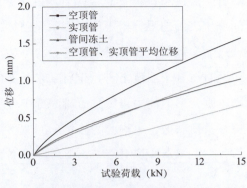

图 9-15　空顶管、实顶管及管间冻土荷载 - 位移曲线（–15℃）　　图 9-16　加入空顶管、实顶管平均位移（–15℃）

（4）–20℃时试验结果分析

–20℃时空顶管、实顶管以及管间冻土跨中位置处位移随试验荷载的变化曲线如图 9-17 所示；加入空顶管、实顶管平均位移进行对比，如图 9-18 所示。

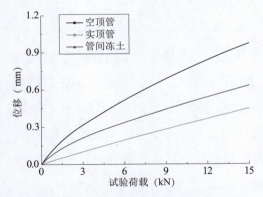 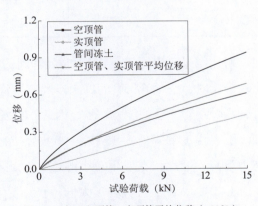

图 9-17　空顶管、实顶管及管间冻土荷载 - 位移曲线（–20℃）　　图 9-18　加入空顶管、实顶管平均位移（–20℃）

随着温度进一步降低，冻土的刚度继续增大，复合结构整体刚度增加，因此复合结构的整体变形量降低。在试验荷载大约为 5.97kN、空顶管变形为 0.50mm、管间冻土变形大约为 0.33mm 处，管间冻土位移曲线与空顶管、实顶管平均位移曲线分开，并像–15℃时类似，管间冻土位移曲线朝下发展。此温度下试验荷载范围内钢管主要是发生弯曲变形，钢管基本没有压扁。但是如果冻土刚度进一步增加，其跟随变形能力必将进一步降低，钢管稍微一发生变形，冻土就不能跟随变形，可能导致钢管与冻土脱开。

（5）各个温度下试验结果对比

各个温度下试样都是空顶管与冻土之间脱开而破坏的，而实顶管与冻土紧密相连，管间冻土表面肉眼分辨不出是否明显破坏，内部是否因差异变形而拉裂尚不能确定，只能通过后文数值计算进一步确定。

通过对各个温度下进行钢管-冻土复合结构模型试验，了解复合结构在不同温度下跟随钢管变形的能力，得到了管间冻土位移曲线与空顶管、实顶管平均位移发生分叉时各位移及荷载值，可称此为修正前的位移及荷载值，结果如表9-2所示。

各温度下钢管与冻土疑似脱开时位移及荷载结果（按未修正的试验数据） 表9-2

温度（℃）	位移曲线分叉时发生的位移			试验荷载（kN）
	空顶管位移（mm）	实顶管位移（mm）	管间冻土位移（mm）	
-5	0.90	0.28	0.59	1.68
-10	1.4	0.5	0.95	7.00
-15	0.88	0.38	0.58	6.55
-20	0.5	0.16	0.33	5.97

对比结果可以看出，-10℃时，管间冻土位移曲线与空顶管、实顶管平均位移曲线出现分叉时，空顶管、管间冻土以及实顶管发生的位移最大，说明此温度下冻土塑性较好，跟随钢管变形的能力较强，因此，在发生较大的位移时也能跟随变形而不与钢管脱开。随着温度的降低（-15℃、-20℃），冻土塑性变差，呈现出脆性，跟随钢管变形的能力下降，因此，在发生较小的位移时就不能跟随钢管变形，与钢管脱开。而温度太高时（-5℃），冻土因其强度太低，容易发生破坏，因此，跟随钢管变形的能力也较差。在试验范围内的4个温度中，-10℃时冻土跟随钢管变形能力最强，在钢管与冻土不脱开时，能产生最大位移及最大差异变形。

由于模型试验是按照1:32的相似比进行了缩小，因此，产生的位移也会缩小，可通过相似比换算得到真实的位移。通过结构力学中均布面荷载与集中荷载产生相同位移的等效，可把脱开时的试验荷载换算成面荷载，而模型试验中空顶管与实际工程中空顶管的抗弯刚度相似比为90481:1，试验模型与实际工程复合结构整体刚度难以算出确切的相似比，因此，用空顶管刚度的相似比近似地替代整个复合结构的相似比，通过二者产生相同的挠度求得的荷载相似比为 1:48，故可把上述位移与荷载转化为实际工程中的位移与荷载，如表 9-3 所示。

各温度下钢管与冻土疑似脱开时位移及荷载结果（按未修正的试验数据）　　表 9-3

温度（℃）	位移曲线分叉时发生的位移			面荷载（MPa）
	空顶管位移（mm）	实顶管位移（mm）	管间冻土位移（mm）	
−5	28.8	8.96	18.88	3.36
−10	44.8	16	30.4	13.44
−15	28.16	12.16	18.56	12.48
−20	16	5.12	10.56	11.52

实际工程中，隧道最大埋深约为 10m，因此最大的水土压力约为 0.2MPa，按照表 9-4 荷载对应的位移关系，可反算出实际工程中复合结构可能出现的最大位移，如表 9-4 所示。

实际工程中复合结构可能出现的最大位移　　表 9-4

温度（℃）	空顶管位移（mm）	实顶管位移（mm）	管间冻土位移（mm）	面荷载（MPa）
−5	1.71	0.53	1.12	0.2
−10	0.67	0.24	0.45	0.2
−15	0.45	0.19	0.30	0.2
−20	0.28	0.09	0.18	0.2

从表 9-4 可以看出，实际工程中复合结构可能出现的最大位移很小，再加上实际工程中支撑钢管的型钢支架间距远小于试验中模型按几何比换算后的跨度。试验中的大跨度在实际工程中不会发生，因此，实际工程中复合结构不会发生过大的变形。故实际工程中基本不会出现钢管-冻土复合结构材料因为变形不协调而发生脱开的破坏形式。

9.2.5　模型试验小结

钢管-冻土复合结构在受荷载作用时共同变形，若它们变形不协调，则会发生脱开现象，钢管与冻土之间会产生缝隙，可能会形成透水通道，这样冻土帷幕的封水效果就得不到保证。而在实际工程中，由于空顶管和实顶管的刚度差异很大，在受荷载时会产生差异变形，这样导致管间的冻土不仅受到围岩的压应力，还会受到因差异变形带来的剪应力，因此，要求冻土具有良好的跟随变形能力。而冻土又是一种特殊的材料，其力学性质随温度呈现一种动态变化的特性，为了找出冻土跟随钢管变形的最佳温度，本章节试验设计了 4 个温度，且实际工程中冻土帷幕温度在这一范围内。通过试验与分析，可得到如下结论：

（1）对比 4 个温度下试验结果，当温度为 –10℃时，在位移曲线出现分叉前，复合结构跨中发生的位移最大；随着温度降低，位移曲线出现分叉前复合结构跨中发生的位移减小，说明温度越低，冻土刚度越大，跟随变形能力越差。但冻土温度较高时，冻土强度较低，冻土可能会由于自身强度不够而发生破坏。

（2）温度越低，冻土刚度越大，因此，复合结构的整体刚度增加，在相同荷载下整体结构跨中变形越小，且空顶管、实顶管的差异变形越小，说明冻土承载力随温度下降而增强。

（3）4 个温度下试验过程中实顶管位移随着荷载自始至终呈线性变化，说明实顶管只发生弯曲变形，没被压扁；空顶管在冻土温度较高时变形随荷载呈现非线性，说明空顶管不仅发生弯曲变形，还被压扁。当冻土温度较低时非线性减弱，说明钢顶管弯曲变形在整个变形中占的比例较大。因此，冻土温度越低，强度越高，刚度越好，对空顶管能起到一种保护作用。

（4）将假定钢管与冻土发生脱开时（即位移曲线出现分叉时）的试验荷载换算为实际工程等效荷载后发现，各个温度下钢管与冻土发生疑似脱开时的荷载都远远大于实际工程中复合结构可能受到的荷载，因此在实际工程中基本不会出现钢管与冻土因变形不协调而导致两者脱开的破坏情况。

（5）–5℃和 –10℃时冻土温度较高，刚度较小，空顶管位移较大，因此空顶钢管被压扁的程度较大，推测加入空顶管压扁量进行修正后结果可能会有一定的影响。但是在 –15℃甚至 –20℃时，冻土温度较低，刚度较大，空顶管位移较小，因此空顶管压扁量较小，推测加入空顶管压扁量进行修正后结果与试验结果差别不大。

综上所述，就钢管 - 冻土变形协调性而言，在工程中冻土帷幕的平均温度不是越低越好，也不是越高越好，综合考虑冻土帷幕强度、复合结构 2 种材料跟随变形能力等，建议冻土帷幕平均温度控制在 –15 ~ –10℃范围内。然而，在其他冻土温度下，实际荷载远小于可能发生的钢管-冻土脱离的极限荷载,并且管幕的初支约束条件优于试验条件,故实际工程条件下不会发生钢管-冻土接触面的脱离破坏。因此,工程中将出现的冻土温度均为安全温度。

9.3 钢管-冻土复合结构接触面剪切试验研究

管幕冻结法冻结形成的冻土帷幕与钢管形成一种复合结构,在隧道开挖后,形成的复合结构共同承担围岩的压力。根据工程实际开挖界限,管幕内冻土开挖至暴露出钢管的一部分,而管幕外冻土帷幕发展充分以后横截面边缘近似为直线,因此以一根钢管及其周围的部分冻土为一个单元,取出一个单元进行受力分析,受力情况如图9-19所示。

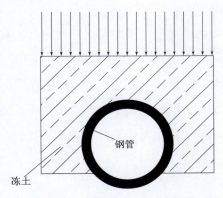

图 9-19 复合结构横截面受力示意图

在冻土与钢管接触面上的点,应力可分解为径向应力 σ_r 和切向应力 τ_θ,由于冻土的冻着力,使冻土与钢管粘合在一起,但若受力时切向应力超过极限冻着力,冻土与钢管之间便会发生滑移,这时,复合结构发生破坏。为了了解钢管-冻土帷幕复合结构接触面力学特性,将对钢管-冻土复合结构进行接触面剪切试验的研究。

9.3.1 试验方案设计

(1) 力学模型的简化

在钢管与冻土接触面上,各点的径向应力 σ_r 和切向应力 τ_θ 大小未知,因此,接触面上的哪点会发生滑动或破坏也不能确定。针对这种情况,可选取不同角度下的点进行复合结构的剪切试验,根据摩尔-库伦准则,得到发生滑动时径向应力 σ_r 与切向应力 τ_θ 所绘的包络线。然后根据包络线来判断复合结构的接触面是否发生滑动。本试验选取的 3 个有代表性的角度为 30°、45° 和 60°。复合结构的剪切模型如图 9-20 所示。

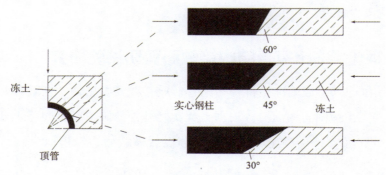

图 9-20　复合结构剪切模型示意图

（2）试验目的

钢管-冻土复合结构接触面剪切试验主要是通过设计不同剪切角度的试样，获得钢管与冻土在不同法向应力状态下的极限切应力大小，进而绘制 $\sigma_r\text{-}\tau_\theta$ 曲线，得到接触面上剪切强度的包络线；并对包络线进行拟合，得到拟合公式；再结合数值计算，以获得的剪切强度包络线为破坏准则，判断当复合结构被施加不同荷载时接触面上的所有点是否会发生滑移。最后通过不同温度下复合结构接触面剪切试验获得不同温度下接触面上的剪切强度包络线，进行比较。

（3）试验参数的选取

土与模型试验的土完全一致，含水率为 28.5%。试验中最大的影响因素是钢柱表面的粗糙度，在实际工程中钢管表面很容易被锈蚀，这样与冻土接触时表面摩擦度大大增加。但锈蚀度这一概念很难被量化，且实际工程中也不可能出现每根钢管锈蚀程度一样的情况，因此本试验不把锈蚀度作为试验参数，接触面的粗糙度与模型试验中的钢管一致。

为了得到不同法向应力下的切向应力，模型的接触面需做成不同角度，因此选取 3 个具有代表性的角度 30°、45° 和 60°。

不同温度下接触面上冻土的冻着力会发生改变，因此包络线也会发生改变，本试验设计 4 个温度，分别为 –10℃、–15℃、–20℃ 以及 –25℃，而实际工程中冻土帷幕的平均温度往往包含在此温度范围内。

综上所述，钢管-冻土复合结构接触面剪切试验的参数选取如表 9-5 所示。

接触面剪切试验参数选取 表 9-5

影响参数	选取情况	影响参数	选取情况
剪切角度	30°、45°、60°	冻土温度	−10℃、−15℃、−20℃、−25℃
荷载	发生破坏时的极限荷载	钢柱表面粗糙度	与模型试验相同

（4）试验内容

复合结构接触面剪切试验主要研究复合结构在不同温度下接触面上黏聚力的大小，绘制不同温度下的 σ_r-τ_θ 包络线。3 个剪切角度为 30°、45°、60°，试验设计温度为 −10℃、−15℃、−20℃ 以及 −25℃，每个剪切角度对应不同的试验设计温度做 2 个试样，共计 24 个试样。试验次数统计与分类如表 9-6 所示。

接触面剪切试验的试验内容统计 表 9-6

剪切角度（°）	不同试验设计温度（℃）的试样数（个）				试验次数
	−10	−15	−20	−25	
30	2	2	2	2	8
45	2	2	2	2	8
60	2	2	2	2	8

9.3.2 试样制作

复合结构接触面剪切试验需考虑 3 个剪切角度 30°、45°、60°，因此需制作 3 个特殊钢柱，被切割一侧的表面与法向面的夹角分别为 30°、45°、60°，如图 9-21 所示。

图 9-21 剪切斜面分别为 30°、45°、60° 的实心钢柱

制作试样时，实心钢柱外侧套上高度为 10cm 的空顶管，连接处用止水胶带包好，防止水土流失，最后加入重塑好的砂土，振捣密实。

试样制作好后，放入冰箱养护，待土冻结后，将套在外面的钢管拆卸掉，拆卸后的试样如图 9-22 所示。

图 9-22　剪切面各角度（30°、45°、60°）对应的试样

9.3.3　试验结果分析

接触面剪切试验主要测得试样荷载随时间变化的曲线，当试样发生破坏时的荷载，即为剪切试验的极限荷载。试样破坏情形如图 9-23～图 9-25 所示。

图 9-23　剪切斜面为 30° 时的试样破坏　　图 9-24　剪切斜面为 45° 时的试样破坏　　图 9-25　剪切斜面为 60° 时的试样破坏

(1) -10℃时试验结果及拟合分析

-10℃时剪切试验每个剪切角度试样为 2 个，总共 6 个试样，每个试样试验荷载随时间变化的曲线如图 9-26 ~ 图 9-28 所示。

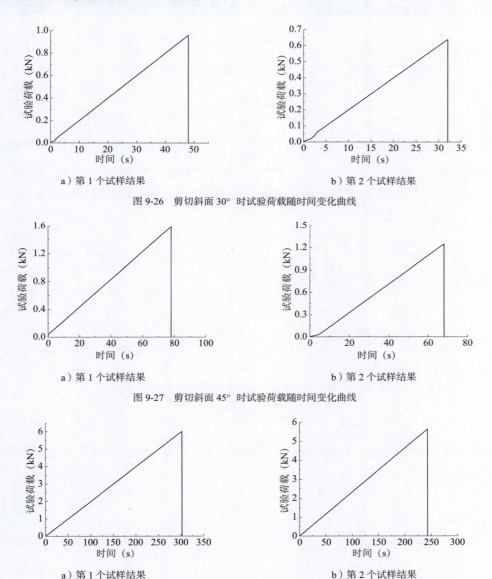

a) 第 1 个试样结果　　　　　　　　　b) 第 2 个试样结果

图 9-26　剪切斜面 30° 时试验荷载随时间变化曲线

a) 第 1 个试样结果　　　　　　　　　b) 第 2 个试样结果

图 9-27　剪切斜面 45° 时试验荷载随时间变化曲线

a) 第 1 个试样结果　　　　　　　　　b) 第 2 个试样结果

图 9-28　剪切斜面 60° 时试验荷载随时间变化曲线

从图 9-26 ~ 图 9-28 可以看出，每个试样发生破坏时试验荷载锐减到 0，而没有出现缓慢下降的趋势。因此，可认为在发生剪切破坏前，试样上部冻土还未发生破坏。

整理试验结果，将试验荷载换算成法向应力与切向应力，结果如表 9-7 所示。

剪切面试验结果　　　　　　　表 9-7

温度 （℃）	剪切角 （°）	试样编号	最大试验荷载 （kN）	平均值 （kN）	法向应力 （MPa）	切向应力 （MPa）
-10	30	1	0.96	0.80	0.102	0.177
		2	0.64			
	45	1	1.59	1.42	0.362	0.362
		2	1.25			
	60	1	6.01	5.83	2.228	1.286
		2	5.65			

根据表 9-7 中每个角度下的法向应力与切向应力，绘出 -10℃时接触面剪切强度包络线，如图 9-29 所示。

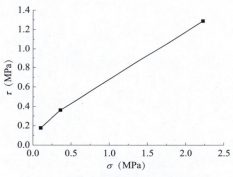

图 9-29　-10℃时接触面剪切强度包络线

从图 9-29 可以看出，3 个点基本在一条直线上，因此，可用线性公式进行拟合，如图 9-30 所示。

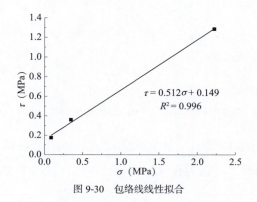

图 9-30　包络线线性拟合

拟合出的公式为

$$\tau = 0.512\sigma + 0.149 \tag{9-4}$$

拟合关系式与实际的吻合度用相关系数 R^2 来表示，该值越接近于 1，拟合关系式与实际越吻合。该拟合中 R^2 为 0.996，说明拟合关系与试验结果吻合。

（2）–15℃时试验结果及拟合分析

–15℃时剪切试验每个剪切角度试样为 2 个，总共 6 个试样，每个试样试验荷载随时间变化的曲线与 –10℃情况类似，限于篇幅不一一列出。

每个试样发生破坏时试验荷载锐减到 0，未出现缓慢下降的趋势。因此，可认为在发生剪切破坏前，试样上部冻土还未发生破坏。

整理试验结果，将试验荷载换算成法向应力与切向应力，结果如所表 9-8 所示。

剪切面试验结果　　　　表 9-8

温度（℃）	剪切角（°）	试样编号	最大试验荷载（kN）	平均值（kN）	法向应力（MPa）	切向应力（MPa）
–15	30	1	2.20	2.15	0.274	0.474
		2	2.10			
	45	1	3.12	2.93	0.746	0.746
		2	2.74			
	60	1	9.24	8.83	3.375	1.948
		2	8.42			

根据表 9-8 中每个角度下的法向应力与切向应力，采用与 –10℃时相同的拟合分析，可得 –15℃时剪切面强度包络线线性拟合公式为

$$\tau = 0.469\sigma + 0.369 \tag{9-5}$$

该拟合中 R^2 为 0.998，说明拟合关系与试验结果吻合。

（3）–20℃时试验结果及拟合分析

–20℃时剪切试验每个剪切角度试样为 2 个，总共 6 个试样，每个试样试验荷载随时间变化的曲线与 –10℃情况类似，限于篇幅不一一列出。

每个试样发生破坏时试验荷载锐减到 0，未出现缓慢下降的趋势。因此，可认为在发生剪切破坏前，试样上部冻土还未发生破坏。

整理试验结果，将试验荷载换算成法向应力与切向应力，结果如表 9-9 所示。

剪切面试验结果 表9-9

温度 (℃)	剪切角 (°)	试样编号	最大试验荷载 (kN)	平均值 (kN)	法向应力 (MPa)	切向应力 (MPa)
-20	30	1	3.84	3.5	0.446	0.772
		2	3.16			
	45	1	4.94	4.66	1.187	1.187
		2	4.38			
	60	1	13.37	12.99	4.964	2.866
		2	12.61			

根据表 9-9 中每个角度下的法向应力与切向应力，采用与 -10℃时相同的拟合分析，可得 -20℃时剪切面强度包络线线性拟合公式为

$$\tau = 0.457\sigma + 0.602 \quad (9-6)$$

该拟合中 R^2 为 0.998，说明拟合关系与试验结果吻合。

(4) -25℃时试验结果及拟合

-25℃时剪切试验每个剪切角度试样为 2 个，总共 6 个试样，每个试样试验荷载随时间变化的曲线与 -10℃情况类似，限于篇幅不一一列出。

每个试样发生破坏时试验荷载锐减到 0，而没有出现缓慢下降的趋势，因此可认为在发生剪切破坏前，试样上部冻土还未发生破坏。

整理试验结果，将试验荷载换算成法向应力与切向应力，结果如表 9-10 所示。

剪切面试验结果 表9-10

温度 (℃)	剪切角 (°)	试样编号	最大试验荷载 (kN)	平均值 (kN)	法向应力 (MPa)	切向应力 (MPa)
-25	30	1	5.09	4.78	0.609	1.055
		2	4.47			
	45	1	7.52	7.11	1.810	1.810
		2	6.70			
	60	1	18.77	18.24	6.917	4.025
		2	17.71			

根据表 9-10 中每个角度下的法向应力与切向应力，采用与 -10℃时相同的拟合分

析，可得 $-25℃$ 时剪切面强度包络线线性拟合公式为

$$\tau = 0.460\sigma + 0.866 \tag{9-7}$$

该拟合中 R^2 为 0.991，说明拟合关系与试验结果吻合。

（5）各个温度下剪切强度包络线对比

为了研究温度对钢管-冻土复合结构接触面剪切强度包络线的影响，在相同坐标系下对比各温度下剪切强度包络线，如图 9-31 所示。

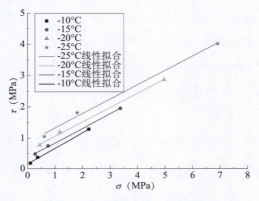

图 9-31　各个温度下剪切强度包络线

从图 9-31 中可以看出，4 条包络线基本平行，说明直线斜率基本相等。在土的剪切试验中，直线斜率代表摩擦角的正切值，在本试验中类比于复合结构接触面上的摩擦角正切值，因此冻土的温度对复合结构接触面上的摩擦角影响不大。包络线与 y 轴的截距为接触面上的黏聚力。各个温度下接触面上的摩擦角与黏聚力的值如表 9-11 所示。

接触面在各温度下的 c、φ 值　　　　　　　　　　　　　表 9-11

温度（℃）	摩擦角 φ（°）	黏聚力 c（MPa）
-10	27.06	0.149
-15	25.13	0.369
-20	24.56	0.602
-25	24.70	0.866

接触面上冻着强度的黏聚力 c 随温度 T 的关系基本为线性，可用线性拟合，拟合出的公式为

$$\tau = -0.0476T - 0.3379 \tag{9-8}$$

拟合公式只适用于试验温度范围内的温度。

9.3.4 剪切试验小结

钢管-冻土复合结构试样在接触面上任意一点都有可能发生滑移，导致复合结构破坏。本节对钢管-冻土复合结构实际工程中的复杂应力状况进行了分析与简化，接触面上不同的点应力差别主要体现在法向应力与切向应力上。因此判断两种材料在接触面上某一点是否发生滑移，只需知道这一点的法向应力与切向应力是否在复合结构接触面上剪切强度包络线的外侧，若是，则可以判断这点上两种材料发生了滑移；若不是，则可以判断这个点上两种材料没有发生滑移。因此，针对3个接触面角度下的试样进行了试验，并在不同的温度下重复试验，得到如下结论：

①每个温度下钢管-冻土复合结构剪切强度包络线都近似为一条直线，可用线性关系式拟合 σ_r 与 τ_θ 的关系，且拟合出的关系式可作为该温度下复合结构在受荷载时是否发生滑移的判断标准。

②对每个温度下钢管-冻土复合结构剪切强度包络线进行线性拟合后发现，不同温度下每条包络线基本平行，斜率基本相同，说明温度对复合结构接触面上两种材料间的摩擦角影响很小。

③包络线的截距随温度的降低而线性增加，说明接触面上两种材料间的黏聚力随温度降低线性增加。

9.4 钢管-冻土复合结构力学特性的有限元分析

采用有限元软件 ANSYS 对钢管-冻土复合结构受荷载后的力学性能进行有限元数值模拟，通过对比试验结果，选择最接近实际情况的材料参数，提高数值模拟的准确性，并以此为基础，选择相应的破坏准则，考察实际工程中钢管-冻土复合结构在不同条件下受荷载时最先出现的破坏形式，了解复合结构的受力特性。

9.4.1 有限元建模

钢管-冻土复合结构力学特性的数值模拟模型采用三维模型，主要结构包括钢管、管内混凝土以及钢管周围的冻土。

按照实际工程中相邻顶管"一空一实"的要求，空顶管与实顶管交错排布，为减少边界效应的影响，模型以连续3根钢管及周围冻土为最小考察模型，中间钢管为空顶管，其余2根为实顶管。ANSYS 数值计算各参数的选取直接影响到计算结果的准确性，因此计算参数需按照实际情况取值，才能最大限度地接近实际情况。

9.4.2 复合结构接触面破坏有限元分析

复合结构接触面上的破坏可分为两种，一种是钢管与冻土变形不协调导致钢管与冻土脱开，另一种是钢管与冻土接触面上黏聚力不够而发生剪切滑移。

(1) 钢管与冻土变形协调性

模型试验获得了管间冻土位移曲线以及空顶管、实顶管平均位移曲线。前面提到过，若复合结构只发生刚性变形，管间冻土位移曲线应该和空顶管、实顶管平均位移曲线重合，若二者发生分叉，则可认为钢管与冻土因变形不协调而脱开。但是试验中空顶管不仅发生弯曲变形，也被压扁了。因此，单纯地看空顶管底部位移，而不考虑压扁所产生的位移，来判断钢管与冻土是否脱开，是不准确的。而空顶管压扁的变形量在试验中难以测得，数值计算模拟钢管的位移与试验数据较为吻合，因此，加入数值计算中空顶管压扁变形的结果，让试验中所得管间冻土的位移扣除由数值计算得到的空顶管压扁产生的变形，再来与试验中得到的空顶管、实顶管平均位移曲线进行对比，看是否会发生分叉。

对复合结构冻土 $-5\,℃$ 时进行 3 个荷载（2.5kN、10kN 以及 15kN）下的数值计算，得到的钢管位移如图 9-32 ~ 图 9-34 所示。

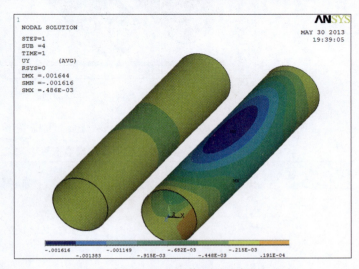

图 9-32　荷载为 2.5kN 时钢管 y 方向上变形（$-5\,℃$）

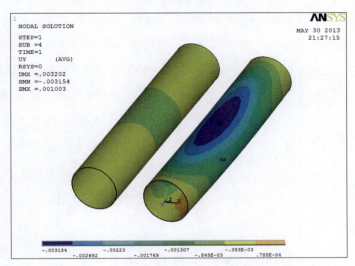

图 9-33　荷载为 10kN 时钢管 y 方向上变形（$-5\,℃$）

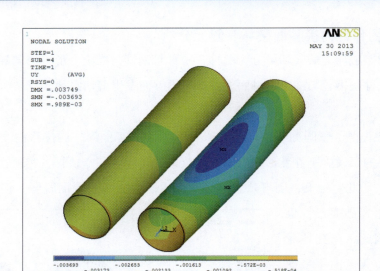

图 9-34 荷载为 15kN 时钢管 y 方向上变形（-5℃）

空顶管跨中顶部位移减去底部位移即为钢管压扁变形量，如表 9-12 所示。

各荷载下空顶管压扁变形量（-5℃）　　　　表 9-12

荷载（kN）	空顶管顶部位移（mm）	空顶管底部位移（mm）	压扁变形量（mm）
2.5	1.616	1.528	0.088
10	2.849	2.541	0.308
15	3.693	3.182	0.511

当荷载较小时（2.5kN），压扁变形量占空顶管位移的 5.76%；当荷载较大时（15kN），压扁变形量占空顶管位移的 16.06%。说明当空顶管变形较小的时候，主要发生弯曲变形，随着变形的增加，压扁变形量逐渐增加。找出对应荷载下试验模型管间冻土的位移量，扣除压扁变形量，可得出修正后位移曲线与空顶管、实顶管平均位移对比图。但是由于数值计算荷载点有限，不能如试验那样得到非常多的数据，因此，只能从曲线的趋势来进行判断，如图 9-35 所示。

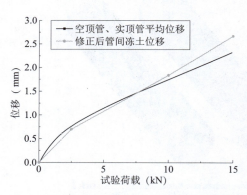

图 9-35 修正后管间冻土位移曲线与空顶管、实顶管平均位移曲线对比（-5℃）

从图 9-12 可以看出，原本在管间冻土位移为 0.59mm、试验荷载为 1.68kN 处管间冻土位移曲线与平均位移曲线发生分叉,此后管间冻土位移大于空顶管、实顶管平均位移。但修正之后(图 9-35),在试验力约为 7.5kN 处,管间冻土位移才与空顶管、实顶管平均位移分叉,说明修正后此温度下钢管与冻土脱开时发生的位移及荷载都比未修正之前高,修正前后差别较明显。

对复合结构冻土 −10℃ 时进行 3 个荷载(2.5kN、10kN 以及 15kN)下的数值计算,得到的钢管位移如图 9-36~图 9-38 所示。

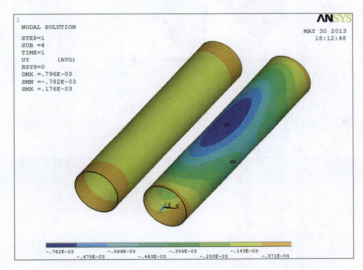

图 9-36　荷载为 2.5kN 时钢管 y 方向上变形(−10℃)

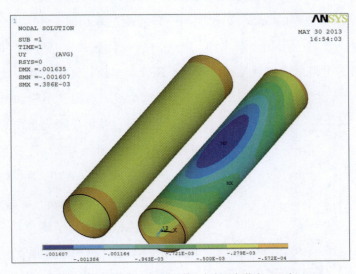

图 9-37　荷载为 10kN 时钢管 y 方向上变形(−10℃)

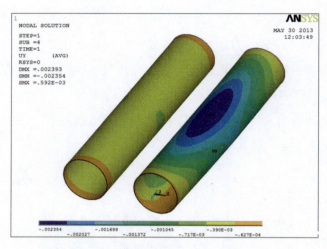

图 9-38　荷载为 15kN 时钢管 y 方向上变形（−10℃）

空顶管跨中顶部位移减去底部位移即为钢管压扁变形量，如表 9-13 所示。

各荷载下空顶管压扁变形量（−10℃）　　　　表 9-13

荷载（kN）	空顶管顶部位移（mm）	空顶管底部位移（mm）	压扁变形量（mm）
2.5	0.754	0.748	0.016
10	1.553	1.502	0.051
15	2.254	2.142	0.112

当荷载较小时（2.5kN），压扁变形量占空顶管位移的 2.14%；当荷载较大时（15kN），压扁变形量占空顶管位移的 5.23%。说明当空顶管变形较小时，主要是发生弯曲变形，随着变形的增加，压扁变形量逐渐增加。找出对应荷载下试验模型管间冻土的位移量，扣除压扁变形量，可得出修正后位移曲线与空顶管、实顶管平均位移对比图。但是由于数值计算荷载点有限，不能如试验那样得到非常多的数据，因此只能从曲线的趋势来进行判断，如图 9-39 所示。

从图 9-14 可以看出，原本试验结果是在管间冻土位移为 0.95mm、试验荷载为 7kN 处管间冻土位移曲线与平均位移曲线发生分叉，此后管间冻土位移大于空顶管、实顶管平均位移。但修正后（图 9-39），管间冻土位移一直

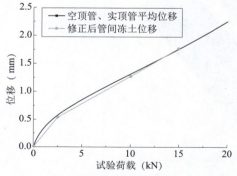

图 9-39　修正后管间冻土位移曲线与空顶管、实顶管平均位移曲线对比（−10℃）

略低于空顶管、实顶管平均位移，直到荷载为 10~15kN 之间，管间冻土位移超过空顶管、实顶管平均位移，随着荷载的增加，两条线会出现分叉的现象。

从以上 –5℃与 –10℃的计算结果可以看出，钢管位移越大，钢管压扁变形量越大。而在钢管位移较小的时候，钢管几乎不产生压扁变形量，因此加入压扁变形量进行修正的结果，在空顶管位移较小时基本与试验结果相同。

–15℃与 –20℃时，试验中钢管位移较小，且由于温度越低，冻土刚度越大，对钢管有一种保护作用，钢管越不易被压扁。因此，对于 –15℃和 –20℃时，可取试验中最大荷载进行试算，结果如图 9-40、图 9-41 所示。

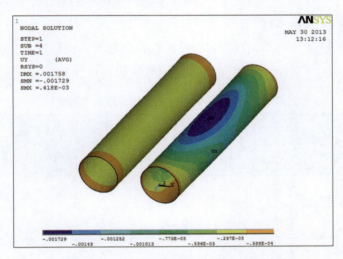

图 9-40 –15℃时荷载为 15kN 时钢管 y 方向上变形

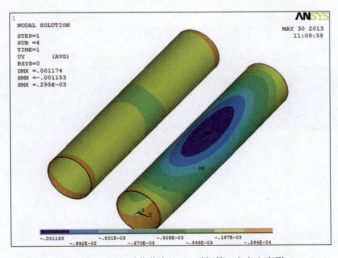

图 9-41 –20℃时荷载为 15kN 时钢管 y 方向上变形

此时空顶管跨中压扁变形量如表 9-14 所示。

–15℃与 –20℃最大空顶管压扁变形量　　　　表 9-14

温度（℃）	荷载（kN）	空顶管顶部位移（mm）	空顶管底部位移（mm）	压扁变形量（mm）
–15	15	1.671	1.599	0.072
–20		1.126	1.092	0.034

由结果可知，–15℃与 –20℃时，空顶管发生的位移很小，压扁变形量也非常小，可近似地认为钢管没有被压扁。因此，这 2 个温度下修正后的结果与试验结果非常接近，可认为其试验结果是正确的。

综上所述，管间冻土位移曲线与空顶管、实顶两管平均位移发生分叉时各位移及荷载的修正值如表 9-15 所示。换算成实际工程中的值如表 9-16 所示。

修正后各温度下钢管与冻土脱开时位移及荷载结果　　　　表 9-15

温度（℃）	钢管与冻土脱开时发生的位移（mm）			试验荷载（kN）
	空顶管位移	实顶管位移	管间冻土位移	
–5	2.14	0.51	1.74	7.5
–10	2.35	0.83	1.96	15
–15	0.88	0.38	0.58	6.55
–20	0.5	0.16	0.33	5.97

修正后按相似比换算后的实际工程中的位移与荷载　　　　表 9-16

温度（℃）	钢管与冻土脱开时发生的位移（mm）			面荷载（MPa）
	空顶管位移	实顶管位移	管间冻土位移	
–5	68.48	16.32	55.68	14.4
–10	75.2	26.56	62.72	28.8
–15	28.16	12.16	18.56	12.48
–20	16	5.12	10.56	11.52

不同温度下钢管与冻土发生脱开时，复合结构发生的位移都不同，且荷载也不相同。因此，可考察实际工程中钢管与冻土发生脱开时的极限位移及所受的极限荷载与温度的关系，如图9-42、图9-43所示。

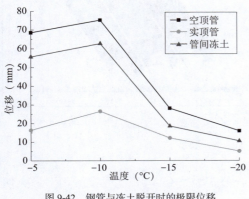

图9-42　钢管与冻土脱开时的极限位移

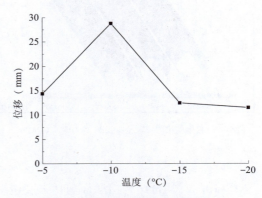

图9-43　钢管与冻土脱开时的极限荷载

从图9-42、图9-43可看出，钢管与冻土发生脱开时，复合结构的极限位移与极限荷载并不是单纯随着温度升高或降低，而是在-10℃时最大，说明此时冻土跟随钢管变形协调性最佳。因此，从变形协调性出发，在实际工程中，尽可能地保持钢管-冻土复合结构接触面上的温度接近-10℃。

然而实际工程荷载远小于可能发生钢管-冻土脱离的极限荷载，且实际工程中约束条件优于试验中的约束条件，故实际工程条件下不会发生钢管-冻土接触面的脱离破坏。因此，工程中将出现的冻土温度均为安全温度。

（2）接触面剪切强度

复合结构接触面破坏还包括了接触面剪切破坏，因此，实际工程模拟模型需计算接触面上的法向应力与切向应力，模拟计算所得的结果与前文剪切试验所得的剪切强度包络线进行对比，看复合结构接触面上是否会发生剪切破坏。

从前文分析判断来看，-10℃时钢管与冻土变形协调性最佳，因此可认为是工程上最合理的温度，实际工程中的冻土帷幕平均温度要尽量接近此温度，故取实际工程中冻土帷幕平均温度为-10℃为例进行实际工程模拟模型计算。实际工程模拟模型取10m长，实际工程中隧道最大埋深处约为10m，故实际工程中最大水土压力为0.2MPa。当荷载为0.2MPa时，接触面上法向应力云图与切向应力云图如图9-44、图9-45所示。

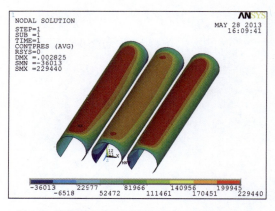

图 9-44 接触面法向应力分布云图（-10℃，0.2MPa）

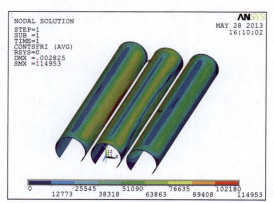

图 9-45 接触面切向应力分布云图（-10℃，0.2MPa）

-10℃时复合结构接触面剪切强度包络线拟合公式为式（9-4）。此时接触面上最大切应力为 0.115MPa，最大切应力处法向应力为 0.111MPa，此温度下黏聚力 c 恒大于最大切应力，故在此法向应力与切向应力作用下，复合结构接触面上不会发生剪切破坏。

若继续将荷载增加到 0.4MPa，此时接触面上法向应力云图与切向应力云图如图 9-46、图 9-47 所示。

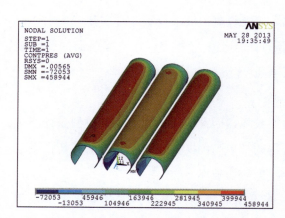

图 9-46 接触面法向应力分布云图（-10℃，0.4MPa）

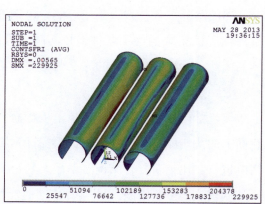

图 9-47 接触面切向应力分布云图（-10℃，0.4MPa）

此时将每个点的法向应力、切向应力与 -10℃时剪切强度包络线对应的法向应力与切向应力的关系做对比，如图 9-48 所示。

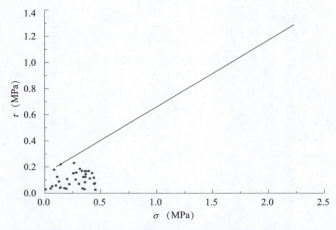

图 9-48　接触面上各点的法向应力、切向应力与包络线（-10℃，0.4MPa）

从图 9-48 可以看出，此荷载下接触面上所有点的切向应力都在剪切强度包络线之下，说明此荷载下接触面上不会发生剪切破坏。

继续将荷载增加至 0.6MPa，此时接触面上法向应力云图与切向应力云图如图 9-49、图 9-50 所示。

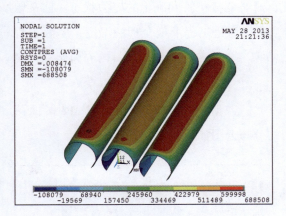

图 9-49　接触面法向应力分布云图（-10℃，0.6MPa）

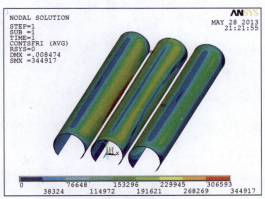

图 9-50　接触面切向应力分布云图（-10℃，0.6MPa）

此时将每个点的法向应力、切向应力与 -10℃时剪切强度包络线对应的法向应力与切向应力的关系做对比，如图 9-51 所示。

从图 9-51 可以看出，此荷载下接触面上有部分点的切向应力已经在剪切强度包络线之上，说明此荷载下（0.6MPa）接触面上会发生剪切破坏。实际模型中由于钢管可能会锈蚀，钢管表面摩擦力会增加，因此，实际情况下能承受的荷载会更大。

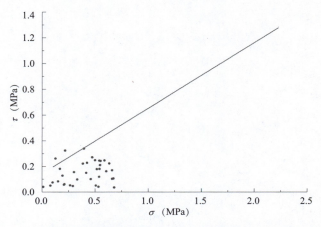

图 9-51　接触面上各点的法向、切向应力与包络线（-10℃，0.6MPa）

9.4.3　管间冻土应力分析

由于管幕法相邻顶管间距较小，因此管幕冻结法形成的钢管 - 冻土复合结构主体是钢管，管间冻土较薄，加上相邻顶管一空一实，刚度不同，受荷载时会产生差异变形，对管间冻土更加不利。若管间冻土所受应力较大而超过冻土极限强度，则会发生破坏，管幕冻结法的止水效果就会大打折扣，因此，有必要分析管间冻土的应力状态。前文曾提到，-10℃时钢管与冻土变形协调性最佳，可认为是工程上最合理的温度，实际工程中的冻土帷幕平均温度要尽量接近此温度，故取冻土帷幕平均温度为 -10℃为例进行模拟计算。

实际工程中水土压力大约为 0.2MPa，因此，数值计算中施加一个 0.2MPa 的面荷载，此时冻土帷幕第 1 主应力与第 3 主应力的分布云图如图 9-52、图 9-53 所示。

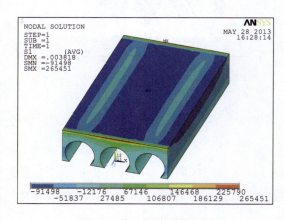

图 9-52　第 1 主应力分布云图

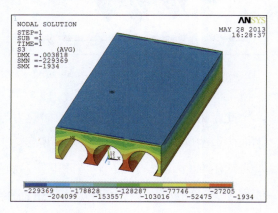

图 9-53　第 3 主应力分布云图

不考虑端部效应的影响，冻土帷幕中应力最大处为跨中界面，因此，需考察跨中截面上应力分布。跨中冻土帷幕第 1 主应力分布云图如图 9-54 所示，第 3 主应力分布云图如图 9-55 所示。

为了更直观地了解管间冻土在 x 方向与 y 方向的受力情况，导入管间冻土 x 方向与 y 方向的应力云图，如图 9-56、图 9-57 所示。

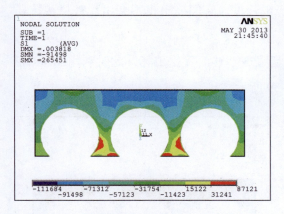

图 9-54　冻土帷幕跨中截面第 1 主应力分布云图

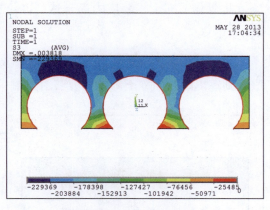

图 9-55　冻土帷幕跨中截面第 3 主应力分布云图

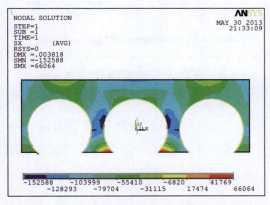

图 9-56　冻土帷幕管间冻土跨中 x 方向应力分布云图

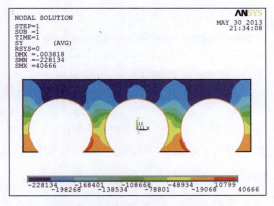

图 9-57　冻土帷幕管间冻土跨中 y 方向应力分布云图

由于空顶管会被压扁，管间冻土 x 方向上受到空顶管的挤压，产生较大的压应力；而管间冻土的下端，要跟随钢管变形，就会产生拉应力。y 方向上，由于压应力较大，管间冻土一直处于受压状态，在下端靠近实心管的一侧出现了拉应力，但拉应力较小。从管间冻土跨中 x 与 y 方向上的应力分布云图来看，管间冻土较安全，基本不会发生破坏。

前文提到，有限元计算中一般采用 Mises 屈服准则，算出等效应力，然后与极限强度进行对比,若等效应力超过极限强度,则可认为冻土帷幕破坏。当面荷载为 0.2MPa 时,利用 Mises 屈服准则算出的管间冻土跨中截面(0.2MPa)等效应力云图如图 9-58 所示。

根据第 4 章可知,−10℃时细砂抗拉强度为 1.01MPa。对结果进行分析后发现,用 Mises 准则换算后的等效应力最大值比冻土 −10℃下单轴抗拉强度 1.01MPa 要低,因此,此荷载下冻土帷幕应力尚未达到冻土极限强度,管间冻土也不会出现被拦腰拉坏的情况。

当荷载增加至 0.6MPa 时,接触面因剪切强度不够而发生破坏,此时利用 Mises 屈服准则算出的管间冻土等效应力云图如图 9-59 所示。

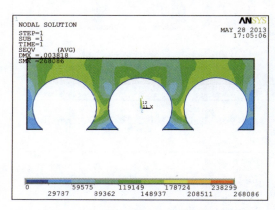
图 9-58　冻土帷幕管间冻土跨中截面 Mises 应力分布云图(0.2MPa)

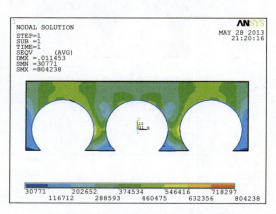
图 9-59　冻土帷幕管间冻土跨中截面 Mises 应力分布云图(0.6MPa)

对结果(图 9-59)进行分析后发现,用 Mises 准则换算后的等效应力最大值比冻土 −10℃下单轴抗拉强度 1.01MPa 要低,因此,此荷载下冻土帷幕应力尚未达到冻土极限强度,管间冻土不会发生破坏。

由此可知,在实际工程荷载下,均不会发生复合结构接触面破坏与管间冻土破坏。但随着荷载进一步增加,最先出现的破坏形式是接触面剪切破坏。

9.4.4　数值模拟小结

通过 ANSYS 有限元软件,对试验模型以及实际工程中的模型进行了数值计算,与试验数据相结合,得到如下结论:

(1)结合数值计算中空顶管被压扁的形变量,对第 2 节的试验结论进行了修正。当复合结构发生的位移较小时,修正前后的结果非常相近;但在温度较高、荷载较大时,修正前后的结果有很大的区别。

（2）对试验范围内的 2 个温度下钢管与冻土脱开时复合结构的位移以及承受的荷载比较可知，试验温度范围内，发生脱开时复合结构的极限荷载与位移随温度变化不是单纯递增或者递减，而是在 –10℃ 时钢管与冻土协调变形能力最佳。因此，实际工程中冻土帷幕平均温度要尽可能接近 –10℃。

（3）因空顶管被压扁产生横向位移，管间冻土在 x 方向上受到空顶管的挤压，产生较大的压应力。实际工程中，需考虑钢管变形对管间冻土的挤压作用，若钢管刚度不够，产生较大的横向变形，则可能会使管间冻土发生破坏。

（4）荷载较小时，钢管 - 冻土复合结构接触面上切向应力尚在剪切强度包络线以下，管间冻土应力也远小于冻土极限强度。随着荷载的增加，接触面上切向应力增加，管间冻土应力也增加，但切向应力先超过剪切强度包络线，此时管间冻土应力尚在极限强度以下。因此，复合结构最先可能出现的破坏形式是由于接触面上钢管与冻土黏聚力不够而发生剪切破坏。

9.5　小结

本章通过试验以及数值模拟的方式对钢管 - 冻土复合结构进行了研究与分析，得到如下结论：

（1）钢管 - 冻土复合结构模型试验

通过模型试验，得到了空顶管、实顶管以及管间冻土三者位移随荷载变化的曲线。在试验过程中，实顶管的位移曲线一直保持线性，而空顶管呈现非线性，说明试验过程中空顶管还发生了压扁变形。随着变形的增加，管间冻土在位移达到某个值的时候，不能跟随钢管变形，而与钢管发生脱离，此时可认为复合结构发生破坏。但是试验结果没有考虑到空顶管压扁变形量，因此需要以数值模拟的结果进行修正。

冻土跟随钢管变形的能力明显与温度有关，在试验温度范围内，不是温度越高或者温度越低，冻土跟随钢管变形的能力就越好，而是在一个合适的温度时，冻土跟随钢管变形的能力最强，实际工程中设计冻土帷幕的平均温度时需要考虑到这点。

（2）钢管 - 冻土复合结构接触面剪切试验

通过钢管 - 冻土接触面剪切试验，得到不同温度下接触面剪切强度的包络线，给出了剪切强度包络线的拟合公式。各温度下剪切强度的包络线都近似为一条直线，且斜率差别不大，说明温度对复合结构接触面上两种材料间的摩擦角影响很小。对接触面上两种材料的黏聚力与温度的关系进行拟合发现，黏聚力随温度降低线性增加。剪切强度包络线的拟合公式可用来作为判断接触面上两种材料是否发生滑移的依据。

（3）钢管-冻土复合结构有限元模拟

通过使用ANSYS有限元软件对试验模型模拟，利用数值计算得到的空顶管压扁变形量对试验结果进行修正，提出了修正后的试验结果。修正后的试验结果更加符合实际情况。

通过对实际工程模型进行有限元计算，结合两种材料接触问题的有限元求解，得到了接触面上法向应力与切向应力的大小及分布，以及管间冻土的应力分布。随着荷载的增加，接触面上切向应力先超过剪切强度包络线，此时管间冻土应力尚在极限强度以下。因此，复合结构最先可能出现的破坏形式是由于接触面上钢管与冻土黏聚力不够而发生剪切破坏。此外，管间冻土因受到空顶管横向变形的挤压，在 x 方向上受较大的压应力，实际工程中需注意控制空顶管的变形。

第 10 章
CHAPTER 10
管幕冻结融沉与管间土体预处理技术

本章节主要从冻结之前的预注浆处理、冻土体积的动态控制、解冻及融沉注浆 3 个方面进行研究。

10.1 冻结前地层预注浆处理

拱北隧道采用管幕+冻土止水帷幕形成预支护体系、矿山法开挖的方法施工。为了在曲线管幕条件下实现管幕之间冻土止水帷幕，采用在管幕中布置冻结管的方法（简称管幕冻结法）。管幕冻结法采用 3 种特殊的冻结管（圆形冻结管、异形冻结管和限位冻结管）实现冻结、冻土维护和冻胀限制等重要功能，并可适应超大断面、长距离条件下的分区、分段开挖和支护的特殊施工工艺。管幕冻结法是全新的冻结法，在全世界尚属首例。由于缺乏可借鉴的经验和理论上的空白，项目建设单位开展了理论研究、冻结方案可行性的大型物理模型试验研究、管幕-冻土复合结构力学性质的实验室研究和冻结方案及控制参数的现场试验研究，以及大量的精细数值模拟研究。经过历时 3 年多的全面研究，解决了管幕冻结法的基本理论问题、论证了冻结方案的可行性、基本掌握了实际条件下的冻结规律和控制效果。但面对实际工程条件和潜在的风险因素，依然存在一定的不确定性，尚未形成切实可靠的风险控制手段。

10.1.1 原始注浆方案存在的风险

拱北隧道的极端险情是管幕间冻土帷幕止水性能失效。由于隧道所处地层为强透水地层，地下水与海水连通，一旦在砂性地层中止水帷幕失效，将发生帷幕击穿、淤泥、粉细砂、大量水土涌入的险情。由于砂性地层冻土的特性，在水流冲刷条件下冻土将快速融化，进水通道将加速扩大，导致险情迅速恶化。另一方面，由于隧道断面超大，抢险条件差，针对突发水土涌入险情，难以及时有效采取得力的抢险措施。

10.1.2 风险控制措施

针对止水帷幕失效、水土涌入的险情，可从"防"与"治"两方面考虑可采取的措施。根据工程条件，可采取的防御措施是对管幕周围土体进行注浆改良，增强冻土止水帷幕的稳定性；治理措施是开挖后在相邻顶管之间焊接钢板，封闭进水通道。

防御在先，治理在后。因此，优先考虑防御措施。通过注浆改良土体，可形成的防御功能为：①提高砂性土冻土抵御水流冲刷融化的能力；②提高冻土力学性能，改善冻土破坏性能；③改善顶管扰动地层力学性能，减小进水通道形成的可能性。同时，改良土体还有一个特殊的好处：可以大大抑制冻胀融沉效应。

下面具体分析注浆改良土体的功效。

（1）提高砂性土冻土抵御水流冲刷融化的能力

砂性地层冻土的特性之一是在水流冲刷条件下冻土将快速融化，水流经过的冻土表面发生融化，砂粒被水流冲走，进水通道将加速扩大，水流也进一步增大，形成恶性循环。在地下工程中一旦发生这种险情，将会迅速恶化，极易造成失控局面。

水泥改良地层的冻土，在同样情况下进水通道不会快速扩大，甚至不会扩大。其中机理显而易见，是由于水泥改良地层的砂土颗粒之间具有一定的黏聚力，砂粒不易被水流冲走，砂土具有较好的稳定性。虽然，对于砂性土冻土的易冲蚀性和水泥改良土冻土的抗冲蚀性，目前尚无细致研究，但是许多盾构进洞险情的成功处治案例都印证了这一点。

（2）提高冻土力学性能，改善冻土的破坏性能

水泥改良土可提高冻土力学性能，改善冻土的破坏性能。这方面已进行过细致的试验研究。

试验基于上海地层，采用⑤-3灰色粉质黏土层与⑦-2灰黄色粉砂层分别代表黏性土和砂性土。对这2种土分别掺入水泥制作重塑土试样进行冻土力学性能试验。具体如表10-1所示。

重塑土样分类表　　　　　　　　表10-1

类　别	编　号	水泥含量（%）
⑤-3灰色粉质黏土层、⑦-2灰黄色粉砂层、重塑土	未改良土	0.0
	改良土A	3.0
	改良土B	6.0
	改良土C	7.0
	改良土D	8.0
	改良土E	9.0
	改良土F	10.0
	改良土G	12.0
	改良土H	15.0

冻土试验采用土样温度-8℃、-14℃、-20℃、-25℃，温度范围可基本涵盖盐水冻结的冻土温度。

两种土层改良土冻土单轴抗压强度试验结果如图10-1、图10-2所示，改良土冻土强度与水泥掺入量的关系如图10-3、图10-4所示。由图10-3、图10-4可见，随着水泥掺入量的增加，冻土强度明显增大，并且温度越低，强度增长幅度越大。

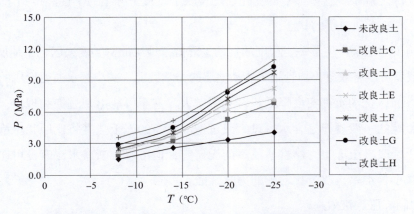

图10-1　⑤-3灰色粉质黏土层改良土冻土单轴抗压强度与温度的关系

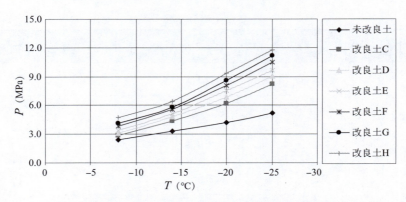

图 10-2　⑦-2 灰黄色粉砂层改良土冻土单轴抗压强度与温度的关系

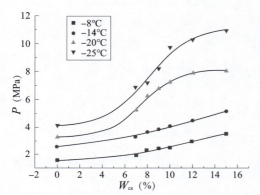

图 10-3　⑤-3 灰色粉质黏土层改良土冻土单轴抗压强度与水泥掺入量的关系

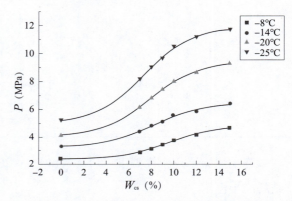

图 10-4　⑦-2 灰黄色粉砂层改良土冻土单轴抗压强度与水泥掺入量的关系

与单轴抗压强度类似，改良土冻土状态下的弹性模量也随着水泥掺入量的增加而增大，泊松比随之减小。这些参数的变化，均反映了改良土冻土力学性能得到了显著提高。

（3）改善被扰动地层的状态

顶管施工对地层产生了一定程度的扰动，降低了地层的密实度，弱化了地层的力学性能。注浆改良可以有效改善顶管施工扰动地层的力学性能，减小进水通道形成的可能性。

另一方面，扰动土密实度降低，含水率增大，甚至可能出现过饱和现象。含水率对冻土强度影响的一般规律是含水率过大或过饱和状态的冻土强度将比原状土冻土强度下降。疏松土层改良土冻土力学性质虽然尚无研究，但可以推断，水泥改良可以提高土体密实度、减小含水率，改善扰动土的力学性能。

（4）抑制冻胀融沉效应

冻胀是一个非常复杂的问题，分为原位冻胀和分凝冻胀。土体中原有水分冻结成冰时，由于水的相态变化而引起的体积膨胀，称为原位冻胀。原位冻胀只有土中原有水分的9%，而更重要的是由于外界水分在冻结过程中不断地向冷锋面迁移而形成的分凝冻胀，它将使体积增大1.09倍。所以开放系统饱水土中的分凝冻胀是构成土体冻胀的主要分量。

土体冻胀量主要取决于水分迁移通量。由此可见，限制水分迁移是控制冻胀的重要手段。在同等条件下，土体的渗透性决定了水分迁移量。因此，降低土体的渗透系数是控制冻胀的有效措施。水泥改良可以有效降低土体的渗透系数，从而可以有效控制冻胀量。

融沉的产生则是由于冻胀作用破坏了土体的原有构造，一方面增大了土体的孔隙率，另一方面削弱了土体的力学性能。当解冻时，水由固态变为液态，在压力的作用下产生排水，发生新的固结，最终表现为土体沉降。融沉量一般与冻胀量成正比，冻胀量越大则融沉量越大。改良土冻胀量小，从而融沉量也小。同时，水泥改良土本身力学性能得到提高，融沉量自然也小。可见，水泥改良对融沉控制同样具有良好效果。

与改良土冻土力学性能试验研究一样，采用上海地层⑤-3灰色粉质黏土层与⑦-2灰黄色粉砂层的土样进行改良土的冻胀融沉效应试验研究。对它们分别掺入水泥制作重塑土试样进行冻胀融沉性能试验。具体见表10-1。

2种土层改良土冻土的冻胀率与水泥掺量的关系如图10-5、图10-6所示，融沉率与水泥掺入量的关系如图10-7、图10-8所示。由图10-5~图10-8可见，随着水泥掺入量的增加，在水泥掺量超过某临界值时，无论是冻胀率还是融沉率，均明显减小。2种土层改良土的临界水泥掺量均在5%左右。

该试验研究结果表明，水泥改良可使土体冻胀率和融沉率显著下降。

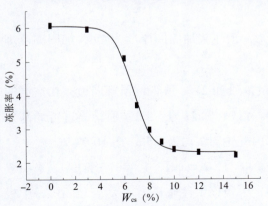

图10-5 ⑤-3灰色粉质黏土层改良土水泥掺入量-冻胀率的关系

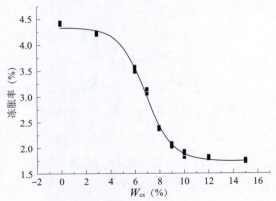

图10-6 ⑦-2灰黄色粉砂层改良土水泥掺入量-冻胀率的关系

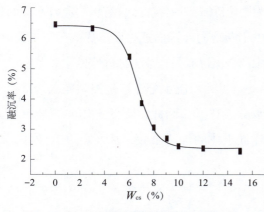

图 10-7 ⑤-3 灰色粉质黏土层改良土水泥掺入量-融沉率的关系

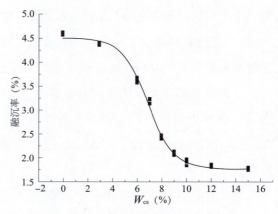

图 10-8 ⑦-2 灰黄色粉砂层改良土水泥掺入量-融沉率的关系

10.1.3 预注浆处理实施方案

结合预注浆处理的研究成果，考虑到前期工作井施工的影响以及顶管施工对原地层产生的扰动，对预注浆范围进行调整，进行全断面土体改良预注浆施工，具体实施方案如下：

（1）由于靠近工作井段落热交换较大，可能会影响冻结圈的形成及厚度。为了改善该段落的冻结效果，提高冻结防水的安全性，在靠近工作井 32m 范围（异形冻结管 1、2、15、16 区）进行全断面土体改良注浆，如图 10-9 a）所示，预注浆加固圈厚度为 2.5m，加固圈范围到管幕轮廓线外 0.5m。

（2）暗挖段 YK2+487～YK2+547 靠近口岸风雨廊，为严格控制该区域的地表变形，其预注浆范围与靠近工作井 32m 区域的注浆方案一致，预注浆加固圈厚度为 2.5m，加固圈范围到管幕轮廓线外 0.5m［图 10-9 a）］。

（3）其他区域按全断面进行土体改良注浆，预注浆加固圈厚度为 2m，加固圈范围到管幕轮廓线［图 10-9 b）］。

（4）对于特殊区域——顶管大管套小管的 9 号和 21 号顶管、顶管周边存在空洞的 19 号顶管，曾发生过涌水事件的 9 号、16 号、17 号、21 号、22 号顶管等进行局部预注浆，加固圈厚度为 3m，加固圈范围到管幕内外轮廓线均为 0.5m［图 10-9 c）］。

注浆材料采用水泥-水玻璃双液浆（$c:s=1:1$，$c:w=1:1$，30 波美度）。采用双控指标即注浆压力与注浆量进行控制。其中，中板以上注浆压力不大于 1.5MPa，中板以下注浆压力不大于 2MPa。注完浆 24h 后通过检查孔检查注浆效果，以无明显渗流为目标，局部注浆存在缺陷的部位通过预留孔进行补充注浆，以达到注浆效果。

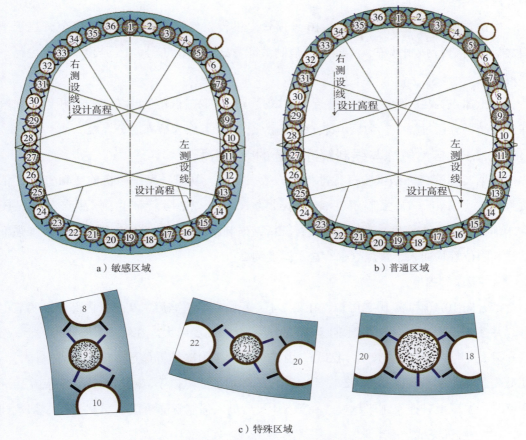

a）敏感区域　　　　　　　　　　b）普通区域

c）特殊区域

图 10-9　预注浆加固范围示意图

10.1.4　小结

对于管幕冻结而言，土体改良可以提高冻土力学性能，改善冻土的破坏性能；减小进水通道形成的可能性，并且可以有效提高砂性土冻土抵御水流冲刷融化的能力，从而有效预防管间冻土帷幕止水性的失效；还可以有效阻止进水通道的扩大，使得用水险情得到有效控制。此外，土体改良还可以有效抑制冻胀融沉效应。可见，土体注浆改良是拱北隧道风险控制的重要手段，强烈推荐采用。

10.2　解冻规律研究

在衬砌完成后的解冻阶段，若不采取注浆等措施，地表将相应地发生融沉现象。对自然解冻和强制解冻的规律加以研究，考察2种解冻方式哪种更适合，从而为融沉控制的方法提供参考。

本次试验分2组进行。1号~10号顶管先进行自然解冻试验，当温度上升趋于平缓之后，再进行强制解冻，不同管节强制解冻方式不一；11号~15号顶管一直进行自然解冻。

冻土冰点为 –1.8~0℃，在进行冻结试验分析时取最低值 –1.8℃进行分析，而在解冻试验结果分析过程中，为显示冻土完全融化，以0℃作为解冻的分界线。

10.2.1 自然解冻与强制解冻结合的效果分析

根据实际管幕冻结试验过程进行解冻效果分析。从冻结系统停机前2.4d开始，依次经历自然解冻6d、强制解冻8d，共计约16.4d。以2号管节为例（测点布置见图7-21），主要从测点温度-时间曲线进行分析，强制解冻时圆形主力冻结管、异形加强冻结管和限位管均通入了常温盐水，盐水温度约20℃。

（1）实顶管内部

结合图10-10和表10-2可知，在第2.4天开始自然解冻后，实顶管内部温度明显上升，并逐渐逼近冰点，初始温度越低的测点，温升幅度越大。在第8.4天（即自然解冻第6天），测点C2-2-6温度为 –1.3℃，由于离圆形主力冻结管最远，靠近管外土体，温度最高。其余测点温度均在 –2.7~–2.1℃之间，均在冰点以下。可以看出，测点在接近冰点时，温度上升速率越来越慢，在第8.4天后进入强制解冻阶段，2d内温度全部达到0℃以上，解冻完成。

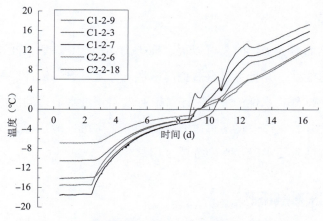

图10-10 冻土帷幕解冻时实顶管内部测点温度-时间曲线

冻土帷幕解冻时实顶管内部测点节点时间温度　　　表 10-2

解冻过程	时间（d）	C1-2-9 温度（℃）	C1-2-3 温度（℃）	C1-2-7 温度（℃）	C2-2-6 温度（℃）	C2-2-18 温度（℃）
解冻前	2.4	−13.9	−10.4	−17.4	−6.8	−15.4
自然解冻 2d	4.4	−7.6	−6.2	−8.2	−4.1	−6.7
自然解冻 4d	6.4	−4.1	−3.3	−4.3	−2.1	−3.4
自然解冻 6d	8.4	−2.7	−2.1	−2.6	−1.3	−2.1
强制解冻 2d	10.4	0.8	6.2	3.6	1.5	2.0
强制解冻 4d	12.4	8.9	13.4	10.8	5.9	6.0

（2）空顶管内部

在开始自然解冻后，空顶管内部两端的保温棉被以及管节间防通风的塑料帘幕均拆除，保证空气流通。如图 10-11 和表 10-3 所示，在 2.4d 后，空顶管内部测温点 C4-2-5、C3-2-18、C3-2-15 温度立即升至 0℃以上，虽然依旧波动比较大，但是均在 0℃以上波动，且随解冻过程温度持续上升。第 8.4 天开始强制解冻后，升温速率有所增加，但此时空顶管内部测温点 C4-2-5、C3-2-18、C3-2-15 早已在 0℃以上。

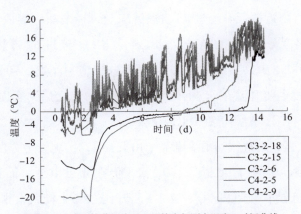

图 10-11　冻土帷幕解冻时空顶管内部测点温度 - 时间曲线

而异形加强冻结管附近的测点 C3-2-6 和 C4-2-9 在刚开始自然解冻时，温度急剧升高，但是随着温度逐渐逼近冰点，升温速率越来越小。在自然解冻第 6 天（8.4d）时，测点 C3-2-6 和 C4-2-9 温度分别为 −0.5℃和 −0.8℃，还在 0℃以下。第 8.4 天之后，开始强制解冻，靠近异形加强冻结管的测点 C4-2-9 温度缓慢上升，在强制解冻 2d

后(10.4d),温度达到1.9℃以上,而测点C3-2-6温度继续在0℃附近变化微弱,直至第12.4天,温度达到0.1℃,位于0℃以上,之后温度开始迅速升高。而且当测点温度超过0℃以后,上升速率非常快。测点C3-2-6应被冰包裹,才会在升温时出现这类情况。

冻土帷幕解冻时空顶管内部测点节点时间温度　　　　表10-3

解冻过程	时间(d)	C3-2-18温度(℃)	C3-2-15温度(℃)	C3-2-6温度(℃)	C4-2-5温度(℃)	C4-2-9温度(℃)
解冻前	2.4	−5.1	−2.8	−12.8	0.0	−19.7
自然解冻2d	4.4	0.8	3.3	−2.6	7.1	−3.9
自然解冻4d	6.4	4.1	7.9	−0.9	10.7	−1.6
自然解冻6d	8.4	9.1	10.4	−0.5	13.0	−0.8
强制解冻2d	10.4	6.0	7.8	−0.2	9.5	1.9
强制解冻4d	12.4	12.8	14.6	0.1	16.3	6.4

(3)实顶管上方

从图10-12和表10-4可以看出,在第2.4天自然解冻开始时实顶管上方测点C1-2-1、C2-2-1、C2-2-2的温度分别为−4.0℃、−7.9℃、−11.4℃,之后实顶管上方测点温度明显上升,并逐渐向冰点附近逼近。经过4d自然解冻(6.4d)之后,实顶管上方测点C1-2-1、C2-2-1、C2-2-2的温度分别为−1.1℃、−1.4℃、−2.4℃。经过6d自然解冻(8.4d)之后,实顶管上方测点C1-2-1、C2-2-1、C2-2-2的温度分别为−0.6℃、−0.8℃、−1.4℃。由此可知,自然解冻时段主要升温在前4d,经过4d自然解冻之后,实顶管上方测点已接近冰点,而后2d温升有限,测点仍在0℃以下。

第8.4天后开始强制解冻,2d强制解冻(10.4d)后,实顶管上方测点C1-2-1、C2-2-1、C2-2-2的温度分别为−0.1℃、−0.3℃、−0.2℃,仍在冰点以下,而且由于受到冻结管内热盐水影响,离冻结管较近的测点C2-2-2温升比C2-2-1较大,测点C2-2-2温度值已大于C2-2-1。这表明强制解冻时,越靠近冻结管温升越明显,测点C1-2-1和C2-2-2温度越过0℃应在第11天左右,测点C2-2-1温度越过0℃应在第13天左右,明显晚于测点C1-2-1和C2-2-2。在强制解冻第4天(12.4d),实顶管上方测点C1-2-1、C2-2-1、C2-2-2的温度分别为1.0℃、−0.1℃、1.3℃。仅测点C2-2-1仍在0℃以下。由此可知,强制解冻的作用是由内到外的。且经过近3d的强制解冻,实顶管上方测点C1-2-1和

C2-2-2 温度升至 0℃以上；经过近 5d 的强制解冻，实顶管上方测点 C2-2-1 温度才升至 0℃以上。

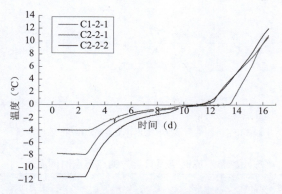

图 10-12　冻土帷幕解冻时实顶管上方测点温度 - 时间曲线

冻土帷幕解冻时实顶管上方测点节点时间温度　　表 10-4

解冻过程	时间（d）	C1-2-1 温度（℃）	C2-2-1 温度（℃）	C2-2-2 温度（℃）
解冻前	2.4	−4.0	−7.9	−11.4
自然解冻 2d	4.4	−2.3	−3.3	−5.0
自然解冻 4d	6.4	−1.1	−1.4	−2.4
自然解冻 6d	8.4	−0.6	−0.8	−1.4
强制解冻 2d	10.4	−0.1	−0.3	−0.2
强制解冻 4d	12.4	1.0	−0.1	1.3
强制解冻 6d	14.4	5.9	3.4	6.2

（4）空顶管上方

在进行解冻分析时，管节 2 在空顶管上方测点仅分析有冻土的部分。

从图 10-13 和表 10-5 可以看出，在第 2.4 天自然解冻开始时，空顶管上方测点 C3-2-2、C3-2-3 的温度分别为 −3.3℃、−6.7℃，之后空顶管上方测点温度明显上升，并逐渐向冰点附近逼近。经过 4d 自然解冻（6.4d）之后，空顶管上方测点 C3-2-2、C3-2-3 的温度分别为 −0.6℃、−0.8℃。经过 6d 自然解冻（8.4d）之后，空顶管上方测点 C3-2-2、C3-2-3 的温度分别为 −0.3℃、−0.2℃。由此可知，自然解冻时段主要升温在前 4d，经过 4d 自然解冻之后，实顶管上方测点已接近 0℃，而后 2d 温升有限，测点仍在 0℃以下。

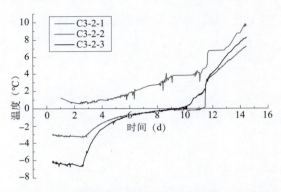

图 10-13 冻土帷幕解冻时空顶管上方测点温度 - 时间曲线

冻土帷幕解冻时空顶管上方测点节点时间温度　　　　表 10-5

解冻过程	时间（d）	C3-2-1 温度（℃）	C3-2-2 温度（℃）	C3-2-3 温度（℃）
解冻前	2.4	0.6	−3.3	−6.7
自然解冻 2d	4.4	1.1	−1.4	−1.9
自然解冻 4d	6.4	2.0	−0.6	−0.8
自然解冻 6d	8.4	2.1	−0.3	−0.2
强制解冻 2d	10.4	3.9	−0.2	0.6
强制解冻 4d	12.4		4.4	4.8

第 8.4 天后开始强制解冻，2d 强制解冻（10.4d）后，空顶管上方测点 C3-2-2、C3-2-3 的温度分别为 −0.2℃、0.6℃，测点 C3-2-3 升至 0℃以上。由于受到冻结管内热盐水影响，离冻结管较近的测点 C3-2-3 温升比 C3-2-2 较大，测点 C3-2-3 温度值已大于 C3-2-2。表明强制解冻时，越靠近冻结管温升越明显，测点 C3-2-3 温度越过 0℃应在第 10 天左右，即强制解冻第 1.5 天；测点 C3-2-2 温度越过 0℃应在第 11.5 天左右，即强制解冻第 3 天，明显晚于测点 C3-2-3。由此可知，强制解冻的作用是由内到外的，且经过 3d 的强制解冻，空顶管上方测点温度逐渐升至 0℃以上。

（5）管间测点

从图 10-14 和表 10-6 可以看出，在第 2.4 天自然解冻开始时，管间测点 C2-2-15、C2-2-16、C2-2-17 的温度分别为 −12.9℃、−11.6℃、−10.5℃，之后管间测点温度明显上升，并逐渐向冰点附近逼近。经过 4d 自然解冻之后（6.4d），管间测点 C2-2-15、C2-2-16、C2-2-17 的温度分别为 −3.1℃、−2.9℃、−2.6℃。经过 6d 自然解冻之后（8.4d），管间测点 C2-2-15、C2-2-16、C2-2-17 的温度分别为 –1.8℃、–1.8℃、–1.5℃。由此可知,自然解冻时段主要升温在前 4d,温升幅度达到 8~10℃,然经过后 2d 的自然解冻,温度才逼近冰点。

第 8.4 天后开始强制解冻,2d 强制解冻(10.4d)后,管间测点 C2-2-15、C2-2-16、C2-2-17 的温度分别为 0.5℃、–0.3℃、–0.4℃,测点 C2-2-15 升至 0℃以上。由于受到冻结管内热盐水影响,离冻结管较近的测点 C2-2-15 温升比 C2-2-16 和 C2-2-17 较大,测点 C2-2-15 温度值已大于 C2-2-16 和 C2-2-17。表明强制解冻时,越靠近冻结管温升越明显,测点 C2-2-15 温度越过 0℃应在第 10 天左右,测点 C2-2-16 温度越过 0℃应在第 12 天左右,测点 C2-2-17 温度越过 0℃应在第 13.5 天左右。从表 10-6 也可以得知,在强制解冻第 4 天(12.4d),两管之间测点 C2-2-15、C2-2-16、C2-2-17 的温度分别为 3.0℃、0.4℃、–0.1℃,测点 C2-2-17 温度仍在 0℃以下。由此可知,强制解冻的作用是由内到外,且经过近 5.5d 的强制解冻,管间测点温度逐渐升至 0℃以上。

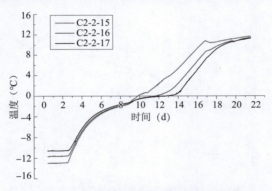

图 10-14 冻土帷幕解冻时管间测点温度 - 时间曲线

冻土帷幕解冻时管间测点温度 - 时间曲线　　　表 10-6

解冻过程	时间(d)	C2-2-15 温度(℃)	C2-2-16 温度(℃)	C2-2-17 温度(℃)
解冻前	2.4	–12.9	–11.6	–10.5
自然解冻 2d	4.4	–6.1	–5.8	–5.3
自然解冻 4d	6.4	–3.1	–2.9	–2.6
自然解冻 6d	8.4	–1.8	–1.8	–1.5
强制解冻 2d	10.4	0.5	–0.3	–0.4
强制解冻 4d	12.4	3.0	0.4	–0.1
强制解冻 6d	14.4	6.1	3.3	1.4

10.2.2 自然解冻效果分析

根据实际试验过程进行解冻效果分析，从冻结系统停机前 2.4d 开始，共计约 21.5d。以管节 11 为例，主要从测点温度 - 时间曲线进行分析。由于管节 11 的测线 C2 损坏，故仅能对部分区域分析。

（1）实顶管内部

如图 10-15 所示，在第 2.4 天开始自然解冻后，实顶管内部温度明显上升，并逐渐逼近冰点，初始温度越低的测点，温升幅度越大。如表 10-7 所示，在第 10.4 天（即自然解冻第 8 天），测点 C1-11-9、C1-11-3、C1-11-7 温度分别为 −1.8℃、−1.7℃、−2.6℃，温度接近冰点。在第 12.4 天（即自然解冻第 10 天），测点 C1-11-9 温度为 0.1℃，达到 0℃ 以上。在第 16.4 天（即自然解冻第 14 天），测点 C1-11-3、C1-11-7 温度分别为 0.4℃、0.5℃，均达到 0℃ 以上。结合图 10-15 可以看出，实顶管内 3 个测点在第 15.5 天后（即自然解冻 13d），才完全升温至 0℃ 以上。

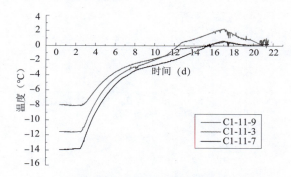

图 10-15 冻土帷幕解冻时实顶管内部测点温度 - 时间曲线

冻土帷幕解冻时实顶管内部测点节点时间温度　　表 10-7

解冻过程	时间（d）	C1-11-9 温度（℃）	C1-11-3 温度（℃）	C1-11-7 温度（℃）
解冻前	2.4	−11.6	−8.0	−13.8
第 2 天	4.4	−6.9	−5.4	−8.1
第 4 天	6.4	−4.1	−3.3	−4.8
第 6 天	8.4	−2.8	−2.3	−3.3
第 8 天	10.4	−1.8	−1.7	−2.6
第 10 天	12.4	0.1	−0.8	−1.8
第 12 天	14.4	1.1	−0.2	−0.6

续上表

解冻过程	时间（d）	C1-11-9 温度（℃）	C1-11-3 温度（℃）	C1-11-7 温度（℃）
第 14 天	16.4	2.0	0.4	0.5
第 16 天	18.4	1.3	0.3	0.3

（2）空顶管内部

在开始自然解冻后，空顶管内部两端的保温棉被以及管节间防通风的塑料帘幕均拆除，保证空气流通。从图 10-16 和表 10-8 可知，在第 2.4 天后，空顶管内部测温点 C3-11-6、C3-11-18、C3-11-15 温度立即升至 0℃ 以上，虽然依旧波动比较大，但是均在 0℃ 以上波动，且随解冻过程温度持续上升。而测点 C4-11-5 由于相对靠近异形加强冻结管，自然解冻过程中温升较其余测点慢，在解冻第 4 天（6.4d）升至 0℃ 以上，之后温度持续上升。

而异形加强冻结管附近的测点 C4-2-9 在刚开始自然解冻时温度升高，但是随着温度逐渐逼近冰点，升温速率越来越小。在自然解冻第 6 天（8.4d），测点 C4-2-9 温度为 $-1.1℃$，还在 0℃ 以下，之后温度上升至 0℃；在自然解冻第 10 天（12.4d），温度仍旧维持在 0℃，之后温度开始迅速升高。而且当测点温度超过 0℃ 以后，上升速率非常快。测点 C4-11-9 应被冰包裹，才会在升温时出现这类情况。

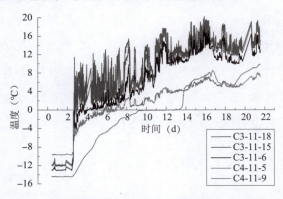

图 10-16　冻土帷幕解冻时空顶管内部测点温度-时间曲线

冻土帷幕解冻时空顶管内部测点节点时间温度　　表 10-8

解冻过程	时间（d）	C3-11-18 温度（℃）	C3-11-15 温度（℃）	C3-11-6 温度（℃）	C4-11-5 温度（℃）	C4-11-9 温度（℃）
解冻前	2.4	−12.1	−11.9	−13.0	−9.7	−14.4
第 2 天	4.4	1.6	4.1	0.1	−1.6	−8.6

续上表

解冻过程	时间（d）	C3-11-18 温度（℃）	C3-11-15 温度（℃）	C3-11-6 温度（℃）	C4-11-5 温度（℃）	C4-11-9 温度（℃）
第 4 天	6.4	2.2	2.9	0.9	0.0	−3.9
第 6 天	8.4	4.9	5.6	2.9	0.9	−1.1
第 8 天	10.4	7.8	10.3	6.2	1.9	0.0
第 10 天	12.4	10.5	10.9	9.6	3.7	0.0
第 12 天	14.4	15.1	15.9	13.1	5.3	5.6
第 14 天	16.4	14.3	14.9	13.3	6.5	8.0
第 16 天	18.4	12.3	13.0	10.5	5.4	5.3

（3）实顶管上方

从图10-17和表10-9可以看出，在第2.4天自然解冻开始时，实顶管正上方测点C1-11-1的温度为−3.8℃；之后，实顶管正上方测点温度明显上升，并逐渐向冰点附近逼近。经过4d自然解冻（6.4d）之后，实顶管正上方测点C1-11-1的温度为−1.8℃，实顶管正上方测点温度已接近冰点，自然解冻前4d温度上升幅度1℃/2d。经过6d自然解冻（8.4d）之后，实顶管正上方测点C1-11-1的温度为−1.2℃，自然解冻第4天～第6天温度上升幅度0.6℃/2d，温度上升速率变缓。经过12d自然解冻（14.4d）之后，实顶管正上方测点C1-11-1的温度为−0.3℃，自然解冻第6天～第12天温度上升幅度0.3℃/2d。经过14d自然解冻（16.4d）之后，实顶管正上方测点C1-11-1的温度为−0.1℃，自然解冻第12天～第14天温度上升幅度0.2℃/2d。经过16d自然解冻（18.4d）之后，实顶管正上方测点C1-11-1的温度为0.4℃。

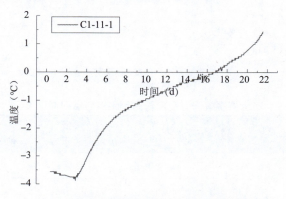

图10-17 冻土帷幕解冻时实顶管上方测点温度-时间曲线

冻土帷幕解冻时实顶管上方测点节点时间温度　　　　　表 10-9

解冻过程	时间（d）	C1-2-1 温度（℃）
解冻前	2.4	−3.8
第 2 天	4.4	−2.8
第 4 天	6.4	−1.8
第 6 天	8.4	−1.2
第 8 天	10.4	−0.9
第 10 天	12.4	−0.6
第 12 天	14.4	−0.3
第 14 天	16.4	−0.1
第 16 天	18.4	0.4

由上述分析可知，自然解冻时段主要温升在前 4d，经过 4d 自然解冻之后，温度上升速率变缓；在自然解冻 6~12d，温度上升速率维持稳定；在自然解冻 12~14d 进一步变缓。如图 10-16 所示，在第 17 天，即自然解冻第 14.5 天，测点 C1-11-1 温升至 0℃。

测点 C1-2-1 在自然解冻 6d 和强制解冻 3d 后，共 9d，温升至 0℃（图 10-12）。与之相比较可知，自然解冻花费时间更长。

（4）空顶管上方

从图 10-18 和表 10-10 可以看出，在第 2.4 天自然解冻开始时，空顶管上方靠近管间区域的测点 C3-11-1、C3-11-2、C3-11-3 的温度分别为 −3.9℃、−7.4℃、−11.3℃，之后空顶管上方测点温度明显上升，并逐渐向冰点附近逼近。经过 4d 自然解冻（6.4d）之后，测点 C3-11-1、C3-11-2、C3-11-3 的温度分别为 −0.9℃、−1.4℃、−0.9℃。对于自然解冻和强制解冻相结合的方式，由表 10-5 和图 10-13 可知经过 6d 自然解冻（8.4d）之后，测点 C3-2-3 的温度为 0.3℃，即在第 8 天升至 0℃以上（图 10-13）。经过 10d 自然解冻（12.4d）之后，测点 C3-2-2 的温度为 0℃，即在第 12.5 天升至 0℃以上。经过 12d 自然解冻（14.4d）之后，测点 C3-2-1 的温度为 0℃，即在第 14.5 天升至 0℃以上。

由此可知，空顶管上方靠近管间区域在自然解冻时段主要降温在前 4d，经过 4d 自然解冻之后，空顶管上方测点已接近 −1.4~−0.9℃，位于冰点范围内，之后温度缓慢上升,测点 C3-2-3、C3-2-2、C3-2-1 依次在自然解冻第 8 天、第 12.5 天、第 14.5 天升至 0℃以上。可以看出,空顶管上方靠近管间区域在自然解冻时,离空顶管越近解冻融化时间越早。

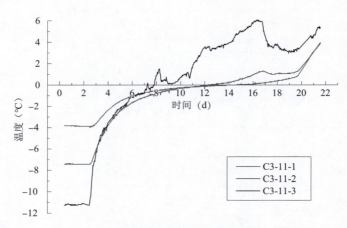

图 10-18　冻土帷幕解冻时空顶管上方测点温度 - 时间曲线

冻土帷幕解冻时空顶管上方测点节点时间温度　　表 10-10

解冻过程	时间（d）	C3-2-1 温度（℃）	C3-2-2 温度（℃）	C3-2-3 温度（℃）
解冻前	2.4	−3.9	−7.4	−11.3
第 2 天	4.4	−1.9	−3.0	−2.9
第 4 天	6.4	−0.9	−1.4	−0.9
第 6 天	8.4	−0.5	−0.6	0.3
第 8 天	10.4	−0.2	−0.3	1.0
第 10 天	12.4	−0.1	0.0	3.4
第 12 天	14.4	0.0	0.3	4.4
第 14 天	16.4	0.1	1.2	5.9
第 16 天	18.4	0.4	1.1	3.3

10.2.3　小结

通过对自然解冻与强制解冻相结合的解冻方式和仅自然解冻这 2 种不同解冻方式进行分析,发现:

①当空顶管的保温措施及防通风措施解除后，空顶管内部温度会迅速升高，2种解冻方式都一样。

②自然解冻温度升高主要集中在前4d，空顶管上方和实顶管上方的温度均在冰点附近（-1.8~0℃），表明前期自然解冻效果显著。当冻土温度升高接近冰点（-1.8~0℃）后，自然解冻温升速率明显减缓，主要是相变潜热较大。

③在强制解冻时，实顶管上方和空顶管上方冻土融化是由内而外；在自然解冻时，空顶管上方冻土融化也是由内而外。

④对于实顶管正上方冻土，测点C1-N-1在自然解冻6d和强制解冻3d后，共9d，温升至0℃。与之相比较，仅自然解冻时，温升至0℃需14.5d。

⑤对于空顶管上方靠近管间区域，测点C3-N-3在自然解冻6d和强制解冻1.5d后，共7.5d，温升至0℃。与之相比较，仅自然解冻时，温升至0℃需8d。测点C3-N-2在自然解冻6d和强制解冻3d后，共9d，温升至0℃。与之相比较，仅自然解冻时，温升至0℃需12.5d。可以看出空顶管上方的差距明显较小。

10.3 融沉控制措施

10.3.1 解冻实施方案

根据原型试验对解冻规律的研究，并考虑到实际工期的硬性要求，当隧道内三层衬砌施工全部完成后，先进行自然解冻，当冻土接近冰点温度后再强制解冻。在盐水箱内设盐水加热器对低温盐水进行加热，利用热盐水循环对冻结壁进行强制解冻。

由于拱北隧道超大断面的特点，合理的解冻顺序对控制地表变形及隧道沉降有重要影响。考虑到隧道整体沉降将直接影响道路线形，且后期处理难度大，而地表沉降控制的手段相对较多，所以隧道整体沉降控制的问题更为重要。对控制整体隧道沉降最合理的注浆先后顺序为C→B→A。该方案先稳定隧道下方地层，对隧道的长期稳定最有利。

地表沉降更为直接和敏感，更需要及时控制融沉。因此A→C→B先后顺序方案可能是迫不得已的选择。该方案在优先控制地表沉降的同时，并未忽略隧道下方土体的补偿注浆。因此，该方案也是合理的，也可能是最切实可行的。根据工程条件和工期要求，最终选择该方案作为实际施工方案，具体施工示意图如图10-19所示。

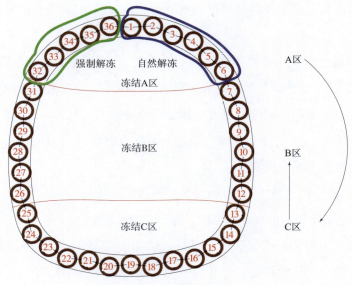

图 10-19 解冻顺序示意图

10.3.2 融沉注浆

依照 A→C→B 的解冻顺序，详细对比各种注浆方案，归纳出 2 个注浆方案进行综合比选，如表 10-11 所示。

注 浆 方 案 比 选　　　　　　　　　　　表 10-11

对比内容	方 案 1	方 案 2
注浆流程	A 区解冻注浆→ C 区解冻注浆→ B 区解冻注浆	A 区解冻注浆→ C 区解冻，预留 16 号、22 号顶管进行补充注浆，其余顶管回填→ B 区清理完成后进行管幕回填
优点	可有序对隧道断面的各部位进行均匀注浆，形成注浆包裹层，比较容易控制由解冻引起的沉降	施工周期短，减少融沉注浆过程中可能引发的突泥、涌水现象，减少对口岸地表、建构筑物及隧道结构的影响
缺点	施工周期较长；底部顶管内注浆过程施工风险高，易出现突泥涌水现象，影响隧道结构安全	B 区解冻后无法通过管内进行同步补充注浆，B 区解冻后引起地表沉降及侧向土体位移无法通过 B 区有效解决，需要考虑地面注浆等应急措施，加大口岸协调难度

结合本工程工期要求，经各参建方协商之后，最终确定采取方案 2 作为注浆实施方案。

融沉注浆在时间上应尽可能与冻土融化保持同步，不能滞后冻土融化过久。参考现场试验获得的解冻规律，并根据监测的强制解冻速率及隧道沉降量确定注浆频率。融沉补偿注浆材料为水泥-水玻璃双液浆，遵循少量多次的原则，注浆顺序配合强制解冻依次进行。

10.4 现场实测沉降数据分析

结合实际施工过程中地表变形监测数据，对所采取的冻胀融沉措施在实际冻结过程中的影响进行了研究。

冻结工程从 2016 年 1 月 12 日开始，首先在西区工作井进行部分管幕盐水试循环，奇数实顶管中圆形冻结管最先开启。在隧道横断面上，由靠近地表管幕内的冻结管向下方冻结管依次开启，至 3 月 2 日，所有圆形冻结管全部进入工作状态。4 号和 6 号顶管内的异形加强管于 3 月 10 日率先开始循环盐水，其余偶数空顶管内的异形冻结管也在随后逐渐开启使用。6 月 2 日在东工作井进行暗挖段试开挖，6 月 20 日正式开挖，积极冻结阶段结束，进入开挖阶段的维护冻结期。完整的冻结期可认为从 2016 年 3 月开始，至 2017 年 9 月结束。使用的分析数据均以冻结期的累计变形量为依据。

依据地表变形大量的实测数据，纵向上选择靠近东工作井 50m 和 80m 的 2 个位置，横向上选取澳门侧、隧道中部、珠海侧 3 个位置，在对顶管顶进所产生的地表变形进行修正的基础上，绘制地表累积变形随时间的变化曲线。其中距东工作井 50m、80m 特征位置处累计沉降量变化曲线分别如图 10-20、图 10-21 所示，图中负值表示隆起，正值表示沉降。

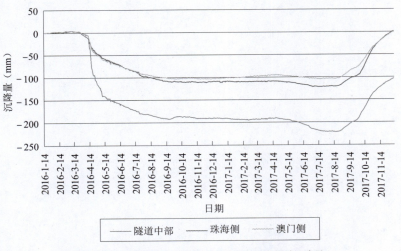

图 10-20 冻结期距东工作井 50m 特征位置处累计沉降量

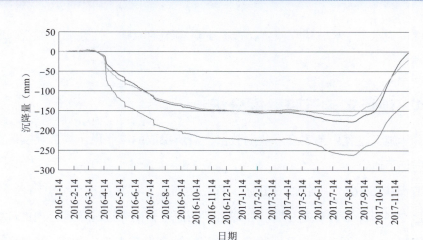

图 10-21　冻结期距东工作井 80m 特征位置处累计沉降量

从图 10-20 和图 10-21 均可以看出，2016 年 3 月份隧道全断面开启异形冻结管后，地表隆起出现加速现象，说明管幕外围冻土迅速大量地发展，异形冻结管对冻土帷幕的形成起到了非常显著的效果。地表隆起在 2016 年 7 月份开始开挖之后逐渐进入平稳的发展状态，最大隆起量控制在 25cm 左右，没有出现过分发展的趋势。这说明在冻结过程中，采用热控限位和冷控限位以及冻土帷幕动态控制措施均起到了十分明显的作用，成功控制了冻结过程中的地表变形，实现了敏感地质条件下冻胀融沉的有效控制，也验证了所进行的冻胀融沉研究成果的正确性。

第 11 章
CHAPTER 11
管幕冻结温度监控量测技术

拱北隧道暗挖段采用上下叠层的近椭圆形结构,如前所述隧道具有超浅覆土、超大断面、地质条件复杂等特点,其中开挖断面面积为 $336.8m^2$,上部覆土厚度不足 5m。管幕冻结法作为管间止水的主要措施,必须要确保在管幕外侧形成可靠的冻土帷幕,而冻土帷幕的形成与发展与土体温度息息相关,因此,冻结过程中与温度有关的监测显得尤为重要。对于如此巨大的监测任务,合理选择监测方案是能否高质高效采集温度信息、判断冻土体发展的关键。

11.1 土体、管壁温度监测方案

11.1.1 监测系统

拱北隧道冻结监测采用远程监测"一线总线"系统,用于盐水去回路温度、管壁和土体温度监测。该系统包括硬件和软件两部分,其中系统硬件包括传感器、一次仪表、数据采集模块、远距离数据传输模块、计算机、打印机等。

监测系统采用 RS485 总线外置分布式数据采集系统,采用 LTM-8520 隔离型 RS232/485 转换器。将 RS485 网络接口转换为计算机可以识别的 RS232 接口,采用 LTM-8303 智能型温度采集模块,数据采集模块与计算机通过 RS485 通讯。

按照测点位置的需要,把若干个传感器装封在耐低温套装内制成电缆形式(即测温电缆),数字温度传感器的理论测温范围是 $-55 \sim 125℃$。根据测点的设计,把测温电缆置入测温孔中,测温电缆通过专用接口接入"一线总线"构成冻土测温网络。

监测系统软件采用自主研发的温度远程采集软件,可在计算机界面上设置温度监测频率，还能观测不同测点的温度在时间和空间上的变化曲线以及测点温度的实时变化值。监测系统具备数据储存、各测点传感器的信息维护等功能。该远程监测系统示意图如图 11-1 所示。

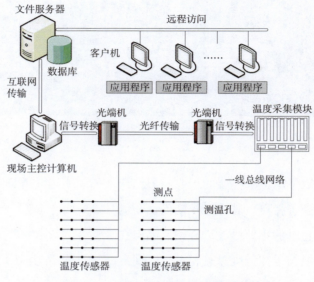

图 11-1　"一线总线"系统硬件结构示意图

11.1.2　监测区域划分

在隧道横断面上，为了合理分配温度数据采集模块的负荷，同时为便于在长期冻结过程中灵活检修冻结监测设备，按照"东西分区，多管合并"的分区原则，将隧道横断面按顶管编号分为 4 个大区，分别为监测 A 区、监测 B 区、监测 C 区、监测 D 区，监测分区示意图如图 11-2 所示。

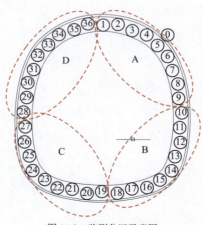

图 11-2　监测分区示意图

沿隧道纵向，在全程 255m 长距离上共设置 32 个监测断面，自东工作井向西工作井依次按 C1~C32 进行编号，每 2 个顶管管节设一个监测面，相邻测面之间距离约为 8m，C1~C16 接入东区模块，C17~C32 接入西区模块。管幕纵向测面布置情况如图 11-3 所示。

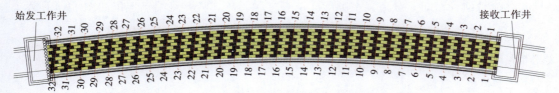

图 11-3 纵向 32 个监测面分布图

为集中管理测温模块，在每一监测区域内选取一根空顶管统一存放该区测温电缆及模块，统一由 LTM-8663 读取监测。东、西区测面的电缆接入相应监测区域内模块中，每一监测区域内东西两部分模块输出的 RS-485 信号通过符合 EIA-485 标准的屏蔽双绞线汇总到一起。这样从 4 个监测大区各拉出 1 根总线分别接入地面西区监测室内的 4 台计算机中，每一台计算机负责一个大区的温度数据采集、汇总、分析工作。各区所包含的管幕情况如表 11-1 所示。

各监测区域管幕编号　　　　　　　　　表 11-1

监测区域	管幕编号	模块存放位置
A 区	1 号~9 号	6 号
B 区	10 号~18 号	14 号
C 区	19 号~27 号	24 号
D 区	28 号~36 号	32 号

11.1.3　测点布置

拱北隧道冻结管壁温度测点在 32 个监测断面（简称测面）位置处环向布置在 36 根顶管内壁，测温电缆内部的温度传感器通过预先焊接在顶管内壁上的螺母与管壁保持密贴，以真实反映管壁温度情况。

其中奇数顶管（实顶管）各测面上设有 7 个管壁测点，偶数顶管（空顶管）各测面上设有 6 个管壁测点，总计 7488 个管壁测点。环向测点从限位管后面的测点开始按顺时针方向进行编号，分别为 Dn-m-01~Dn-m-07，其中"D"表示顶管，"n"表示顶管编号（0~36），"m"表示测面编号（1~32），例如 D31-16-2 表示 31 号顶管第 16 测面的第 2 个测点。

奇数顶管由于要填充混凝土，为保证测温元件的正常使用，防止泵送混凝土过程中过大的冲击力造成温度传感器的破坏，在布设测温电缆及固定传感器过程中务必达到2个要求：①环向管壁温度传感器完全布置在顶管节段的法兰盘之后；②向外传输温度信号的电缆沿顶管纵向完全布置在圆形冻结管之后。具体管壁测温点定位如图11-4所示。

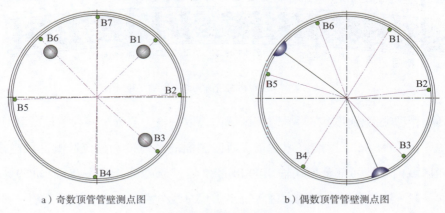

a）奇数顶管管壁测点图　　　　b）偶数顶管管壁测点图

图11-4　管壁测点位置分布图

土体温度测点布设在所有偶数顶管及部分奇数顶管（5号、15号、23号、33号）中，在这些顶管内部各监测断面处，利用钻机向土体中按设计开设土体测温孔，某一测面处的土体测温传感器与该处管壁测温传感器共用一根测温电缆向外传输数据到采集模块之中。土体测温点数目总计2488个，横断面上各顶管土体测温孔开设方向及测温点位置如图11-5所示。

图11-5　土体测温点位置分布图

11.2 盐水温度、流量监测方案

冻结系统的盐水温度监测采用数字温度传感器，布置在盐水循环管路上，如图 11-6 所示。各顶管内冻结管循环盐水温度监测通过在各个顶管管口处支管上布设温度传感器，如图 11-7 所示。所有盐水温度监测全部纳入计算机监测系统自动连续采集数据库之中。

图 11-6　盐水干管温度监测　　　　　　　图 11-7　顶管内支管温度监测

11.3 数据分析及止水效果评价

冻结监测工作从 2016 年 2 月 21 日开始读取第一次温度数据，3 月 1 日开始进入稳定监测状态。以下使用的温度数据取自稳定监测开始到隧道开挖这一阶段，即 3 月 1 日—6 月 20 日。

11.3.1 顶管纵向温度分析

由于顶管数目较多，从 36 根顶管中选择靠近上部的 1 号和 4 号顶管进行纵向温度分析，隧道下方其他位置的顶管相对于所选的这 2 根顶管受到地表高温影响较小，温度降低情况更好。这里选取积极冻结期间内的 3 个时间节点作为对比，分别为 3 月 1 日、4 月 20 日和 6 月 17 日。

顶管纵向各个测面上环向贴壁存在 6 个或 7 个管壁测温点，为了研究整根顶管从 C1 测面到 C32 测面的温度分布情况，选取各测面的最大值、最小值，同时计算该测面所有测点的温度平均值用以作图。其中最大值反映了某一测面仍然存在的最高温度，可以作为判断冻结薄弱位置的参考值，而平均值反映了某一测面的总体冻结情况，可以更加直观地了解这一测面的温度发展情况。图 11-8 展示了 1 号顶管 3 个时间点的纵向温度分布曲线。

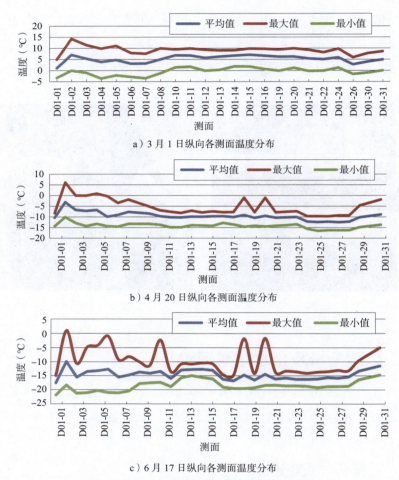

a）3 月 1 日纵向各测面温度分布

b）4 月 20 日纵向各测面温度分布

c）6 月 17 日纵向各测面温度分布

图 11-8　积极冻结期 1 号顶管纵向温度发展情况

1 号顶管处于管幕的拱顶部位，距离地表最近，由图 11-8 可以看出：在顶管纵向各测面上温度最大值分布有所不同，且温度差异随温度降低而发生变化。在积极冻结早期如图 11-8 a）所示，当整体温度较高时，各测面温度分布相对平稳，随着冻结过程的进行，温度逐渐降低，各测面上温度最大值出现了更多的异常值，如图 11-8 b）中的 C2、C19、C21 测面，图 11-8 c）中的 C2、C6、C11、C19、C21 测面所示。1 号顶管是实顶管，填充混凝土主要依靠从顶管一端进行泵送，施工很难保证内部混凝土处处达到密实状态，而那些出现混凝土空洞的位置在循环盐水不断降温的过程中导热能力则会较差。另外，顶管外侧土体性质、地下水活动情况等都会造成在纵向上温度分布不一致的情况。

1号顶管纵向上平均温度分布相对均匀，随着冻结过程的进行，从3月1日的5℃逐渐降低至6月17日的-15℃左右，在开挖前已降至足够低的温度，说明奇数顶管温度发展情况较好，达到了预期的冻结效果。

4号顶管为最先开启异形加强管的2根顶管之一，图11-9反映了其在积极冻结早、中、后期3个时间点的纵向温度分布情况，与1号顶管类似，在冻结早期[图11-9 a)]整体温度较高时，各个测面差异不大，温度分布均匀。随着冻结过程的进行，在冻结中后期如图11-9 b)、c)所示，管内温度分布出现两端高、中间低的现象。

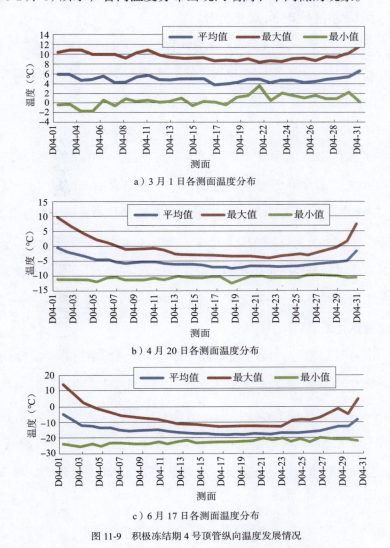

a) 3月1日各测面温度分布

b) 4月20日各测面温度分布

c) 6月17日各测面温度分布

图11-9 积极冻结期4号顶管纵向温度发展情况

4号顶管为空顶管，顶管内降温主要依靠空气传热，而空气流动对于温度降低非常不利，尽管在空顶管两端以及顶管内每5～8m设置隔温泡沫板防止空气流动，但由于人员进出施工作业等原因，顶管两端的密封效果很难达到理想状态；端部受两端工作井内高温影响严重，所以温度分布呈现出如图11-9所示的两端高、中间低的状态。除端部以外，在6月17日，4号顶管所有测面平均温度都已降至−10℃以下，必须要做好两端的保温密封措施，才能实现全断面温度均处于较低的负温状态，保证顶管外冻土体的强度及封水效果。

11.3.2　测面温度随时间变化分析

由上面分析可以知道，纵向上靠近顶管中间位置的测面温度发展受外界影响最小，这里选择9号和14号（一空一实）2根顶管的C15测面监测数据，分析温度随时间的变化。数据采集时间区间为3月1日—6月20日。

由图11-10 a)可以看出，对于奇数顶管，在积极冻结期间管壁温度总体处于下降趋势，早期的温度下降速率要大于后期的下降速度，−10℃之前温度降低速率约为0.48℃/d，−10℃之后温度降低速率约为0.2℃/d。从5月10日开始出现了一段时间测点温度略微回升的现象，这是由于位移变形数据反映出监测A区8号顶管及D区32号顶管上方地表变形较大，为控制冻胀的影响，现场进行了降低循环盐水流量和回调盐水温度的做法，以应对管幕外冻土体积的过分发展。总体来看，奇数顶管内因为填充混凝土的存在，在冻结过程中测点温降趋势基本能与循环盐水温降趋势保持一致，符合之前设计方案对奇数顶管冻结效果的预期。

由图11-10 b)可以看出，14号顶管管壁温度在积极冻结过程中温降曲线存在明显的分界点，该顶管中异形加强冻结管于2016年3月16日开始循环低温盐水，从3月18日之后，温度下降速率明显高于之前。这说明对于偶数顶管，在只依靠奇数顶管中的圆形冻结管工作进行降温时，空顶管内管壁温度下降速率较慢。提前开启异形加强冻结管，能够使空顶管管壁温度迅速降低，这对于较早地在管幕外侧形成可靠冻结帷幕具有重要意义。

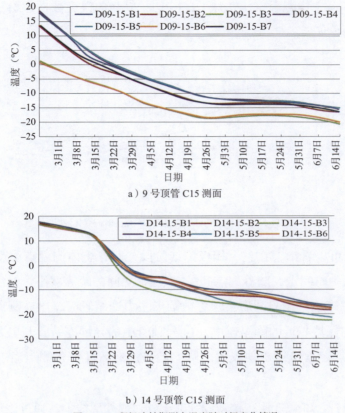

a）9号顶管 C15 测面

b）14号顶管 C15 测面

图 11-10　积极冻结期测点温度随时间变化情况

11.3.3　土体测点温度分析

拱北隧道冻结工程土体测温点布设在由顶管内部开向管外土体的测温孔之中，土体温度直观反映了顶管外侧冻土发展情况，对于判断冻结帷幕厚度是否达到设计值具有重要意义。选取 14 号顶管 C15 测面的土体测温点进行分析，该测面共 5 个土体测温点，按与 14 号顶管距离由远及近分别编号为 S1、S2、S3、S4、S5，土体测温孔由 14 号顶管斜向上开向 13 号顶管，具体测温点布置情况如图 11-11 所示。

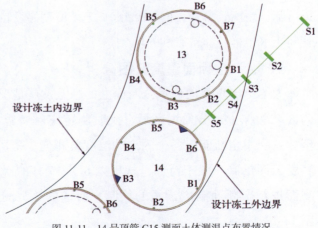

图 11-11　14 号顶管 C15 测面土体测温点布置情况

选取上面 5 个土体测温点从 3 月 1 日—6 月 20 日的温度数据，绘制其随时间的变化曲线如图 11-12 所示。

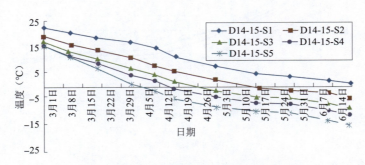

图 11-12　14 号顶管 C15 测面土体温度随时间变化情况

由图 11-12 可以看出，在整个积极冻结阶段，所有土体测温点温度均保持一定的下降趋势；在同一时间点，随着测点和 14 号顶管之间的距离减小，温度越来越低。而且可以发现，在冻结早期只开启实顶管内圆形主力冻结管时，土体测点除了最远处的 S1，其余测点均保持相近的降温速率，14 号顶管中的异形冻结管开启之后的一段时间内，先是 S5 测点温度迅速出现较大的降低趋势，然后其余各测点温度降低速率也相应提高。

结合图 11-11 可知，S3 测点位于设计冻土外边界轮廓线上，通过该点温度值即可判断 14 号顶管外侧冻土发展是否达到设计指标。由图 11-12 可以发现，在 6 月 20 日，S3 测点温度已降至 $-8℃$，地质资料显示该地区土体结冰温度约为 $-1.8℃$，这可说明 14 号顶管位置在开挖前管幕外侧冻土发展情况已经完全达到设计要求。不仅如此，由监测数据可知，距离管幕最远的 S1 测点在冻结后期温度也已降低至 $0.8℃$，这对于形成可靠的管间止水帷幕是非常有利的。

11.3.4　全断面温度云图分析

为了更加直观地显示全断面上的冻土发展情况以判断冻结效果，及时发现冻结薄弱区域和冻土过分发展区域，及时制定应对措施，结合全局坐标系下各测点的设计坐标，利用全断面上各个测点的温度监测值，采用 Surfer 绘图软件对隧道全断面进行温度云图绘制。限于篇幅，这里以 6 月 19 日的温度数据为基础，在纵向上选择 3 个测面进行全断面温度云图的绘制。所选的 3 个测面为 C2、C15 和 C30，温度云图如图 11-13 所示。

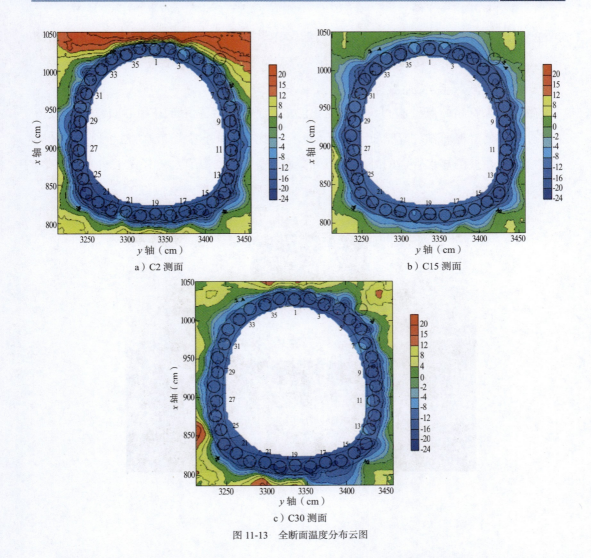

图 11-13 全断面温度分布云图

由图 11-13 可见，截至 6 月 19 日，总体上隧道纵向各断面上温度发展情况较好，沿隧道开挖轮廓的设计冻土 2m 线已基本被低温蓝色区域覆盖，说明经过积极冻结阶段之后，在管幕周围形成了较厚的冻土帷幕，冻土完全填充了顶管之间的间隙并且在全断面上达到交圈状态。

对比图 11-13 a)、b)、c) 也可以发现，C2 测面和 C30 测面上部管幕外侧冻土发展情况要次于 C15 测面，特别是 C2 测面，管幕上方 2m 线附近仍存在少量绿色区域，说明这里的土体温度还处于 0℃，管幕外侧冻土发展不充分。相比之下 C15 测面全断面上管幕被冻土体包围，冻结效果非常好。C2 测面和 C30 测面处于隧道两端，出现这一现象主要是因为管幕上部冻土发展受地表高温影响严重，而且如果顶管两端保温密封措施不到位，冻土发展还要受到工作井内高温空气对流带来的弱化影响。

11.3.5　循环盐水流量监测

循环盐水管路的流量监测系统独立于温度监测系统，采用 TUF-2000H 型超声波流量计进行监测，现场安装情况如图 11-14 所示。作为一种外缚式监测方法，通过将传感器直接贴敷在被测盐水管道的外表面即可实现流量监测，具有与管径无关、安装简单、无压力损失等特点。理论最大流速可达 64m/s，流速分辨率能够达到 0.001m/s。

图 11-14　超声波流量监测示意图

第 12 章 管幕冻结定额研究

冻结工程定额研究主要包括冻结施工过程与工作时间研究、冻结施工工艺定额项目划分、数据测定方法研究、各工序工料机消耗样本采集以及数据后处理方法研究等几个方面。

12.1 冻结工法定额的编制原则与依据

12.1.1 编制原则

（1）全面贯彻国家政策、法规以及公路工程行业标准、规范、规程等原则。

（2）定额水平平均先进的原则。

（3）定额项目划分简明适用原则。定额项目内容齐全，项目划分粗细适当，以方便定额的使用。

（4）计量单位和计算规则有机统一原则，简洁明了，便于投标报价、工程价款结算以及单位内部核算与管理。

（5）促进工程项目管理工作的科学化、规范化、制度化原则。为类似工程项目建设、管理提供科学依据。

12.1.2 编制依据

（1）国家及政府行业主管部门发布的公路工程建设的相关法律、法规、方针、政策和各项规章制度。

（2）本项目批准的相关施工技术方案、施工组织设计、施工单位积累的造价资料等，如《拱北隧道施工图设计》（201306）、《拱北隧道概况》（20120423）、《工作井暗挖区施工监测方案》(20130730)等。

(3)现行的相关行业的定额、规范、规程和标准,如《广东省市政工程综合定额》(2010)、《广东省建设工程计价依据编制方案》《公路工程预算定额》(2007)、《公路工程机械台班费用定额》(JTG/T B06-03—2007)、《公路工程施工定额》(2007)、《全国统一施工机械台班费用编制规则》(2001)、《铁路工程施工机械台班费用定额》(2005)、《煤炭建设工程施工机械台班费用定额》(2007)、《冶金施工机械台班费用定额》(2012)、《全国统一安装工程基础定额》(2006)、《煤炭建设特殊凿井工程消耗量定额(2007年基价)》《煤炭建设特殊凿井工程综合定额(2007年基价)》等。

(4)定额及造价的相关文献,如《建筑工程概预算与工程量清单计价》《建设工程定额原理与实务》《公路工程定额编制与管理》《浅谈修订＜公路工程机械台班费用定额＞的重要意义》《秦岭终南山特长公路隧道定额研究》等。

12.2 冻结工程定额项目成果

12.2.1 定额项目划分

定额项目是定额结构形式的主要组成部分,合理地划分定额项目关系到拟编定额的科学性与实用性,定额项目划分应注意两方面的问题:①定额项目应齐全,即施工过程中主要的、常有的施工活动能够反映在工程定额项目中;②定额项目划分粗细恰当。

结合冻结设计和施工组织情况,把拱北隧道冻结工法工程定额划分为以下几个定额项目:

(1)冷冻机组、辅助设备安拆;

(2)管幕外供冷管路安拆;

(3)集配液圈制作与安拆;

(4)管幕内供冷管路安拆;

(5)首次充氟利昂及溶化氯化钙等材料;

(6)冻结制冷;

(7)解冻;

(8)融沉注浆;

(9)冻结监测。

12.2.2 定额成果

（1）冷冻机组、辅助设备安拆

工作内容：冷冻机组的安装拆除，清、盐水泵的安装拆除，冷却塔的安装拆除等。定额研究成果见表12-1～表12-3。

表列项目的单位劳动、机械定额　　　　　　　　　　　表 12-1

项　目		冷冻机组和辅助设备安装（冻结机组＜500kW）	冷冻机组和辅助设备拆除（冻结机组＜500kW）
		台	
劳动定额		$\dfrac{20.3}{0.049}$	$\dfrac{15}{0.067}$
机械定额	50kV·A交流电弧焊机	$\dfrac{7.41}{0.135}$	—
	半自动火焰切割机	—	$\dfrac{0.48}{2.083}$
	5t以内汽车式起重机	$\dfrac{0.06}{16.949}$	$\dfrac{0.20}{0.500}$

冷冻机组和辅助设备安拆定额成果　　　　　　　　　　表 12-2

编号	项　目	代　号	单位	冷冻机组和辅助设备安装（冻结机组＜500kW）	冷冻机组和辅助设备拆除（冻结机组＜500kW）
				台	
1	人工	1	工日	22.4	16.5
2	无缝钢管	231	t	0.16	—
3	法兰盘	191	kg	6.4	—
4	电缆YCW-3×70WH500V	220044	m	1	—
5	电缆YCW-3×50WH500V	220045	m	1	—
6	电缆YCW-3×16+1×6	220046	m	3	—
7	电焊条	220047	kg	28.5	—
8	其他材料费	996	元	707	4
9	50kV·A交流电弧焊机	1728	台班	9.12	—
10	半自动火焰切割机	1740	台班	—	0.72
11	5t以内汽车式起重机	1449	台班	0.07	0.24

续上表

编号	项目	代号	单位	冷冻机组和辅助设备安装（冻结机组＜500kW）	冷冻机组和辅助设备拆除（冻结机组＜500kW）
				台	台
12	小型机具使用费	1998	元	—	—
13	基价	1999	元	4522	967

注：1）表中每工日/台班以8h计。
2）表中人工、机械台班消耗量已将幅度差系数考虑在内，人工幅度差系数取10%，机械幅度差系数按不同机械取值。
3）拆除中不包含运输。

其他材料费明细表　　　　　　表12-3

名称	单位	冷冻机组和辅助设备安装（冻结机组＜500kW）	冷冻机组和辅助设备拆除（冻结机组＜500kW）
各种型号截止阀	个	0.88	—
各种型号闸阀	个	0.36	—
氧气	m^3	—	2.4
乙炔	m^3	—	1.2
合计	元	707	4

（2）管幕外供冷管路安拆

工作内容：管幕外冻结管的安拆，支架的制作和拆除，保温层的安装和拆除。定额研究成果见表12-4和表12-5。

每100m 劳动、机械定额　　　　　　表12-4

项目		管幕外冻结管安装	管幕外冻结管拆除
劳动定额		$\dfrac{10.4}{0.096}$	$\dfrac{0.6}{1.800}$
机械定额	50kV·A 交流电弧焊机	$\dfrac{3.63}{0.275}$	
	80MPa 试压泵	$\dfrac{0.73}{1.374}$	
	5t 以内汽车式起重机	—	$\dfrac{0.56}{1.800}$
	厚度100mm 半自动切割机	—	$\dfrac{0.56}{1.800}$

管幕外供冷管路安拆预算定额成果　　单位：100m　　表 12-5

编号	项 目	单位	代号	管幕外冻结管安装	管幕外冻结管拆除
1	人工	工日	1	11.4	0.6
2	ϕ159mm 无缝钢管	t	191	1.60	—
3	ϕ159mm 管箍	kg	220019	91.2	—
4	ϕ159mm 堵盖头	kg	220020	4.1	—
5	ϕ159mm 管卡	kg	220021	6.6	—
6	ϕ159mm 法兰	kg	244	7.8	—
7	带帽螺栓 M20×70mm	套	220022	15	—
8	胶皮板	kg	220023	0.6	—
9	电焊条	kg	231	14.0	—
10	8~12 号镀锌铁丝	kg	655	0.6	—
11	保温板	m³	220024	3.5	—
12	其他材料费	元	996	—	—
13	50kV·A 交流电弧焊机	台班	1728	4.46	—
14	80MPa 试压泵	台班	220050	0.73	—
15	5t 跨度 20m 龙门式起重机	台班	1481	—	0.72
16	厚度 100mm 半自动切割机	台班	1740	—	0.83
17	小型机具使用费	元	1998	—	—
18	基价	元	1999	16785	284

注：1）表中每工日/台班以 8h 计。
　　2）表中人工、机械台班消耗量已将幅度差系数考虑在内，人工幅度差系数取 10%，机械幅度差系数按不同机械取值。

（3）集配液圈制作安拆

工作内容：集配液圈的制作及安装、拆除、清理现场等。定额研究成果见表 12-6~表 12-8。

每 100m 劳动、机械定额　　表 12-6

项 目	集配液圈制作（DN125）	集配液圈制作（DN200）	集配液圈安装（DN125）	集配液圈安装（DN200）	集配液圈拆除
	100m	100m	100m	100m	100m
劳动定额	$\frac{15.2}{0.066}$	$\frac{15.2}{0.066}$	$\frac{13.4}{0.075}$	$\frac{14.8}{0.068}$	$\frac{12.4}{0.081}$

续上表

项　目		集配液圈制作（DN125）	集配液圈制作（DN200）	集配液圈安装（DN125）	集配液圈安装（DN200）	集配液圈拆除
		100m	100m	100m	100m	100m
机械定额	50kV·A交流电弧焊机	3.81/0.262	4.29/0.525	2.83/0.354	2.28/0.440	—
	5t以内汽车式起重机	1.91/0.525	1.91/0.525	—	—	—
	5t以内龙门式起重机	—	—	—	—	0.56/1.772
	厚度100mm半自动切割机	—	—	—	—	1.12/0.893

其他材料费明细表　　表12-7

名　称	单位	集配液圈制作（DN125）	集配液圈制作（DN200）	级配液圈安装（DN125）	级配液圈安装（DN200）
弯头	个	—	—	9.756	9.756
三通	个	—	—	2.439	2.439
ϕ48mm鱼鳞接头	个	—	—	19.512	19.512
8号铁丝	kg	—	—	6.098	6.098
乙炔	m³	—	—	—	—
氧气	m³	—	—	—	—
ϕ14mm螺栓	个	65.574	65.574	—	—
合计	元	131.1	131.1	279.5	279.5

集配液圈制作安拆定额成果（单位：100m）　　表12-8

编号	项　目	单位	代号	集配液圈制作（DN125）	集配液圈制作（DN200）	集配液圈安装（DN125）	集配液圈安装（DN200）	集配液圈拆除
1	人工	工日	1	16.8	16.8	14.8	16.3	13.7
2	ϕ125mm无缝钢管	t	191	3.28	—			
3	ϕ200mm无缝钢管	t	191	—	4.59			
4	法兰盘Dg151	kg	244	57.2	—			
5	法兰盘Dg200	kg	244	—	80			

续上表

编号	项目	单位	代号	集配液圈制作（DN125）	集配液圈制作（DN200）	集配液圈安装（DN125）	集配液圈安装（DN200）	集配液圈拆除
6	胶皮管	m	685	—	—	605	—	—
7	DN50 阀门	个	220029	—	—	8	—	—
8	DN125 闸阀	个	220033	—	—	1	—	—
9	法兰阀门（DN150）	个	605	—	—	—	1	—
10	法兰阀门（DN200）	个	606	—	—	—	1	—
11	带帽螺栓 M20×100	套	220032	204	—	204	—	—
12	带帽螺栓 M22×100	套	220031	—	255	—	255	—
13	胶皮板	kg	220023	22	22	22	22	—
14	电焊条	kg	231	14.7	16.5	10.9	8.8	—
15	20~22 号铁丝	kg	656	—	—	5.1	5.1	—
16	棉被套	kg	220037	—	—	107.1	153.0	—
17	塑料薄膜	kg	220038	—	—	10.2	10.2	—
18	其他材料费	元	996	131.1	131.1	279.5	279.5	—
19	厚度 100mm 半自动切割机	台班	1740	—	—	—	—	1.68
20	50kV·A 交流电弧焊机	台班	1728	4.69	5.28	3.48	2.80	—
21	5t 以内汽车式起重机	台班	1449	2.32	2.32	—	—	—
22	5t 以内龙门式起重机	台班	1481	—	—	—	—	0.73
23	小型机具使用费	元	1998					
24	基价	元	1999	22680	30706	19425	6533	1002

注：1）表中每工日/台班以 8h 计。
2）表中人工、机械台班消耗量已将幅度差系数考虑在内，人工幅度差系数取 10%，机械幅度差系数按不同机械取值。

（4）管幕内供冷管路安装

工作内容：主冻结管（圆形主力冻结管）、辅助冻结管（异形冻结管）和限位管的制作及安装、供液管套丝及安装、冻结器头安装、盐水干管安装、铺设保温板、冻结管试压验收、清理现场等。定额研究成果见表 12-9～表 12-11。

每100m管路的劳动、机械定额　　　　　　　　　　　　　　表12-9

项　目		圆形主力冻结管	辅助异形冻结管
劳动定额		$\frac{151.7}{0.007}$	$\frac{267.7}{0.004}$
机械定额	电流250A以内CO_2保护焊机	—	$\frac{20.63}{0.048}$
	20kW以内直流电弧焊机	$\frac{15.90}{0.063}$	$\frac{12.49}{0.080}$
	20t跨度20m龙门式起重机	$\frac{8.62}{0.116}$	$\frac{6.75}{0.148}$
	7.5kW以内轴流式通风机	$\frac{13.64}{0.073}$	$\frac{12.72}{0.079}$
	$6m^3$/min以内电动空压机	$\frac{3.96}{0.253}$	$\frac{8.94}{0.112}$

管幕内供冷管路安装预算定额成果（单位：100m）　　　　表12-10

编号	项　目	单位	代号	单价	子目一		子目二	
					圆形主力冻结管	金额	辅助异形冻结管	金额
1	人工	工日	1	49.2	166.9	8209.1	294.5	14489.3
2	型钢	t	182	3700	1.05	3885.0	3.16	11692.0
3	无缝钢管	t	191	5610	8.1	45441.0	3.8	21318.0
4	电焊条	kg	231	4.9	87.7	429.7	41.9	205.3
5	气体保护焊丝（1.2mm）	kg	220025	7	—	—	234.2	1639.4
6	二氧化碳	L	220026	0.07	—	—	25.49	1.8
7	异形管弯头	个	220027	115	—	—	49	5635.0
8	三通电磁阀	个	220028	8500	—	—	6	51000.0
9	保温板	m^3	220024	1580	—	—	3.53	5577.4
10	法兰	kg	244	10.63	510.9	5430.9	341.8	3633.3
11	螺栓	kg	240	10.65	85.1	906.3	138.6	1476.1
12	预制高压软管	根	220030	790	—	—	69	54510.0
13	其他材料费	元	996	—	474.4	474.4	426.2	426.2

续上表

编号	项目	单位	代号	单价	子目一 圆形主力冻结管	金额	子目二 辅助异形冻结管	金额
14	电流 250A 以内 CO_2 保护焊机	台班	1737	109.58	—	—	26.2	2871.0
15	20kW 以内直流电弧焊机	台班	1732	97.87	19.56	1914.3	15.37	1504.3
16	20t 跨度 20m 龙门式起重机	台班	1483	508.3	11.12	5652.3	8.7	4422.2
17	7.5kW 以内轴流式通风机	台班	1931	33.11	15.55	514.9	14.5	480.1
18	$6m^3$/min 以内电动空压机	台班	1836	280	5.03	1408.1	11.36	3180.8
19	小型机械使用费	元	1998	—	43.8	43.8	429.4	429.4
20	基价	元	1999	—	—	74339	—	184834

注：1）表中每工日/台班以 8h 计。
2）表中人工、机械台班消耗量已将幅度差系数考虑在内，人工幅度差系数取 10%，机械幅度差系数按不同机械取值。
3）本定额适用于内径约为 160cm 的顶管内水平冻结管路安装。

其他材料费明细表　　　　　　表 12-11

名称	单位	圆形主力冻结管	辅助异形冻结管
十字扣件	个	22.500	6.25
钢钎	个	0.750	—
割枪喷嘴	个	8.750	—
照明灯泡	个	12.500	—
花纹板	kg	42.950	—
小车轮	个	—	5
管卡	个	—	8.75
合计	元	474.4	426.2

（5）首次充氟利昂及溶化氯化钙

工作内容：充入氟利昂，溶化氯化钙水箱的制作，氯化钙的吊起、搅拌等。定额研究成果见表 12-12 ~ 表 12-14。

表列项目的单位劳动、机械定额 表12-12

项目		水箱加工 个	溶化氯化钙 t	首次充氟利昂 t
劳动定额		6.6/0.152	0.9/1.120	1.5/0.672
机械定额	50kV·A 交流电弧焊机	2.29/0.438	—	—
	厚度 100mm 半自动切割机	0.57/1.750	—	—
	5t 以内汽车式起重机	—	0.29/3.500	—
	φ150mm 以内潜水循环泵	—	0.39/2.545	—
	充抽氟机	—	—	1.49/0.672

首次充氟利昂及溶化氯化钙预算定额成果 表12-13

序号	项目	单位	代号	水箱加工 个	溶化氯化钙 t	首次充氟利昂 t
1	人工	工日	1	7.2	1.0	1.6
2	钢板	t	183	5.62	—	—
3	型钢	t	182	0.18	—	—
4	工业氯化钙	kg	220034	—	1123.6	—
5	氟利昂	kg	220035	—	0.0	1102.5
6	水	m³	866	—	1.1	—
9	电焊条	kg	231	8.8	—	—
10	其他材料费	元	996	8.1	—	—
11	50kV·A 交流电弧焊机	台班	1728	2.81	—	—
12	厚度 100mm 半自动切割机	台班	1740	0.73	—	—
13	5t 以内汽车式起重机	台班	1449	—	0.35	—
14	φ150mm 以内潜水循环泵	台班	1677	—	0.51	—

续上表

序 号	项 目	单 位	代 号	水箱加工	溶化氯化钙	首次充氟利昂
				个	t	t
15	充抽氟机	台班	220051	—	—	1.94
16	小型机具使用费	元	1998	—	—	—
17	基价	元	1999	26526	3382	20600

注：1）表中每工日/台班以8h计。
　　2）表中人工、机械台班消耗量已将幅度差系数考虑在内，人工幅度差系数取10%，机械幅度差系数按不同机械取值。
　　3）表中"水箱加工"为专为溶化氯化钙制作的水箱。

其他材料费明细表　　　　　　　　　　　　　　　　表 12-14

子目名称	单位	水箱加工	溶化氯化钙	首次充氟利昂
氧气	m³	1.5	—	—
乙炔	m³	3	—	—
合计	元	8.1	—	—

（6）冻结制冷

工作内容：冷冻机组的运行，日常维护和修理，材料补充。定额研究成果见表12-15～表12-17。

表列项目的单位劳动定额　　　　　　　　　　　　　表 12-15

项 目	积极冻结 <3500kW	维护冻结 <3500kW
	d	d
劳动定额	$\dfrac{95.5}{0.0105}$	$\dfrac{100.4}{0.0100}$

冻结制冷预算定额成果（单位：d）　　　　　　　　表 12-16

编号	项 目	单 位	代 号	冷冻站制冷量 <3500kW	
				积极冻结	维护冻结
1	人工	工日	1	105.1	110.4
2	氯化钙	kg	220034	33.3	30.0
3	冷冻机油	kg	220036	21.3	19.2

续上表

编号	项目	单位	代号	冷冻站制冷量 <3500kW	
				积极冻结	维护冻结
4	氟利昂	kg	220035	18.0	16.2
5	水	m³	866	780	702
6	基价	元	1999	7210	7271

冻结制冷机械台班费用定额　　　　表12-17

编号	机械名称	规格型号	台班基价	费用组成				其中		税费
				折旧费	大修费用	经常修理费	燃料动力费	水	电	
			元	元	元	元	元	m³	kW·h	元
1	220kW 冷冻机	JZSLG20FC2B	1327.38	120.49	60.19	127.00	1019.7	—	1854	—
2	220kW 冷冻机(备用)	JZSLG20FC2B	120.49	120.49	—	—	—	—	—	—
3	110kW 冷冻机	JZKA-20	598.77	29.78	14.88	31.39	522.72	—	950.4	—
4	110kW 冷冻机(备用)	JZKA-20	29.78	29.78	—	—	—	—	—	—
5	75kW 盐水泵	14Sh-28	383.68	24.89	6.57	35.42	316.8	—	576	—
6	75kW 盐水泵(备用)	14Sh-28	24.89	24.89	—	—	—	—	—	—
7	30kW 清水泵	10Sh-19	146.93	7.70	3.85	8.66	126.72	—	230.4	—
8	30kW 清水泵	10Sh-19	7.70	7.70	—	—	—	—	—	—
9	5.5kW 玻璃钢冷却塔	GBLA-3-200	100.06	28.95	14.46	30.51	26.136	—	47.52	—
10	5.5kW 玻璃钢冷却塔	GBLA-3-200	28.95	28.95	—	—	—	—	—	—

注：1）表中每工日/台班以8h计。
　　2）表中人工、机械台班消耗量已将幅度差系数考虑在内，人工幅度差系数取10%，机械幅度差系数按不同机械取值。

(7) 强制解冻

工作内容：根据土体开挖顺序、冻土温度监测情况及停冻顺序，遵循先融化先注浆，使加固的浆液逐渐扩展，避免注浆死角，提高充填效果。融沉补偿注浆与冻结壁的强制解冻顺序相配合，做到解冻与注浆同步进行，控制沉降的产生。定额研究成果见表 12-18 ~ 表 12-20。

表列项目的单位劳动、机械定额　　　　　　表 12-18

项　目		加热器制作	强制解冻
		个	d
			6000kW
劳动定额		0.8 / 1.225	21.3 / 0.047
机械定额	220kW 冷冻机	—	51.57 / 0.019
	75kW 盐水泵	—	32.9 / 0.030
	30kW 清水泵	—	51.53 / 0.019
	5.5kW 玻璃钢冷却塔	—	128.17 / 0.0078
	50kV·A 交流电弧焊机	5.71 / 0.175	—
	厚度 100mm 半自动切割机	5.71 / 0.175	—
	20kW 加热棒	—	180 / 0.0056
	30kW 加热棒	—	466.67 / 0.0021
	7.5kW 以内轴流式通风机	—	466.67 / 0.0021

强制解冻预算定额成果　　　　　　表 12-19

编号	项　目	单　位	代　号	加热器制作	强制解冻 6000kW
				个	天
1	人工	工日	1	0.9	23.5
2	钢板	t	183	1.0	—

续上表

编号	项　目	单　位	代号	加热器制作 个	强制解冻 6000kW 天
3	电焊条	kg	231	22.0	—
4	其他材料费	元	996	38.6	—
5	50kV·A 交流电弧焊机	台班	1728	7.03	—
6	厚度100mm 半自动切割机	台班	1740	7.26	—
7	220kW 冷冻机	台班	220052	—	61.88
8	75kW 盐水泵	台班	220054	—	42.77
9	30kW 清水泵	台班	220055	—	66.99
10	5.5kW 玻璃钢冷却塔	台班	220056	—	153.80
11	20kW 加热棒	台班	220057	—	216.00
12	30kW 加热棒	台班	220058	—	466.67
13	7.5kW 以内轴流式通风机	台班	1931	—	246.24
14	基价	元	1999	6250	218093

注：1）表中每工日/台班以 8h 计。
2）表中人工、机械台班消耗量已将幅度差系数考虑在内，人工幅度差系数取 10%，机械幅度差系数按不同机械取值。

其他材料费　　　　　　　　　　　　　　　　表 12-20

子目名称	单　位	加热器制作	强制解冻
氧气	m³	7.143	—
乙炔	m³	14.286	—
合计	元	38.6	—

（8）融沉注浆

工作内容：利用管幕内预留的注浆孔，在端头井设置注浆设备，管幕内敷设注浆干管，进行跟踪融沉注浆。定额研究成果见表 12-21 和表 12-22。

表列项目的单位劳动、机械定额　　　　表 12-21

项　　目		融沉注浆
		m³
劳动定额		8.8 / 0.114
机械定额	150m 以内潜水泵	0.10 / 9.901
	单液注浆机	1.90 / 0.527
	400L 以内灰浆搅拌机	3.71 / 0.269

融沉注浆预算定额成果（单位：m³）　　　表 12-22

编　号	项　　目	单　位	代　号	融沉注浆
1	人工	工日	1	9.7
2	32.5 级水泥	t	832	0.8
3	中粗砂	m³	899	0.70
4	水	m³	866	2.0
5	其他材料费	元	996	—
6	150m 以内潜水泵	台班	1675	0.13
7	单液注浆机	台班	1295	2.85
8	400L 以内灰浆搅拌机	台班	1281	5.42
9	小型机具使用费	元	1998	—
10	基价	元	1999	1620

注：1）表中每工日/台班以 8h 计。

2）表中人工、机械台班消耗量已将幅度差系数考虑在内，人工幅度差系数取 10%，机械幅度差系数按不同机械取值。

（9）冻结监测

工作内容：监测冻土帷幕温度及厚度，监测圆形主力冻结管去回路盐水的温度、流量和压力，顶管内管壁温度，限位管去回路温度、流量和压力，异形冻结管去回路盐水温度、流量和压力，采用强制解冻时，增加热盐水温度、流量和压力监测。定额研究成果见表 12-23 和表 12-24。

表列项目的单位劳动、机械定额 表 12-23

项 目		冻结监测
		10 孔
劳动定额		$\dfrac{145.5}{0.007}$
机械定额	50kV·A 交流电弧焊机	$\dfrac{3}{0.333}$

冻结监测预算定额成果（单位：10 孔） 表 12-24

编号	项 目	单 位	代 号	冻结监测
1	人工	工日	1	160.0
2	测温电缆	m	新增材料	5167
3	测温电阻	个	新增材料	149
4	温度采集模块	个	新增材料	7
5	电源模块	个	新增材料	5
6	RS485/232 转换器	个	新增材料	1
7	通信电缆	m	新增材料	89
8	动力电缆	m	新增材料	42
9	电箱	个	新增材料	1
10	开关箱	个	新增材料	1
11	电焊机	台班	1728	3.69
12	基价	元	1999	95176

注：1）表中每工日/台班以 8h 计。
2）表中人工、机械台班消耗量已将幅度差系数考虑在内，人工幅度差系数取 10%，机械幅度差系数按不同机械取值。
3）本定额中没有包含电脑及相关软件系统的摊销费用。

12.3 冻结工程定额与煤炭建设特殊凿井工程消耗量定额对比

12.3.1 对比测算内容及条件设定

（1）对比内容

现行《公路工程预算定额》没有冻结工程定额的内容，目前国内地下冻结工程定额比较完整的只有《煤炭建设特殊凿井工程消耗量定额》，拱北隧道暗挖段冻结工程定额与之相比，有部分定额的工作内容相同或相近。根据工作内容相近、对应可比较的原则，选择拱北隧道暗挖段冻结工程中管幕外供冷管路安拆、集配液圈制作安装、管幕内供冷管路安装、溶化氯化钙、冻结制冷等多个定额与《煤炭建设特殊凿井工程消耗量定额》（以下简称煤炭定额）中的相应定额进行测算对比，比较内容见表 12-25 ~ 表 12-29。

管幕外供冷管路安拆定额对比　　　　　　　　　　　　　　　表 12-25

定　　额	煤　炭　定　额	暗挖段冻结定额
定额编号及名称	10063 冻结管、测温管安装	3-3-2-1 管幕外供冷管路安装
工作内容	配管焊接、场内搬运、下管、试压等	管幕外的管路运输、切割、焊接、固定、包裹保温材料、试压等
定额单位	100m	100m

集配液圈制作、安装对比　　　　　　　　　　　　　　　　　表 12-26

定　　额	煤　炭　定　额	暗挖段冻结定额
定额编号及名称	10098 集配液圈制作、10102 集配液圈安装	3-3-3-2 集配液圈制作（DN200）、3-3-3-4 集配液圈安装（DN200）
工作内容	制作：下料配管、焊法兰盘、连接试压等； 安装：预组装、试压安装、管路保温、拆除等	集配液圈配管的切割、焊接、制作；集配液圈的运输、安装
定额单位	10m	100m，对比时换算：100m/10

管幕内供冷管路安装对比　　　　　　　　　　　　　　　　　表 12-27

定　　额	煤　炭　定　额	暗挖段冻结定额
定额编号及名称	10067 和 10069 冻结管、测温管安装，10089 供液管安装	3-3-4-1 管幕内供冷管路安装（主冻结管）
工作内容	配管焊接、场内运输、下管、试压等	圆形主力冻结管、限位管的制作及安装、供液管套丝及安装、冻结器头安装、盐水干管安装、铺设保温板、冻结管试压验收、清理现场
定额单位	100m	100m

溶化氯化钙对比　　　　　　　　　　　　　　　　　　　　　表 12-28

定　　额	煤　炭　定　额	暗挖段冻结定额
定额编号及名称	10112 溶化氯化钙	3-3-5-2 溶化氯化钙
工作内容	溶化氯化钙	溶化氯化钙
定额单位	t	t

冻结制冷对比   表12-29

定　　　额	煤炭定额	暗挖段冻结定额
定额编号及名称	10115 冻结制冷人工、材料消耗	3-3-6-1 积极冻结
工作内容	冷冻站制冷、供冷设备运行操作、调节及维护等	冷冻机组的运行，日常维护和修理，材料补充；管幕内供冷管路的日常检查与维护
定额单位	1个月，标准制冷量：＜300（10^4kcal/h）	1d，标准制冷量：＜300（10^4kcal/h），对比时换算：1d×30

（2）对比测算条件

暗挖段冻结工程定额与煤炭定额对比，首先需分析各自的工况和工程内容，若对比定额的工况或工程内容有较大差异，则定额消耗的资源项目和数量会有较大的差异。定额比较时工况和工程内容的差异有相当一部分无法进行同一化处理，即无法排除这些差异对定额比较的影响，对可以量化的差异，必须剥离其差异部分，尽量使比较项目的工况和工程内容是近似相同的。

另一方面，若要进行费用的比较，必须基于相同的工料机单价水平，为了方便比较，本章比较时采用的工料机价格按公路工程预算定额的基价。

12.3.2　对比测算及分析

暗挖段管幕外供冷管路用的是 ϕ159mm 无缝钢管，煤炭定额冻结管、测温管安装（10063）用 ϕ168×8mm 无缝钢管，煤炭定额的钢管消耗量比暗挖段定额多。暗挖段冻结定额与煤炭定额的工作内容基本相同，它们的消耗比较见表12-30。另有一差异是暗挖段冻结定额多了一个保温材料包裹供冷管路的步骤，这造成材料费和人工费有一定幅度的增加。综合比较发现，暗挖段冻结定额的消耗还要低些，但它们算出的直接工程费相差不大，详见表12-30。

管幕外供冷管路安装费用测算对比   表12-30

项　目	煤炭定额	暗挖段定额	暗挖段定额相对于煤炭定额增减
人工费	510.70	561.77	10.00%
材料费	19051.36	15529.05	−18.49%
机械费	557.39	693.45	24.41%
直接工程费	20119	16785	−16.58%

参 考 文 献

[1] HU Xiangdong, SHE Siyuan. Study of Freezing Scheme in Freeze-sealing Pipe Roof Method Based on Numerical Simulation of Temperature Field. [C] // International Conference on Pipelines and Trenchless Technology. Wu han, China: Americal Society of Civil Engineers. 2012: 1798-1805.

[2] MUSSO G. Jacked Pipe Provides Roof for Underground Construction in Busy Urban Area[J]. Civil Engineering, 1979, 49(11): 79-82.

[3] HEMERIJCKX I E. Tubular Thrust Jacking for Underground Roof Construction on the Antwerp Metro[J]. Tunnels and Tunneling, 1985, 15(5): 13-16.

[4] RHODES G W, KAUSCHINGER J L. Microtunneling Provides Structural Support for Large Tunnels with Shallow Cover[M]. North American Tunneling, 1996: 443-449.

[5] ABBOTT, D G. High-Profile Tunneling [J]. Civil Engineering, 2003, 73(8): 46-53.

[6] DARLING P. Jacking under Singapore's Busiest Street[J]. Tunnels and Tunnelling: International, 1993: 19-20, 23.

[7] 张云. 浅埋暗挖大跨度地铁车站施工技术 [J]. 隧道建设, 2005, 25(2): 28-30, 43.

[8] 葛金科. 饱和软土地层中管幕法隧道施工方案研究 [J]. 上海公路, 2004(1): 38-43.

[9] BITO Y. Construction Methods of the Structures Passing through under Railway Lines[J]. Japanese Railway Engineering, 1987, 4(26): 6-9.

[10] 山添喬, 余村仁, 高原好孝, 等. 近畿自動車道松原海南線桧尾工事—ESA 工法による大断面ボックスカルバートの推進施工 [J]. 土木施工, 1991, 32(12): 1-12.

[11] 金子益雄, 柴田一之, 加藤建治. フロソテジヤツキンゲエ法による一高速自动车直下の大断面トンネルの施工一沢成田线トンネル工事 [J]. 土木施工, 2003, 1(4): 2-10.

[12] GOTO Y, YAMASHITA A, TAKASE Y. Field Observation of Load Distribution by Joint in Pipe Beam Roof[J]. Doboku Gakkai Ronbunshu, 1984, 344(I-1): 387-390.

[13] GOTO Y, YAMASHITA A, LIDA T. Load Distribution by Joint in Pipe Beam Roof [J]. Doboku Gakkai Ronbunshu, 1984, 344(I-1): 243-251.

[14] 大川孝, 横山治郎, 石原久, 等. トンネル補助工法としこのパイプルーフ効果

の計測と考察 [J]. Doboku Gakkai Ronbunshu, 1985, 355(VI-2): 100-107.

[15] ATTEWELL P B, YEATS J, SELBY A R. Soil Movements Induced by Tunnelling and Their Effects on Pipelines and Structures [M]. New York: Chapman and Hall, 1986.

[16] BRACEGIRDLE A, MAIR R J, NYREN R J, et al. A Methodology for Evaluating Potential Damage to Cast Iron Pipes Induced by Tunnelling [M] // MAIR, TAYLOR. Geotechnical Aspects of Underground Construction in Soft Ground. Rotterdam: Balkema, 1996: 659-664.

[17] MAIR R J, TAYLOR T N, BURLAND J B. Prediction of Ground Movements and Assessment of the Risk of Building Damage due to Bored Tunnelling [M] // MAIR, TAYLOR. Geotechnical Aspects of Underground Construction in Soft Ground. Rotterdam: Balkema, 1996: 713-718.

[18] TAN W L, RANJITH P G. Numerical Analysis of Pipe Roof Reinforcement in Soft Ground Tunneling [C]// Proc. of the 16th International Conference on Engineering Mechanics. Seattle, USA: ASCE, 2003.

[19] 朱合华,闫治国,李向阳,等.饱和软土地层中管幕法隧道施工风险分析 [J].岩石力学与工程学报,2005,24（增2）:5549-5554.

[20] 朱合华,李向阳,肖世国,等.软土地层管幕-箱涵顶进工具管网格自平衡设计理论研究石力学与工程学报 [J]. 2005,24(13):2242-2247.

[21] 肖世国,夏才初,李向阳,等.管幕内顶进箱涵前端网格横截面尺寸确定 [J].岩石力学与工程学报,2005,24(14):2593-2596.

[22] 肖世国,朱合华,夏才初,等.管幕内顶进箱涵顶部管幕承载作用的分析 [J].岩石力学与工程学报,2005,24(18):3355-3359.

[23] 肖世国,夏才初,李向阳,等.管幕内顶进箱涵的前端网格长度合理设计 [J].岩土工程学报,2005,27(11):1306-1309.

[24] 肖世国,夏才初,李向阳,等.管幕内顶进箱涵顶部管幕挠度分析 [J].土木工程学报,2005,38(12):109-114.

[25] 肖世国,李向阳,夏才初,等.管幕内顶进箱涵时顶部管幕力学作用的试验研究 [J].现代隧道技术,2006,43(01):22-27,31.

[26] 李向阳,夏才初,李晓军,等.软土地层管幕内大断面箱涵顶进姿态控制 [J].岩土工程界,2006,09(02):65-68.

[27] 肖世国,夏才初,朱合华,等.管幕内箱涵顶进中顶部管幕竖向变形预测 [J].岩石力学与工程学报,2006,25(09):1887-1892.

[28] 陈湘生. 地层冻结法 [M]. 北京：人民交通出版社，2013.

[29] 陈瑞杰，程国栋，李述训，等. 人工地层冻结应用研究进展和展望 [J]. 岩土工程学报，2000，22(1)：40-44.

[30] 周晓敏，王梦恕. 人工地层冻结技术在我国城市地下工程中的兴起 [J]. 都市快轨交通，2004，17(增刊)：77-80.

[31] 程桦. 城市地下工程人工地层冻结技术现状及展望 [J]. 淮南工业学院学报，2000，20(2)：17-22.

[32] ZHOU Xiaomin, SU Lifan. Application of Freezing Method to Brace a Foundation Pit [C]// Knutsson. Ground Freezing 97. Rotterdam: Balkema, 1997.

[33] 周晓敏，苏立凡，贺长俊，等. 北京地铁隧道水平冻结法施工 [J]. 岩土工程学报，1999，21(3)：319-322.

[34] 罗俊成，史海鸥，徐兵壮，等. 长距离水平冻结法在广州地铁中的应用与实践 [J]. 现代隧道技术，2002，39(4)：22-26.

[35] 姜耀东，赵毅鑫，周罡，等. 广州地铁超长水平冻结多参量监测分析 [J]. 岩土力学，2010，31(1)：158-164.

[36] 肖朝昀. 人工地层冻结冻土帷幕形成与解冻规律研究 [D]. 上海：同济大学，2007.

[37] 张军. 地层液氮冻结法特性及冻结效果研究 [D]. 上海：同济大学，2011.

[38] HU X, GUO W, ZHANG L, et al. Application of Liquid Nitrogen Freezing to Recovery of a Collapsed Shield Tunnel [J]. Journal of Performance of Constructed Facilities, 2014, 28(4): 04014002.

[39] ТРУПАК Н Г. Замораживание Горных Пород При Проходке Стволов [M]. Москва: Углетехиздат, 1954.

[40] БАХОЛЦИН Б В. Выбор Оптимального Режима Замораживания Грунтов в строительных Пелях[M]. Москва: Госстройиздат, 1963.

[41] TOBE N, AKIMATA O. Temperature Distribution Formula in Frozen Soil and its Application [J]. Refrigeration, 1979, 54(622): 3-11.

[42] SANGER F J, SAYLES F H. Thermal and Rheological Computations for Artificially Frozen Ground Construction [J]. Engineering Geology, 1979, 13(1): 311-337.

[43] 汪仁和，李晓军. 冻结温度场的叠加计算与计算机方法 [J]. 安徽理工大学学报（自然科学），2003(1)：25-28.

[44] 胡向东，白楠，余锋. 单排管冻结温度场ТРУПАК和БАХОЛДИН公式的适用性 [J].

同济大学学报 (自然科学版), 2008, 36(7): 906-910.

[45] 胡向东, 余锋, 白楠. 考虑土层冻结温度时人工冻结温度场模型 [J]. 中国矿业大学学报, 2008, 37(4): 550-555.

[46] 胡向东, 赵俊杰. 人工冻结温度场巴霍尔金模型准确性研究 [J]. 地下空间与工程学报, 2010, 6(1): 96-101.

[47] 胡向东, 汪洋. 三排管冻结温度场的势函数叠加法解析解 [J]. 岩石力学与工程学报, 2012, 31(5): 1071-1080.

[48] 胡向东, 陈锦, 汪洋, 等. 环形单圈管冻结稳态温度场解析解 [J]. 岩土力学, 2013, 34(3): 874-880.

[49] 胡向东, 郭旺, 张洛瑜. 无限大区域内四管冻结的稳态温度场解析解 [J]. 上海交通大学学报, 2013, 47(09): 1367-1371.

[50] 胡向东, 郭旺, 张洛瑜. 无限大区域内少量冻结管稳态温度场解析解煤炭学报 [J]. 煤炭学报, 2013, 38(11): 1953-1960.

[51] 胡向东, 郭旺, 张洛瑜. 直角绝热边界附近少量冻结管稳态温度场解析解 [J]. 浙江大学学报 (工学版), 2014, 48(03): 471-477.

[52] 日本建設機械化協会. 地盤凍結工法—計画・設計から施工まで—[M]. 東京: 技報堂, 1978.

[53] 加藤哲治, 伊豆田久雄, 櫛田幸弘. 温度分布凍土ばりの曲げ強さの解析と凍土設計平均温度評価法の考察 [J]. 土木学会論文集, 2007, 63(1): 97-106.

[54] 陈文豹, 汤志斌. 潘集矿区冻结壁平均温度及冻结孔布置圈径的探讨 [J]. 煤炭学报, 1982(1): 46-52.

[55] 胡向东. 直线形单排管冻土帷幕平均温度计算方法 [J]. 冰川冻土, 2010, 32(4): 778-785.

[56] HU Xiangdong. Average Temperature Model of Double-row-pipe Frozen Soil Wall by Equivalent Trapezoid Method [C] // API Conference Proceedings. Hong Kong-Macau: API. 2010: 1333-1338.

[57] 胡向东, 赵飞, 余思源, 等. 直线双排管冻结壁平均温度的等效抛物弓形模型 [J]. 煤炭学报, 2012, 37(1): 28-32.

[58] 胡向东, 何挺秀. 多排管直线冻土墙平均温度的等效梯形计算方法 [J]. 煤炭学报, 2009, 34(11): 1465-1469.

[59] 胡向东, 任辉. 排管冻结梯形 - 抛物弓叠合等效温度场模型和平均温度 [J]. 煤炭学

报, 2014, 39(1): 78-83.

[60] 上田保司, 生賴孝博等. 鋼管補強による凍土梁の曲げ強度特性の改良 [J]. 土木学会論文報告集. 2001: 81-90.

[61] 森内浩史, 上田保司, 生賴孝博. 鋼管変形に対する凍土の追随性把握実験 [C] // 土木学会第 58 回年次学術講演会. 2003: 753-754.

[62] 森内浩史, 上田保司, 生賴孝博. 鋼管間止水凍土の内部応力および凍着応力の安全性評価 [C] // 土木学会第 59 回年次学術講演会 (平成 16 年 9 月). 日本: 2004: 15-16.

[63] 隅谷大作, 上田保司, 生賴孝博. 曲線形凍土と構造物との凍着維持に関する安全性評価 [C]. 第 39 回地盤工学研究发表会. 2004: 1103-1104.

[64] 森内浩史, 上田保司, 生賴孝博. 鋼管間止水凍土の凍着維持に関する研究 [J]. 土木学会論文集. 2008: 294-306.

[65] 胡向东, 任辉. 管幕冻结法积极冻结方案模型试验研究 [J]. 现代隧道技术, 2014, 51(5): 92-98.

[66] 佘思源. 基于非稳态共轭传热理论的管幕冻结法冻结方案初步研究 [D]. 上海: 同济大学, 2013.

[67] 汪洋. 管幕冻结法钢管 - 冻土复合结构力学性能研究 [D]. 上海: 同济大学, 2013.

[68] 陈锦. 管幕冻结法冻结方案大型物理模型试验研究 [D]. 上海: 同济大学, 2013.

[69] 中国科学院地质研究所地热组. 关于恒温带问题 [J]. 煤矿安全, 1976 (Z1): 36-41.

[70] 傅良魁. 应用地球物理学 [M]. 北京: 地震出版社, 1991.

[71] 邓争荣, 曹道宁, 吴树良, 等. 某地区埋深 400m 以内地温特征及其工程意义 [C]// 和谐地球上的水工岩石力学——第三届全国水工岩石力学学术会议论文集. 2010: 420-424.

[72] 高华根. 浅层地温观测影响因素与恒温层 [J]. 华南地震, 1985(3): 95-98.

[73] 周绍武. 恒温带取值与简易测温温度校正的统计分析法 [J]. 中国煤田地质, 1989, 1(01): 30-34.

[74] 施尚明, 赵盼, 霍东凯, 等. 地温梯度研究中应该注意的问题 [J]. 科学技术与工程, 2011, 11 (20): 4838-4842.

[75] 肖丽华, 张靖, 孟元林, 等. 地热参数及边界条件的探讨 [J]. 大庆石油学院学报, 1996, 20 (02): 28-31.

[76] JTJ 042-94. 公路隧道施工技术规范 [S]. 北京: 人民交通出版社, 1994.

[77] 余波江, 汪仁和, 李栋伟. 混凝土水化热对深井冻结壁冻融规律影响的实测研究 [J]. 煤炭工程, 2011 (10): 80-86.

[78] 肖朝昀, 胡向东. 混凝土水化热对联络通道冻土帷幕的影响 [J]. 长江大学学报（自然科学版）理工卷, 2009, 6 (04): 86-90.

[79] 刘劲松, 杨俊杰, 唐锦春. 混凝土水化热条件下人工冻土墙与内衬结构共同作用研究 [J]. 煤炭学报, 2004, 29 (01): 36-40.

[80] 郭春香, 杨凡杰, 吴亚平, 等. 混凝土水化热对寒区隧道围岩融化及回冻过程的影响 [J]. 铁道学报, 2011, 33 (11): 106-110.

[81] 朱伯芳. 大体积混凝土温度应力与温度控制 [M]. 北京：中国电力出版社, 1999.

[82] SL/T 191-96. 水工混凝土结构设计规范 [S]. 北京：中国水利水电出版社, 1997.

[83] 谭丽华. 水泥改良土冻胀融沉特性研究 [D]. 上海：同济大学, 2008.

[84] 梅飞鸣, 章熙民, 任泽霈. 传热学 [M]. 第 5 版. 北京：中国建筑工业出版社, 2007.